喻园新闻传播学者论丛

政治传播的
实践面向

PRACTICAL ORIENTATION OF POLITICAL COMMUNICATION

何志武　著

社会科学文献出版社
SOCIAL SCIENCES ACADEMIC PRESS (CHINA)

喻园新闻传播学者论丛
编辑委员会

顾　问：吴廷俊
主　任：张　昆
主　编：张明新　唐海江

编　委：（以姓氏笔画为序）
王　溥　石长顺　申　凡　刘　洁　吴廷俊　何志武
余　红　张　昆　张明新　陈先红　赵振宇　钟　瑛
郭小平　唐海江　舒咏平　詹　健

总　序

　　置身于全球化、媒介化的当下，我们深刻感受与体验着时时刻刻被潮水般的信息所包围、裹挟和影响的日常。这是一个新兴的信息技术快速变革和全面应用的时代，媒介技术持续地、全方位地形塑着人类社会信息传播实践的样貌。可以说，新闻传播的形态、业态和生态，在相当程度上被信息技术所决定和塑造。"物换星移几度秋"，信息技术的迭代如此之快，我们甚至已经难以想象，明天的媒体将呈现什么样的面貌，未来的人们将如何进行相互交流。

　　华中科技大学的新闻传播学科，就是在全球科技革命浪潮高涨的背景下开设的，也是在学校所拥有的以信息科学为代表的众多理工类优势学科的滋养下发展和繁荣起来的。诚然，华中科技大学新闻与信息传播学院还是一个相对年轻的学院。1983年3月，在学院的前身新闻系筹建之时，学校派秘书长姚启和教授参加全国新闻教育工作座谈会。会上，姚启和教授提出，时代的发展，尤其是科学技术的日新月异，将对新闻从业者的媒介技术思维、素养和技能提出比以往任何时代都高的要求。当年9月，我们的新闻系成立并开始招生。成立后，即确立了"文工交叉，应用见长"的发展思路，强调培养学生的动手能力和应用能力，强调在科学研究和人才培养中，充分与学校的优势理工类专业交叉渗透。

　　1998年4月，新闻系升格为学院。和其他新闻传播学院的命名有所不同，我们的院名定为"新闻与信息传播学院"，增添了"信息"二字。这是由当时华中科技大学的前身华中理工大学的在任校长，也是教育部原部长周济院士所加的。他认为，要从更为广阔的视域来审视新闻与传播活动的过程和规律，尤其要注重从信息科学和技术的角度来透视人类传播现象，考察传播过程中信息技术与人和社会的关系。"日拱一卒，功不唐捐"。长期以来，这种思路被充分贯彻和落实到我院的学科规划、科学研究、人才培养、社会服务等各项工作中。

因此，华中科技大学新闻与信息传播学院的最大特色，就是我们自创立以来，一直秉承文工交叉融合发展的思路，在传统的人文学科和"人文学科+社会科学"新闻传播学科发展模式之外，倡导、创新和践行了一种全新的范式。在这种学科范式下，我们以"多研究些问题"的学术追求，开拓了以信息技术为起点来观察人类新闻传播现象的视界，建构了以媒介技术为坐标的新闻传播学科建设框架，确立了以"全能型""高素质""复合型""创新型"为指向的人才培养目标，建立了跨越人文社会科学、科学技术和新闻传播学的课程体系和师资队伍，营造了适合提升学生实践技能和科技素质的教学环境。

就学科方向而论，30多年来，学院在长期的学科凝练和规划实践中，形成了相对稳定的三大支柱性学科方向：新闻传播史论、新媒体和战略传播。在本学科于1983年创办之时，新闻传播史论即是明确的战略方向。该方向下的教学和研究工作主要包括：马克思主义新闻观与思想体系、新闻基础理论、新闻事业改革、中外新闻史、传播思想史、传播理论、新闻传播学研究方法等领域；在建制上则包括新闻学系和新闻学专业（2001年增设新闻评论方向），此后又设立了广播电视学系和广播电视学专业（另有播音与主持艺术专业）、新闻评论研究中心、马克思主义新闻观教研平台等系所平台。30多年来，在新闻传播史论方向下，学院尤为重视新闻事业和思想史的研究，特别是吴廷俊教授关于中国新闻事业史、张昆教授关于外国新闻事业史的研究，以及刘洁教授和唐海江教授关于新闻传播思想史、观念史和媒介史的研究，各成一家，卓然而立。

如果说新闻传播史论方向是本学科的立足之本，那么积极规划新媒体方向，则是本学科凸显自身特色的战略行动。20世纪90年代中期，互联网进入中国，"新媒体时代"正式开启。"不畏浮云遮望眼"，我们积极回应这一趋势，成功申报并获批国家社科基金重点项目"多媒体技术与新闻传播"（主持人系吴廷俊教授），在新闻学专业下开设网络新闻传播特色方向班，建立传播科技教研室和电子出版研究所，成立新闻与信息传播学院并聘请电子与信息工程系主任朱光喜教授为副院长。此后，学院不断推进和电子与信息工程系、计算机学院等工科院系的深度合作，并逐步向业界拓展。学院先后成立了传播学系，建设了广播电视与新媒体研究院、媒介技术与传播发展研究中心、华彩新媒体联合实验室、智能媒体与传播科学研究中心等面向未来的研究平台，以钟瑛教授、郭小平教授、余红教授和笔者为代表的学者，不断推进信息传播新技术、新媒体内容生产与文化、新媒体管理、现代传播体系建设、广播电视与数字媒体、新媒体广告与品牌传播等领域的研究和教学工作，引领我国新媒体教育教学和科学研究风气之先。

2005年前后，依托于品牌传播研究所、广告学系、公共传播研究所等系所平台，学院逐步凝练和培育了一个新的战略性方向：战略传播。围绕这个方向，我们开始在政治传播、对外传播与公共外交、国家公共关系、国家传播战略、中国特色网络文化建设等诸领域发力，陆续获批系列国家课题，发表系列高水平论文，出版系列学术专著，对人才培养起到了积极支撑作用，促进了学院的社会服务工作，提升了本学科的影响力。可以说，战略传播方向是基于新媒体方向而成形和建设的。无论是关于政治传播、现代传播体系、对外传播与公共外交、国家传播战略方面的教学工作还是研究工作，皆立足于新媒体发展和广泛应用的现实背景和演变趋势。在具体工作中，对于战略传播方向的深入推进，则是充分融入了学校在公共管理、外国语言文学、社会学、中国语言文学、哲学等学科领域的学科资源，尤其注重与政府管理部门和业界机构的联合，最大限度整合资源，发挥协同优势。"既滋兰之九畹兮，又树蕙之百亩"。近年来，学院先后组建成立了国家传播战略研究院和中国故事创意传播研究院，张昆教授、陈先红教授等领衔的研究团队在提升本学科的社会影响力方面，起到了非常积极的作用。

"却顾所来径，苍苍横翠微。"本学科诞生于20世纪80年代初信息科技革命高涨的时代背景之下，其成长则依托于华中科技大学（1988~2000年为华中理工大学）信息科学和人文社会科学的优势学科资源，规划了新闻传播史论、新媒体和战略传播三大支柱性学科方向，发展的基本思路是学科交叉融合。30多年来，本学科的学者们前赴后继、薪火相传，从历史的、技术的、人文的、政策与应用的角度，观察、思考、研究和解读人类的新闻与传播实践活动，丰富了中外学界关于媒介传播的理论阐释，启发了转型中的中国新闻传播业关于媒介改革的思路，留下了极为丰厚和充满洞见的思想资源。

现在，摆在读者诸君面前的"喻园新闻传播学者论丛"，即是近十多年来，我院学者群体在这三大学科版图中留下的知识贡献。这套论丛，包括二十余位教授的自选集及相关著述。其中，有吴廷俊、张昆、申凡、赵振宇、石长顺、舒咏平、钟瑛、陈先红、刘洁、何志武、孙发友、欧阳明、余红、王溥、唐海江、郭小平、袁艳、李卫东、邓秀军、牛静等诸位教授的著述，共计30余部，涉及新闻传播史、媒介思想史、新闻理论、传播理论、新闻传播教育、政治传播、新媒体传播、品牌研究、公共关系理论、风险传播、媒体伦理与法规等诸多方向。可以说，这套丛书是华中科技大学新闻传播学者最近十年来，为新闻传播学术研究所做的知识贡献的集中展示。我们希望以这套丛书为媒介，在更广的学科领域和更大知识范畴的学者、学人之间进行交流探讨，为当代中国的新闻传播学术研究提供华中科技大学学者的智慧结晶和思想。

当今是一个新闻业和传播业大变革、大转折的时代，新闻传播业正在经历人类历史上"百年未有之大变局"。首先是信息科技革命的决定性影响。对当前和未来的新闻传播业来说，技术无疑是第一推动力。大数据、云计算、区块链、物联网、人工智能等技术，持续带来翻天覆地的变革，不断颠覆、刷新和重构人们的生活与想象。其次是国际化浪潮。当前的中国越来越走近世界舞台中央，"讲好中国故事""传播好中国声音"，中国文化"走出去"和提升文化软实力，是国家层面的重大战略，这些理应是新闻传播学者需要面对和研究的关键课题。最后是媒体业跨界发展。在当前"万物皆媒"的时代，媒体的概念在放大，越来越体现出网络化、数据化、移动化、智能化趋势。媒体行业的边界得到了极大拓展，正在进一步与金融、服务、政务、娱乐、财经、电商等行业建立更紧密的联系。在这个泛传播、泛媒体、泛内容的时代，新闻传播研究本身也需要加速蝶变、持续迭代，以介入和影响行业实践的能力彰显学术研究的价值。

总　序

由是观之，新闻传播学的理论预设、核心知识可能需要重新思考和建构。在此背景下，华中科技大学新闻传播学科正在深化"文工交叉，应用见长"的学科建设思路，倡导"面向未来、学科融合、主流意识、国际视野"的发展理念，积极推进多学科融合。所谓"多学科融合"，是紧密依托华中科技大学强大的信息学科、医科和人文社科优势，在新的时代条件下，以面向未来、多元包容和开放创新的姿态，通过内在逻辑和行动路径的重构，全方位、深度有机融合多学科的思维、理论和技术，促进学科建设和科学研究的效能提升和知识创新。

为学，如水上撑船，不可须臾放缓。展望未来，我们力图在传统的新闻传播史论、新媒体和战略传播三大支柱性学科方向架构的学术版图中，在积极回应信息科技革命、全球化发展和媒体行业跨界融合的过程中，进一步凝练、丰富、充实、拓展既有的学科优势与学术方向。具体来说，有如下三方面的思考。

其一，在新闻传播史论和新媒体两大方向之间，以更为宏大和开阔的思路，跨越学科壁垒，贯通科技与人文，在新闻传播的基础理论、历史和方法研究中融入政治学、社会学、语言学、公共管理学、经济学等学科的思维方式和理论资源，在更广阔的学科视域中观照人类新闻传播活动，丰富学科内涵。特别的，在"媒介与文明"的理论想象和阐释空间中，赋予这两大学术方向更大的活力和可能性，以推进基础研究的理论创新。

其二，在新媒体方向之下，及时敏锐地关注5G、人工智能、云计算、区块链等新兴技术日新月异的发展演变，以学校支持的重大学科平台建设计划"智能媒体与传播科学研究中心"为基础，聚焦当今和未来的信息传播新技术对人类传播实践和媒体行业的冲击、影响和塑造。在此过程中，一方面，充分发挥学校的计算机科学与技术、电子信息与通信、人工智能与自动化、光学与电子信息、网络空间安全等优势学科的力量，大力推进学科深度融合发展，拓展本学科的研究领域，充实科研力量，提高学术产能；另一方面，持续关注和追踪技术进步，积极保持与业界的对话和互动，通过学术研究的系列成果不断影响业界的思维与实践。

其三，在新媒体与战略传播两大方向之间，对接健康中国、生态保护、科技创新等重大战略，以健康传播、环境传播和科技传播等系列关联领域为纽带，充分借助学校在基础医学、临床医学、公共卫生、医药卫生管理、生命科学与技术、环境科学与工程、能源与动力工程等学科领域的优势，在多学科知识的有机融合中突破既有的学科边界，发掘培育新的学术增长点，产出标志性的学术成果，彰显成果的社会影响力和政策影响力。

1983~2019年，本学科已走过36年艰辛探索和开拓奋进的峥嵘岁月，为人类的知识创造和中国新闻事业的改革发展贡献了难能可贵的思想与智慧。在人类的历史长河中，36年的时间只是短短一瞬，但对于以学术为志业的学者们而言，则已然是毕生心智与心血的凝聚。对此，学院谨以这套丛书的出版为契机，向前辈学人们致以最崇高的敬意！同时，也以此来激励年轻的后辈学者与学生，要不忘初心，继续发扬先辈们优良的学术传统，在当今和未来的时代奋力书写更为辉煌的历史篇章！

"潮平两岸阔，风正一帆悬。"在技术进步、全球化发展和行业变革的当前，人类的新闻传播实践正处于革命性的转折点上，对于从事新闻传播学术研究的我们而言，这是令人激动的时代机遇。华中科技大学新闻传播学科将秉持"面向未来、学科融合、主流意识、国际视野"的思路，勇立科技革命和传播变革潮头，积极推进多学科融合，以融合思维促进学术研究和知识创新，彰显特色，矢志一流，为建设中国特色、世界一流的新闻传播学科，为我国新闻传播事业的改革发展，为人类社会的知识创造，为传承和创新中华文化做出应有的贡献！

张明新

华中科技大学新闻与信息传播学院教授、博士生导师、院长
2019年12月于武昌喻园

目 录
CONTENTS

媒介与社会

信息量与社会承受力 …………………………………………… 003
大众媒介与权力文明建设 ……………………………………… 008
大众传媒对弘扬民族精神的制度保障和主流引导 …………… 017
底色与特色：县级融媒体中心的"媒体+"逻辑 ……………… 027

新闻实践理论

时政新闻"结构性缺失"的表现及其变革 …………………… 041
政策新闻的报道空间 …………………………………………… 051
媒体在听证会中扮演的角色 …………………………………… 058
国家形象片建构对内有效认同的叙事分析
　　——基于《角度篇》3年网民评论的分析 ………………… 066
国家形象的自我认知：现实与想象的冲突
　　——基于国家形象片网民评论的分析 …………………… 074

媒介与公共话语构建

正方VS反方：搭建公共意见的平台 …………………………… 087

戏谑式网评在公共事件中的集体情绪动员机制……………… 094
大众媒介与公共政策的输入机制…………………………… 101
大众媒介参与公共政策转化的核心机制…………………… 110
网络民意与公共政策的"民间智库"………………………… 121
科学主导型公共政策的公众参与：逻辑、表征与机制……… 131
聚散之间：网络民意的表达路径与收集机制研究
　——基于政策议程设置的视角…………………………… 146
公共决策视域下的网络民意分析：主体性、科学性与倾向性…… 163
公共政策场域中网络民粹主义的话语-权力转换机制………… 181

电视问政

电视访谈的政治传播价值
　——以"省部级官员访谈"类节目为例…………………… 193
小区治理中的公共传播：意涵、载体与品质提升
　——兼对《小区自治之路，如何前行》的审视…………… 202
电视对话：公共政策的民意协商过程………………………… 219
电视"理政连线"节目的传播价值…………………………… 228
电视问政十年：文化效应与反思……………………………… 236
场域视角下的电视问政：角色归位与范式改革……………… 244
电视问政的协商理念及其实现保障…………………………… 253

传媒方法论

批判研究方法的科学性问题…………………………………… 269
有感而发不是定性研究
　——对新闻学定性研究的思考…………………………… 280

媒介与社会

信息量与社会承受力

摘要：加入世贸组织不只是经济的全面开放，也是信息的全面开放。信息量倍增是无法阻挡的社会趋势，信息传播规律和人们的信息需求是其基础。不必担心信息量的大幅增加会超越社会承受力，理论和实践一再证明，接受各种负面新闻越多的地区，人们的心理承受力就越强；接受某类信息刺激越多，人们对这类信息的心理承受能力就越强。

关键词：信息量　社会承受力　硬新闻　负面新闻

"入世"后我国传媒面临的最大竞争当数信息量的竞争。信息的输入与输出、信息的公开与交流，必然会经历从被动到自觉的过程。研究这种信息开放和信息交流的规律，减少被动性，增加自主性，就会大大缩短这一过程，有利于应对国际传媒的竞争。同时，提高信息化水平也将成为我国国民素质建设的自觉选择。

一　信息量倍增是社会趋势

其一，经济的全球化必然带来信息的全球化，也必然带来思想观念的震荡和全球信息的全方位渗透；同时，接受外来信息也必然以输出信息为对等交换规则。

正如在市场经济发展之初很少有人会想到它给中国社会带来的冲击是

全方位的，然而，经济基础一旦建立，同属上层建筑的政治体制、思想观念必然会相应地发生变革。虽然这种变化是缓慢的，但市场经济带来的平等意识、主体意识、参与意识、信息意识、效率意识、法律意识的增强，以及由此带来的现代政治体制的改革、法治社会的建立却是极为明显的。

市场经济是一种信息经济，经济的全球化必然带来经济信息的全球化，其内涵之一便是信息的公开化和信息的对等交流，意味着信息的接受必须与信息的输出互为条件。同时，经济与政治的密不可分，注定了经济信息的全球化必然与政治信息、社会信息的全球化互为前提。

其二，互联网的迅猛发展使得全球信息可在瞬间传遍世界的每一个角落，虽然防火墙技术可以在一段时间内阻止人们获得某些信息，但是飞速发展的"破墙技术"仍能保证人们充分接受各类信息。

互联网的诞生和迅速发展不仅为社会的信息化插上了飞速发展的翅膀，而且成为重要时代标志。网络以其大容量、即时性、自主性等技术特点，使得全球任何领域的重要信息瞬间即可传遍世界各地，当今时代成为真正意义上的大众信息时代。

然而，全体国民的信息化水平的提高，除了要获得信息技术的支持外，还要依靠社会化的信息化体系的支持。阻碍人们从网络上充分获得信息的往往是防火墙技术。但是，如果频繁地使用防火墙技术，就大大削弱了互联网的信息公开性、共享性等正面作用。况且，技术总是在限制与反限制中获得更新的突破，从而达到更高的境界。

其三，人们民主参与热情的高涨，必须以信息的大幅增加为前提。

人们参与热情的高涨，使得社会各类重要信息的公开获得成了一种必需。参与的前提是认识和了解社会，认识和了解的途径之一就是媒体发布的信息。信息量的多寡不仅影响人们对事物的判断正确与否，也直接关系到他们参与的质量。

二 信息量与社会承受力呈正相关

其一，信息论认为，人们关心的信息传播得越及时，信息交流得越充分，社会越能顺利地从无序走向有序。

信息传递的过程也是信息刺激接受主体的过程。人们接收信息的过程实际上是一个磨炼和提高心理承受力的过程。接收的信息（包括正面的和负面的）多了，接受的心理刺激就多了。接受少量的信息刺激之初，人们会产生较强烈的惊诧和恐惧心理；一旦信息刺激多了，心理耐受力也就增强了，经过冷静、反思之后，心理包容力也就增强了，思想和行为也趋于理性了。

心理的脆弱常常与"少见多怪"相伴而生，与缺少心理刺激互为因果。人如果长期处于缺少信息刺激的封闭环境里，心灵便处于无思无欲的空白状态，这样却也能够维持社会的超稳态。然而，这种状态对任何可能引发心理震荡的信息都毫无准备，一旦出现较强的信息刺激，没有多少承受力的脆弱心灵便可能极度倾斜，从而表现出极端的外在行为。

其二，西方文化和价值观念传入我国时实际上也经历过抵制、争论和接受、融合的过程。

长期封闭的国门刚刚打开之时，西方文化和价值观念开始传入我国，这些外来信息给国人带来了强烈的心理震荡。此时便有人视西方文化和价值观念为影响社会稳定的"洪水猛兽"，但经过一段时间的交锋与交融，我们发现，有些文化和价值观念并未引发社会的不稳定，其所带来的是人们视野的开阔、思维的辩证和对现实的理性批判。20世纪初，西方价值观念的冲击为我们带来了民主和科学的观念；80年代，西方价值观念的冲击又为我们带来了市场和法制的观念。这在一定程度上促使中国从传统社会走向现代社会，从传统文明走向现代文明。有人将这种影响的正效应归纳为三点：一是唤醒了中国人的个体意识，增强了中国人的主体意识；二是诱发了中国人的求利动机，正是这种对利益的追求才是经济社会发展的根本动力；三是增强了中国人的法制观念，人们开始致力于法制建设。这两次浪潮也产生了诸如极端个人主义、极端自由主义、极端利己主义、享乐主义等负面影响。

其三，从实践来看，接受各种负面新闻越多的地区，人们的心理承受力就越强。

一些率先实行对外开放的地区，人们接收信息的渠道更广泛，接收的信息类型更丰富，其中不乏极具冲突性的事实和观点。然而，由于经常性地接触各类信息，这些地区的人们更能平静地接收、理性地分析各类信息。

同时，我们还应该看到，承受力不是一成不变的，是在接受信息刺激的过程中得以增强的。比如，"非典"新闻的公开传播，起初也曾造成人们一定程度的恐慌，但随着相关信息的增加，人们的心理渐渐平复进而理性地加以应对。

三　大幅度增加硬新闻

随着新闻竞争的加剧，硬新闻越来越成为媒体加强信息服务的主要内容，因为它直接影响着人们对社会的判断和自身行为的选择及调整。概括地说，硬新闻指区别于生活类新闻的，题材严肃、意义重大、影响深远的，具有一定时效性的客观事实报道。其主题涉及政府和社会政策、灾难、罪案和社会正义等。笔者以为，应在以下几个重要领域增加硬新闻报道。

1. 政策法规类

公开报道重大政策的内容、重大政策的制定过程；一些政策的执行落实情况等。这类新闻是硬新闻的最主要内容。

媒体倡导新闻为受众服务，其中重要内容之一便是对受众知情权的尊重和帮助其实现这一权利。知情权指的是公民享有通过媒介了解政府工作情况和获得社会公共信息资料的权利。

从广义上来说，公共政策涉及法令、法规、法律和各种社会制度。在报道公共政策内容的门类上，有宣传，有诠释，有跟踪，有监督，有新政策、新法律的种种动议。新闻反映政策应当具有最理性、最富建设性的品格，然而目前一些媒体在这方面大多自设政策报道禁区。一类是拘泥于准确和及时宣传报道政策本身，或在版面上做了政策的信息化技术处理，突出指明某一政策包含了哪些信息，或做大量的实证性新闻，在现实中寻找足以说明政策正确的事例；另一类是对政策进行释疑解惑，对政策进行细化宣传。真正意义上的政策法规新闻除了其内容本身之外，还应突出决策过程，包括政策制定中听证过程中的不同声音、一些呼吁了很久的政策未被通过的背景、政策执行中发生的偏差、政策与实际（包括变化了的实际）不相符合之处等。

2. 社会热点和难点类

重大突发事件的报道，包括自然灾害、事故及社会冲突事件等新闻。

对社会热点和难点的报道和发言，不仅实现着满足受众需求的媒体本质，而且也实现着对硬新闻质的提升。对社会热点和难点敢不敢发言，发言的深度和广度如何，显示着主流媒体与非主流媒体的差别。无论是人与自然，还是人与人、人与社会的矛盾冲突，以及由此导致的自然灾害、安全事故，都对一个时期的社会局势产生较大的冲击和影响。无论从事件的冲击力对公众注意力的吸引角度而言，还是从事件的重大影响对公众对社会的判断和对自身行为的决策角度而言，这类信息都是人们关注的焦点。

3. 重大舆论监督的深度报道

重大舆论监督的深度报道主要是对当前政治、经济、社会生活中存在的落后的、消极的、阴暗的东西，即违背人民利益的东西，进行批评和揭露，以明辨是非、扶正祛邪，因而其包含的信息对广大受众来说，不仅丰富而且极具接近性和吸引力。表面看起来，舆论监督报道常常表现出软新闻的某些特点，细究其里，任何被批评的现象或行为，或是政策规章制定不科学、不完善，或是执行政策过程中发生偏差、管理不到位，或是故意曲解政策造成的，因而深度的舆论监督报道都呈现出硬新闻的突出特质。读者从这类新闻报道中不仅获得政策信息，而且获得政府部门执行政策、实施管理的水平的信息。

为硬新闻报道打开方便之门，让政策和政府的权威性建立在更高层次的信息平台。受众对决策过程等硬新闻的知晓不仅有利于增强对政策和政府部门的信任，而且有利于他们对决策的理解和执行决策自觉程度的提高。舆论监督类的硬新闻的增加，在很大程度上充当了群众发表意见的有效通道，有助于提高他们对社会认识的辩证性，进而促进社会在民主、开放条件下走向更高层次的稳定。

原载《当代传播》2003年第5期

大众媒介与权力文明建设

摘要：权力文明是社会公共权力的进步状态，包括权力观、权力制度、权力运行等内容。大众媒介作为一种社会公共权力，在推动权力文明建设中发挥着不可或缺的作用。本文探讨了大众媒介推动权力文明建设的有效途径：通过报道事实传播权力文化、催生并推动权力制度建设、全程监督权力运行以减少权力偏移。

关键词：大众媒介　权力文明　权力观　权力制度

政治文明建设的重点和核心内容是权力文明建设，而大众媒介具有监督权力运行和教育大众等方面的特殊功能，因此，加强对大众媒介与权力文明建设的关系研究就成为新闻传播学与政治学共同面临的重要课题。

权力作为一种组织起来的力量，在其组织范围内是归属于整个组织的，必须服务于组织的整体利益。因此，一切权力从应然的意义上讲都是指公共权力。但是，公共权力对社会和个人的控制，最终又是通过个人的操作实现的。个人在掌握了公共权力之后，既可能利用这种资源为公众谋利益，也可能为个人谋私利。为着组织管理的需要而让渡出来的公共权力是为公众谋利益还是被异化为公众利益的反面即掌权者谋私利的工具，即应然与实然的一致或冲突，就成了权力文明与否的分水岭。

所谓权力文明，就是社会公共权力的一种进步状态，包括权力观、权力制度、权力运行状况等内容。权力观、权力制度、权力运行状况三个方面互相交织、互相影响，构成整个权力文明的进步状态。本文将从三个方面探讨大众媒介在权力文明建设中的功能实现。

一　大众媒介与权力观建设

（一）权力观是权力所有者与掌管者共建的权力文化

权力观是权力文化的重要内容，权力文化又是政治文化的一部分。"政治文化包括领导和公民两方面的政治取向。"[①] 以往我们说的权力观，主要指领导干部等掌权人对待权力的态度，即掌权用权的价值取向，很少或几乎不提及社会公共权力的所有者——公众的权力认知、情感和评价等。社会公共权力所有者与掌管者对待权力的态度，共同构成一个社会权力文化的整体内容。

权力观是权力文明的观念形态，是权力文明的思想基础。有什么样的权力观，就会设计出什么样的权力制度，进而呈现相应的权力运行过程。

权力的本质是权力从何处来、在何处用，即权力来源于谁、服务于谁的问题，其他一切有关权力的理论和实践都是围绕这一中心问题而展开的。毛泽东把共产党人的权力观归结为"为人民服务"。1945年8月他在延安干部会议上指出："我们的权力是谁给的？是人民给的。人民把权力委托给能够代表他们的、能够忠实为他们办事的人，这就是我们共产党人。我们的责任是向人民负责。我们的每句话，每个行动，每项政策，都要适合人民的利益。"[②] 党的十六大报告将社会主义权力的本质明确地概括为"把人民赋予的权力真正用来为人民谋利益"。无论表述如何，其实质都离不开权力从人民中来又为人民谋利益这一实质。我们说一个干部用好了手中的权力，也是说解决好了如何运用人民赋予的权力的权力观问题；而当我们探寻一个个腐败分子的堕落轨迹时也会发现，他们把公共权力异化为寻租的个人资本，当作了谋取私利的工具，也是没有解决好权力观的问题。

权力的所有者——人民群众也有一个如何看待权力的权力观问题。公

---

① 王乐理：《政治文化导论》，中国人民大学出版社，2000，第56页。
② 《毛泽东选集》第4卷，人民出版社，1991，第1128页。

众的权力认知、情感和评价等权力价值取向，构成公共权力生长的文化环境。公众能否认识到权力属于包括自己在内的人民大众、公众有权对权力运行过程进行监督、公共权力必须用来实现公共利益等，都直接影响掌权者对权力的认识和行使。在我国，由于历史和现实的原因，"权力拜物教"在很大程度上仍然存在。

（二）大众媒介通过报道事实传播权力文化

政治学家、传播学先驱哈罗德·拉斯韦尔曾提出大众传播的三大功能，即环境监视功能、社会协调功能和社会遗产传承功能。换句话说，大众媒介应是环境的瞭望者、政策的塑造者、知识的传播者。社会学家查尔斯·赖特对这一理论进行了补充，提出了"四功能说"：环境监视——大众传播在特定社会的内部和外部收集和传达信息的活动；解释与规定——大众传播并不是单纯的"告知"活动，它所传达的信息中通常伴随着对事件的解释，并提示人们应该采取什么样的行为反应；社会化功能——大众传播在传播知识、价值以及行为规范方面具有重要的作用，也可称之为大众传播的教育功能；提供娱乐的功能。

关于大众媒介的功能有各种各样的归纳和总结，但都强调其在人的社会化过程中的教育功能。人的社会化也包括政治社会化，"政治社会化是一个通过社会互动而形成政治态度和政治行为的过程"[1]，即政治文化传递和接受的过程。影响这种传递的因素有很多，如家庭、同辈群体、学校、工作场所、大众媒介、政权系统本身等。在这些因素中，"如果说同辈群体、职业群体主要是在群体的范围内传播一定的政治亚文化，那么，学校、大众传播媒介、政权系统等，就主要向全社会传播主导的政治文化"[2]。大众传播媒介传播政治文化也包括传播权力文化。

与其他宣传直截了当地说理不同，大众媒介传播社会主导价值观有其自身的方式，即通过传播事实信息，寓理于事，于潜移默化中传递政治体系的主张。"新闻用事实说话"，报纸、广播、电视等媒介实现其信息传

---

[1] 〔美〕理查德·G. 布朗加特、玛格丽特·M. 布朗加特：《青年的政治社会化与教育（上）》，莫东江译，《青年研究》1998 年第 1 期。
[2] 施雪华主编《政治科学原理》，中山大学出版社，2001，第 831 页。

递功能都依赖一个个具体的事实，但这些事实都是"会说话"的事实，传播者选取"这个"而不是"那个"事实，是因为"这个"事实更能传达传播者想要传达的思想。这就是新闻事实的选取标准除了新闻价值之外还必须注意其宣传价值。这些事实既可能是一个事件、一种现象，也可能是一次活动、一个人，它们都是传达社会主导价值观的载体。以人物报道为例，大众媒介通过推出一个个优秀干部的形象，向干部和群众宣传的是他们真正认清了权力从哪里来，该在何处用的问题。他们手持人民赋予的权力，全身心地投入为人民服务的事业，默默无闻，甘于奉献。他们的亲人也与他们一样，从不奢望掌权人能给自己带来什么额外的好处。与此同时，媒介也把一个个擅于弄权的贪官曝光，透过其腐败的过程，尤其是他们身陷囹圄后的忏悔，人们可以看到他们把手中的权力当作自己可以随意支配的私有物，当作可以带来无尽利益的不竭资本。在他们眼中，权力可以买卖，可以参与投资，可以庇护家人亲友。一句话，可以成为万能的钥匙，唯独不能成为为人民谋利益的工具。通过媒介报道传递的信息，读者还可以看到贪官身后的"亲友团"究竟起到了什么作用。通过经常性的正反面典型人物报道，无论是官员还是群众都能受到生动教育。

二 大众媒介与权力制度建设

（一）权力制度重在从制度层面管理权力

从词源学上说，"民主即人民的统治或权力"①。伴随着社会组织和国家的诞生，为着管理的需要，人民将权力让渡给组织或政府的管理者。于是便出现了权力的所有者与使用者的分离。人民让渡出来的只是权力的使用权而不是所有权，无论掌权者官位多高，权力的最终所有者都是人民。要解决权力的最终所有权、受益权、使用权、支配权等问题，必须依靠一系列管理制度，使权力在制度的规范之内有序运行。

1. 选举制度

要想权力的所有权属于人民这句话不至于陷入空谈，就必须解决权力

---

① 〔美〕乔·萨托利：《民主新论》，冯克利等译，东方出版社，1998，第23页。

所有者有权将权力委托给谁来使用的问题。选举是一种既符合民主实质又行之有效的程序。美国政治学家李普塞特从程序的视角界定民主："一个复杂社会中的民主，可以定义为一种政治系统，该系统为定期更换官员提供合乎宪法的机会；也可以定义为一种社会机制，该机制允许尽可能多的人通过在政治职位竞争中作出选择，以影响重大决策。"① 为什么选举在权力管理制度中如此重要？一是因为选举意味着公开竞争，欲进入权力系统的人必须通过品行、知识和能力表现赢得公众的赞许；二是因为公众有普遍参与的机会。如果在选择掌管权力的人时公众没有参与权，便与其权力所有者的身份完全背离。

2. 信息公开制度

人民既然把权力委托给少数人支配和使用，借以管理国家和社会，就必须时时了解受托者的权力使用状况，这就要求建立政府信息公开制度。政府信息公开的宪法基础就是现代社会公民的知情权。知情是参与和监管权力使用的前提。公众缺乏对权力行使过程的知情，既难以参与国家和社会事务的有效决策，更难以实施对权力运行的有效监督。马克思曾结合巴黎公社的经验指出："公社可不像一切旧政府那样自诩决不会犯错误。它把自己的所言所行一律公布出来，把自己的一切缺点都让公众知道。"② 社会主义的权力管理制度对信息公开的范围是非常广泛的，包括掌权者的职责范围、工作目标、实际作为，人事任免升降、重大工程决策和执行的情况等。

3. 权力监督和废除制度

权力的管理须臾离不开监督。党的十六大报告指出，要加强对权力的制约和监督，从决策和执行等环节加强对权力的监督，保证把人民赋予的权力真正用来为人民谋利益。必须构建一个全面的权力监督体系，包括领导班子内部的监督、党的纪律检查、司法和审计监督、群众质询监督、舆论监督等。另外，必须使监督制度发挥其刚性威力。要做到这一点，必须有权力废除即权力罢免制度与之配套。"权力的罢免，不是针对到期换届

---

① 转引自赵成根《民主与公共决策研究》，黑龙江人民出版社，2000，第7~8页。
② 《马克思恩格斯选集》第3卷，人民出版社，1995，第65页。

自然移交的权力，而是对异化了的权力包括滥用的权力的依法终结。"①权力所有者通过全面准确地调查监督，采取有效的手段，对那些不能代表其利益、不能令其满意的掌权者予以罢免，收回他们的权力，更换权力委托对象。只有这样，才能保证掌权者正确而有效地行使其权力。

（二）大众媒介催生并推进权力制度建设

大众媒介并不是简单地记录客观发生的事实，它在满足受众对事实背后的"为什么"和"怎么样"等深度信息需求的过程中，也逐渐触及社会现象、社会问题产生的制度层面的内容。于是，制度规范建设的呼唤成为媒介传播的重要内容。大众媒介监视环境也包括权力运行的制度环境。媒介选择事实的判断标准之一是事实与规则、通理、习惯的冲突，冲突的程度越剧烈，新闻价值越大。这些冲突的背后，往往是利益的争取与剥夺，亦即权力在进行此消彼长的博弈。新闻报道对这种博弈的关注，实则是对背后的权力制度缺失的暴露，对健全与完善权力制度的呼吁。

2003年的"非典"事件，推动了突发公共卫生事件信息公开制度的建立。其中，媒介的功劳不可小视。其实，早在这一事件发生之前，关于公民知情权的呼声便已频频见诸各种媒介。"非典"只是一个偶发的事件，但由于这一事件的特殊性和影响的广泛性，在内因和外因的共同作用下，成了建立信息公开制度的良好契机。

同样，媒介对孙志刚案的报道直接推动了《城市流浪乞讨人员收容遣送办法》的废止和《城市生活无着的流浪乞讨人员救助管理办法》的诞生。正是大众媒介的参与，孙志刚事件能够迅速得以传播，相隔千里的人能够讨论，千万人的意见能够汇聚。按照福柯的分析，媒介自身的话语就是权力。媒介充分运用这种权力，维护了权力所有者——公众的利益。通过这一事件，媒介不只是改变了一项具体的政策，更重要的是改变了掌权者行使权力的方式，建立了以为人民谋利益为目的的权力运行制度。

---

① 屈学武：《法定权力与权力法治》，《现代法学》1999年第1期。

三 大众媒介与权力运行过程

（一）权力运行过程重在校正权力失范

建立了权力制度并不能保证权力一定规范地运行，再严密的制度也会存在漏洞，总会出现制度设计者未曾预料到的情况，再加上掌权者自利动机，权力失范既有主观利益驱使又有客观空间。

权力失范指的是权力运行中偏离规范以至丧失了规范，突出地表现为权力无序行为的大量存在。具体地说，这种"权力无序"主要表现在以下几个方面。

1. 权力膨胀

权力膨胀是指掌权者将权力的使用范围扩大化，尤指用权为己谋取不正当利益或造成他人、集体、社会合法利益受损，即滥用权力。在"官本位"和权力拜物教的权力文化作用下，掌权者因对权力的极度崇拜，视手中权力为至尊之物，由此便出现了"权力藐视权力"的怪现象，即一些官员仗着手中持有权力，经常性地干预各种事务。

2. 权力无为

权力无为主要是指掌权者出于种种原因，不做或少做权限内该做的事，平平庸庸，无所作为，这种权力缺位逐渐导致权力萎缩或失败。这样对待权力同样是对人民赋予的权力不负责任，最终受损的还是人民。

3. 权力误用

这里说的权力误用，主要是指掌权者并没有谋私利的主观企图，但因为缺乏合理使用权力的能力，不能科学地运用权力为人民谋利益，相反可能因为决策失误而导致人民利益受损。这就是一些干部因工作失误而被群众质疑时常抱怨的"没有功劳也有苦劳"的情况。权力所有者委托他人使用权力，不只是要看到受托人忙碌，更看重其使用权力的效率，为委托者带来多少利益。不然，权力不仅没有发挥正面作用，反而带来了负面作用。

权力运行中这些失范行为的校正，有赖于树立正确的权力观和建立科学的权力管理制度，也有赖于大众媒介的全程监督。

(二) 大众媒介全程监督权力运行，减少权力偏移

从本质上说，大众媒介也是一种社会权力，也是一种重要的社会支配力量。大众媒介通过传播信息、观念，引导舆论，从而影响社会力量的对比，成为影响社会发展的重要支配力量。大众媒介作为一种社会权力，不为某一个人、某一集团所有，而是为公众所有，是一种公权力。"大众传媒的公权力，是以反映民意、制造舆论为内核的并涉及公共领域的社会公信力，这种权力的表现形态是以褒扬、贬斥、劝服、引导为主要方式的社会影响力。"①大众媒介以舆论力量全程监督权力的运行轨迹，防止和减少权力发生偏移。

1. 大众媒介随时处于对权力运行的密切监视中

大众媒介把权力运行的规范和科学与否作为时政新闻报道的重要内容，时时审视权力的运行是否在公平、透明、廉洁、高效的规范之内。

在现代民主社会，公民高度要求权力的公平。权力所有者决不允许掌管公共权力者享有特殊利益（包括物质的和地位的），要求掌权者公平地分配社会资源，因为公共权力必须坚持的一项基本原则就是"一切社会价值——自由和机会，收入和财富，以及自尊的基础——应平等分配，除非某些或全部社会价值的不平等分配符合每个人的利益"。②

权力的透明是指权力的运行过程要让权力所有者看得清，具体指各级国家权力机关、立法机关、司法机关、行政机关权力行使的公开，包括权力行使过程和结果的公开，涉及国家机密的除外。媒介在审视权力透明度的过程中，一直致力于权力运行过程——决策、执行、监督、反馈等的报道，因而在满足公众知悉权力运行过程的需求方面大有作为。

权力的廉洁是指公共授权必须用于为公众谋利益而不应成为为掌管权力者谋取私利的工具。大众媒介监视权力是否按照廉洁的原则运行，不应等到谋取私利者被查出并被处罚过后再进行报道，而应参与到监视权力运行的过程中。

媒介以权力的高效原则审视权力的运行，主要是从管理的科学化和高

---

① 陈先元：《传媒权力是大众社会的一种公权力》，《新闻记者》2005年第5期。
② 〔美〕罗伯特·A. 达尔：《现代政治分析》，王沪宁译，上海译文出版社，1987，第179页。

效率角度出发来评价权力运行的效果，追求的是以较少的投入取得较大的社会效益。

2. 大众媒介唤醒并帮助公众参与权力的运行

大众媒介的权力不是强制力，只是一种舆论的影响力，但是它一旦唤醒并帮助公众参与权力的运行，就通过参与权力管理的制度化而具有一定的刚性。

大众媒介通过报道一个地方、一个单位群众参与民主管理实践的个别事实，唤醒更广泛的群众参与权力管理的意识，让公众了解参与管理的程序，进而积极参与到权力管理的过程中去。这期间，媒介通过广泛提供信息，为公众参与权力的运行赢得知情前提；通过监督掌权者设置公众参与权力的程序规范与否，为公众参与权力的运行赢得程序保障；通过反馈公众参与中的意见表达是否影响了权力运行的结果，为公众参与权力的运行赢得效率保障。

以公共政策听证制度为例。听证制度是指政府组织在做出直接涉及公众或公民利益的决策时，应当听取利害关系人、社会各方及有关专家的意见，这是实现良好治理的一种必要的规范性程序设计。[①] 听证的过程也是政府组织在行使决策权的过程中尊重民意的过程。在这一过程中，大众媒介扮演了信息员、启蒙者、监督者的角色。媒介把举行听证的主题、时间、地点、报名方式、代表选取方式以及对听证主题的各种不同观点等信息提前发布，使公众事先掌握较为充足的信息；媒介通过告知公众决策的程序、功能等相关知识，对公众起到知识启蒙的作用；媒介对听证程序的全程直播，使听证会现场一举一动都在公众的视线之内，同时，听证中的公众意见能否影响最终决策也引起媒介的强力关注，都是对公众参与决策过程的全程监督，进而保障公众参与权力运行的客观性和公正性。

总之，大众媒介在权力文明建设中的作用不可或缺。无论是权力观、权力制度还是权力运行，都有赖于大众媒介的有效参与。

原载《社会主义研究》2006 年第 6 期

---

① 彭宗超、薛澜、阚珂：《听证制度》，清华大学出版社，2004，第 2 页。

大众传媒对弘扬民族精神的制度保障和主流引导

摘要： 大众传媒发挥着引导社会主流价值观的独特功能，其在弘扬和培育民族精神方面的作用无可替代。当下，民族精神受到信息化、网络化和传媒文化的强烈挑战，因此，建立畅通的信息接收渠道，加强中华优秀文化的对外传播，建立畅通的信息及言论传播机制，重塑媒介主体形象，弘扬社会正气等对大众传媒弘扬民族精神的制度保障和主流引导起着重要的作用。

关键词： 大众传媒　民族精神　制度保障　主流引导

大众传媒发挥着引导社会价值观的独特功能，它是科学价值观的引导器、放大器和推进器，是错误价值观的校正器，其在弘扬民族精神方面的作用无可替代。然而，现实地看，大众传媒所处的环境今非昔比，在报道理念、报道内容和报道方法上的种种偏差，限制着其功能的有效发挥。本文针对大众传媒在弘扬民族精神方面存在的问题，探讨实现其主流引导功能的现实途径。

一　民族精神面对信息化、网络化和传媒文化的强烈挑战

任何民族文化、民族精神的形成和发展都有自身的历史轨迹。中华民

族在数千年历史发展中形成了以爱国主义为核心的团结统一、爱好和平、勤劳勇敢、自强不息的伟大精神,这一民族精神是中华民族得以生生不息地繁衍和发展的活的灵魂和根本动力。但是,任何民族文化、民族精神的发展又不能不打上那个时代的烙印。在信息化、网络化的现今时代,世界文化的渗透与融合以润物无声的力度向民族文化、民族精神提出了前所未有的挑战。消费主义主导下的娱乐化和揭丑性的传播理念也无时无刻不向民族精神的培育和弘扬发出挑战。

信息化将中华民族精神置于世界文化体系之中,比较中出现了民族精神的迷失。随着全球化时代的到来,世界各民族的文化交往方式发生了根本的变化。以往通过战争并伴随着贸易而来的文化入侵不再是唯一的文化渗透或融合方式,通过改革开放、经济合作,以附着于先进生产方式之上的文化价值观和思维方式吸引其他民族效仿和学习,成为更加普遍的文化交往方式。信息化使跨文化传播突破了时空间隔,全球共享信息成为可能,任何一个民族的文化都将作为人类文明成果的一部分为世界各民族所共享,也接受着全球目光的审视。民族精神不可避免地被置于全球化带来的信息化的新坐标之中。

以民族精神的核心——爱国主义为例,信息化时代的国家安全有了新的含义,因而爱国主义也有了新的内涵。当战争爆发时,抵御外敌入侵,保卫国家领土完整和统一,是爱国主义的重要内涵。此时,基于领土之上的国家概念在国民心中十分明显。在和平时期,跨国界的交往和定居使许多人在一定意义上已成为世界公民,国家已不只是领土概念。更重要的是,大量无形的威胁如信息安全的威胁、文化入侵的威胁等随着频繁的经济交往愈益增强。一些美国学者也指出,文化侵略不在于领土征服和经济控制,而在于控制人的心灵,借以改变国家间的权力关系。这种文化侵略带来的安全威胁比领土侵略和扩张手段更隐蔽,危害更严重。今天的人们,无论是否走出国门,都可以通过发达的媒介频繁地接触外来信息,在强大的信息流面前,也有许多人迷失了方向,对自己的民族产生了自卑心理,对发达国家从物质产品、文化产品到语言、思维方式都极度崇拜,自己的民族语言陌生了,自己的民族精神也逐渐丢失了。

在对传统文化进行反思的过程中,有一种值得警惕的民族虚无倾向,对西方文化极端崇拜，对自己的民族文化极度自卑。他们认为，中国传统文化完全不适应现代社会的需要，是社会现代化最大的绊脚石和最直接的阻力，"说话做事"往往从西方的理论和现实中寻找依据。

网络化把人们的社会关系逐步移入虚拟空间，淡化了民族和民族精神。网络化与信息化紧密相连，也与虚拟化如影随形。"人和机器之间区别的模糊意味着对以人为本的传统文化的根本性破坏，更不用说与此相适应的各种社会、经济和政治结构了。""国籍（或公民感）、民族、种族、性别等因素在人们的社会结构中所起的作用越来越小，或者说在人与人之间的关系中越来越不起作用，那么人与人之间的社会关系还有什么能形成政治或社会力量的内涵。"① 网络社会没有国家的界限，人与人之间没有地位身份的悬殊，没有言论和行为的限制，没有现实的困惑和苦恼……只要语言相通，网络世界的交流和沟通便没有任何障碍，这是一个虚拟的无障碍的"大同世界"。

不分国家和民族，自然也无所谓民族精神。因为在这里，"任何人可以是任何人"。国家、性别、年龄、学识、地位的差别都可以忽略，或者说可以互换，身份不固定或不确定，其他的一切都变得不确定、不重要了。网络化的世界里，任何人的交往圈都可以遍及世界任何角落，传统的国家等政治结构在网络世界不复存在，或不甚突出，爱国主义的民族精神内涵便需重新审视；网络世界虽然也有社区或社群，在许多问题上也观点一致，但这种团结统一与现实世界的概念不可相提并论，或者说网络世界里的态度无法变成现实世界里的行动；网上交流是以虚化地位、财富的差别为前提，现实与理想的反差可以在网络世界里得到修补和平衡，既然网络世界里各种差别不再明显，勤劳勇敢、自强不息等民族精神的培育和弘扬就缺乏外在压力和内在动力。

消费主义文化背景下的媒介主体形象，诱导社会泡沫心态，远离民族精神。随着传媒市场化的发展，媒介的消费主义倾向越来越明显。在计划经济时代的"生产的社会"阶段，新闻多是生产方式报道，媒介所极力

---

① 杨伯溆、刘瑛：《关于全球化与互联网的若干理论问题初探》，《新闻与传播研究》2001年第4期。

推出的主体形象多来源于社会生产实践第一线,"他们身上具有严肃的态度和创造的精神","鼓励人们艰苦奋斗、创造进取"。这与社会所倡导的民族精神内涵高度一致。市场经济体制建立之后,新闻报道内容逐步从生产方式转向生活方式,生活方式报道的核心是社会的消费行为,媒介主体形象也被一夜成名、过着奢华生活的各种影视、歌舞、体育明星所取代。这类报道"带给阅听人的主要不是他们历经磨炼的创造过程本身,不是他们的能力和进取心,媒介注重挖掘的是他们的生活习惯、衣着及食物的偏好,特别是他们的家庭、情爱、私生活的内容。因此对各种明星的报道,带给人们更多的是一种形体的审美、感官的愉悦与享受"。[1]这种媒介主体形象与媒介所倡导的时代精神相去甚远。

不仅如此,媒介频繁开展的"造星运动"刺激人们尤其是青少年的欲望,参加选美、唱歌、主持人比赛,甚至参加电视台举办的娱乐节目,一旦步入"星光大道",命运可能从此改变,媒介也频繁地报道那些参加活动的人(即使未取得成功)获得了更多的成功机会。"造星运动"的频繁开展,导致"群星闪烁"。这种状况诱发并加剧了人们的成名幻想,致使社会弥漫着一种不需脚踏实地艰苦奋斗,只需等待幸运降临,成名便唾手可得的泡沫心态。

媒体主体形象的转换加上频繁的"造星运动",在很大程度上影响着人们的思维方式和精神追求。当人们关注的焦点变成了娱乐明星的高档消费,关注自身的容貌、身材、嗓音等外在条件,中华民族精神所倡导的团结统一、勤劳勇敢、自强不息等便难内化为人们的精神追求。

揭丑性传播理念的兴盛致使社会丑陋现象突发性地充斥媒介,消解人们的民族信心。人们对民族精神的认同有赖于对民族生存现状的认识和对其未来前景的信心。这种认识和信心的获得,有赖于媒介提供的图景。媒介是人们认识社会的中介,媒介信息是人们借以判断和认识社会的依据,人们认识的社会实际是媒介反映的社会。"任何大众传媒在内容选择上都不可能完全满足目标受众的知情权,媒体在实质上主导着大众的眼睛与头

---

[1] 秦志希、刘敏:《新闻传媒的消费主义倾向》,《现代传播》2002年第1期。

脑。"① 随着媒介的职能越来越倾向于"揭丑"或曰"监视环境",大量的丑陋现象见诸媒介。人们的媒介印象转化为社会印象。通过媒介传播的信息,人们感觉我们这个社会似乎就是一个官员腐败、唯利是图、尔虞我诈、诚信尽失、缺乏安全的人人自危的社会,由于积弊深重,国家虽重点惩治腐败、大力倡导诚信但见效甚微。对身处其中的社会环境形成如此灰暗的判断,对社会的信心亦不十分充足,对民族精神倡导的观念也产生了怀疑,这种心理状况对民族精神的培育和弘扬提出了挑战。

但是,由于敏感信息的传播受到的控制较多,媒体揭丑常常只限于一定的领域、一定的层面,而对于受众极欲知晓的信息如公共政策的决策过程、人们直接行使民主权利的行动,则很少甚至几乎没有报道。这些公众关注度高的信息缺失,在较大程度上引起人们对政府处理问题的能力的怀疑,进而消解人们对政府的信心。

二 传统社会民族精神的生长土壤

弄清了民族精神在现今时代遭遇的强烈挑战,必须审视传统的、封闭的经济、政治、文化背景下民族精神的形成和培养方式及其发展障碍,如此才能有效地找到培育和弘扬民族精神的新途径。

民族精神是解决民族生存危机的选择。"从特性上分析,民族精神是本民族的一种遗传信息,是该民族与其他民族相区分的根本标志。这种遗传信息既有自然传承的一面,又有在自然、社会实践中自觉选择的一面,还有在与其他民族交往中相互融合甚至被强制改变的一面。"② 中华民族的民族精神是在内忧外患的环境中解决生存危机的选择。中国幅员辽阔,在许多不适宜人生存的地方寻找生存的机会,要频繁地与恶劣的自然环境抗争,养成了中国人勤劳勇敢、自强不息的民族性格。人们在实践中很早就认识到,在不利的生存环境中生存,必须结成整体,在追求整体利益的过程中使个人利益得到庇护。于是对整体利益、国家利益的追求和维护与

---

① 黄耀红:《论大众传媒的社会责任》,《出版科学》2005年第1期。
② 王耀:《民族复兴与民族精神》,《郑州大学学报》2004年第1期。

个人利益的实现高度一致,"整体利益的弥足珍贵成为了个人的一种真实的人生体验"。① 与此同时,古代中国诸侯割据,内乱频繁,民不聊生;近代中国军阀混战,祸国殃民。在这种内乱多发背景下,对和平的渴望成为中华民族的不懈追求。中国是一个多民族国家,和谐统一就更显珍贵。

中国传统主流文化的最高境界就是世界大同。其特征是,强调天、地、人之间的和谐与统一,强调天与人、人与人、人与物之间的和谐相处。虽然古代中国内乱频繁,但历朝历代都反对战争,反对以武力征服别国,追求一种"人不犯我,我不犯人"的秩序与宁静。近代中国备受强国欺凌,从1840年到1900年,西方列强先后对中国发动了两次鸦片战争、中日甲午战争、中法战争、八国联军侵华战争等,通过一系列不平等条约,抢金掠银,分割土地。在面临外侮的历史时刻,中华民族总能表现出空前的团结统一,而这一切都是出于对国家和民族整体利益的重视。

民族精神是社会结构的必然反映。中国封建社会比西方国家长得多。中国封建社会以宗法血缘关系为基础的社会结构易于生长出国家利益至上的文化意识。中国"农业立国"的经济基础,培养了人们吃苦耐劳、自强不息的精神,自种自食、自得其乐的小农特征及与其相伴的安土重迁的生活态度也培养了人们爱家乡、爱祖国的感情。同时"自给自足的小农经济结构,使得社会发展的动力机制具有典型的内循环封闭性特征"②,"鸡犬之声相闻,民至老死不相往来"是农业社会生活的生动写照,它客观上形成了人们求稳惧变的心理,不仅限制了人们认识世界的视野,而且也使人们担心外来侵袭破坏原本稳定的生活,因而它也培养了爱好和平的民族性格。农业和手工业生产都以家庭为单位,一个家庭就是一个社会,家长是最高统治者,集生产指挥权、家政管理权、财产分配权于一身,家庭其他成员都必须绝对服从,家长代表着家庭这个群体,服从家长意味着服从家庭这个群体的利益。这种以家庭为本位、以血缘为纽带的等级关系在家国一体的社会结构里,逐渐演变为一种群体掩蔽个体、群众压制个体

---

① 唐凯麟、李培超:《民族生存与发展的生存透视》,《北京大学学报》(哲学社会科学版)2001年第3期。
② 唐凯麟、李培超:《民族生存与发展的深层透视》,《北京大学学报》(哲学社会科学版)2001年第3期。

的文化意识，国家乃最高的群体，因而这种生产关系和社会结构便自觉地生长着整体意识、爱国意识。虽然中国社会结构如今已发生根本变革，从生产结构、生产关系到社会制度都发生了根本变化，但文化的延续性注定其将长期影响一个民族的性格。

民族精神的形成离不开封闭的信息环境和多层次的灌输教育。在传统的社会条件下，新闻业不甚发达，信息传播渠道不畅，加上对新闻传播内容控制较严，百姓对外界信息知之甚少。在相对封闭的信息环境里，政府倡导的观念成为有限的可供传播的主要内容，反复的信息刺激增强了相关信息的传播效果。同时，学校教育、职业教育、社会教育等无处不在的多层次教育，都与民族精神紧密相连，将民族精神的内容纳入考试的范围，使得民族精神深入人心。

三 大众传媒对弘扬民族精神的制度保障和主流引导

与传统社会民族精神的生长土壤相比，今天无论是民族的国际地位还是国民心理、信息环境都发生了剧烈变化。从根本上说，民族精神的弘扬有赖于国民信心的塑造和保持。当人们对民族的未来充满信心时，便对赖于创造这种未来的民族精神充满荣誉感，这是民族精神得以弘扬的基础。基于此，大众传媒应加强对弘扬民族精神的制度保障和主流引导。

建立畅通的信息接收渠道，理性对待外来文化，坚持本民族文化精髓。信息化、网络化对民族精神的挑战，提出了民族文化与世界文化的比较、选择与融合的问题。信息化的过程必然是世界各类文化汇集、交流和碰撞的过程。任何文化都需要在碰撞和冲击中得到重铸和锻造。在这里，妄自尊大和妄自菲薄的心态都不利于民族精神的弘扬。"任何的民族文化本身都有其稳定性和排它性，特别是像中国文化这样具有悠久历史的文化类型，其稳定性和排它性也时隐时现于包容性之中。"① 无论在传统封闭

---

① 尤小立：《论传统思想文化资源与现代理性爱国主义》，《苏州丝绸工学院学报》1999年第4期。

的社会里,还是在现代开放的社会里,一个民族保持对自身传统文化、民族精神的自信,都是这个民族自立于世界民族之林的根本。在与世界广泛交往的信息时代,民族精神不应局限于狭隘的本民族之内,必须以开放的胸怀,吸收其他国家的先进的东西。信息化社会的最大优势就是全球丰富而全面的信息传播。培养民族精神必须让人们广泛接触国内外各类信息,自觉地选择和比较。当人们在比较中认识到中华民族精神的优越性,并在比较中主动吸收异质民族精神,丰富本民族精神,民族精神才能自觉地得到弘扬。这既是一个有没有开放胸怀接收外来文化、外来信息的观念问题,也需要固定的制度予以保障。从制度层面上保证外来文化、外来新闻信息通过国内媒体得以传播,与开放观念的培育相辅相成。当然,传统文化和民族精神的开放性并不意味着"言必称西方",必须坚持本民族的文化精髓。

加强中华优秀文化的对外传播,抵制西方文化霸权,增强国民民族自豪感。当我们从网络中谁在说、说什么、向谁说等传播要素视角来审视网络文化传播模式时,毋庸置疑,网络成了西方价值观念的传声筒和放大器。针对西方文化占据网络世界主导地位的现实,积极的态度是借助网络,从硬件和软件两个方面着手,缩小与发达国家的差距,让中国的声音传遍全球,让民族优秀文化成为网上丰富而重要的资源。面对现代化进程带来的种种社会问题,许多西方国家转而到中国的传统哲学思想中寻求医治药方,从而形成文化上的互补。西方国家凭借发达的技术手段掠夺式地发展经济的同时,造成了资源耗竭、全球气候变暖、环境污染等一系列的问题,自然变成了人的对立物。此时,西方学者纷纷推崇中国哲学中的"天人合一"的哲学观,认为当前各国发展"最需要的精神就是中国文明的精髓——和谐"。当西方国家"注重冲突与竞争"的文化带来一系列社会问题时,中国文明中的"兼收并蓄""求同存异"思想越来越受到西方学者的关注。[①] 这是大力弘扬中华民族文化的大好时机。应有计划地把我国重要的民族文化制成数字化产品,使中文的文化信息在整个互联网上占到一定的比例,在世界范围内产生重要的影响。这是增强民族自豪感、弘

---

① 参见刘卫东《全球化 华夏文明传播的新机遇》,《国际新闻界》2001年第5期。

扬民族精神的重要途径。

建立畅通的新闻及言论传播机制，以充足的信息量和充分的沟通增强民众信心。培育民族精神，有赖于人们对生存环境的感悟、对社会现实状态的评价、对重大公共政策的参与、对国家前途的预测，它们影响人们对政府、国家乃至民族精神的判断和信心。这些判断和信心，从根本上有赖于制度的保障，即建立畅通的新闻及言论传播机制。表达意见既是宣泄的途径，也是民主参与权利实现的途径。

重塑媒介主体形象，挖掘其体现民族精神的侧面，引导主流价值观。大众传媒推出的主体形象自觉不自觉地强烈影响着置身其中的每一个人。尤其是"在未成年人面前，大众传媒是一种跨越家庭、学校与社会的教育力量，它为整个社会提供教育的话语背景"。"大众传媒直接或间接地为未成年人的社会化过程提供着最生动的教材。"[1] 传媒在市场化的过程中受到市场的压力或诱惑，越来越迎合受众的需要，致使传媒的娱乐化色彩越来越明显。传媒的娱乐化正在削弱其核心功能——引导公众关注国内外大事，引导舆论。当下，媒体应正视娱乐化带来的负面影响，利用媒体的扩散功能和超强的示范效应，重塑媒体主体形象，推出一些能体现中华民族精神所倡导的爱国、团结、勤劳勇敢、自强不息的精神的主体形象，能引导社会主流价值观的主体形象。近些年来，媒体相继推出的徐虎、吴天祥、任长霞、徐本禹等优秀人物，不仅感染了一批又一批人，而且涌现了一个又一个以他们为榜样的群体。当然，媒体对这类形象进行推介时，也应改进宣传手法，还原人物真实面貌，拉近主体形象与普通百姓的距离，如此才能增强主体形象的示范性。

在监视社会环境时弘扬社会正气，增强公民对生存环境和民族未来的信心。监视社会环境是大众传媒的重要职能，实现这一职能的重要手段就是揭露那些不合理、非正义的社会问题。问题在于，媒体不能仅仅满足于暴露，更重要的在于建设。暴露丑陋是为了建设美好，暴露的过程是引导人们形成正确认识、促进相关问题解决的过程，应以弘扬社会正气、增强公民对生存环境和民族未来的信心为目标。由于故事化的潮流正在风靡传

---

[1] 黄耀红：《论大众传媒的社会责任》，《出版科学》2005年第1期。

媒界，对社会丑陋现象的暴露常常停留于展示事件的曲折过程、问题的触目惊心，很难看到其中蕴含的社会主流价值观。要加大对政府处理各类严重的社会问题的力度和效果的报道比重，改进对社会问题的报道手法，弘扬社会正气，增强国民信心，更好地弘扬民族精神。

原载《华中科技大学学报》（社会科学版）2005 年第 4 期

底色与特色：县级融媒体中心的"媒体+"逻辑

摘要：科学认识县级融媒体中心的"媒体+"逻辑，直接关系到平台建设的内涵定位和功能实现。县级融媒体中心的底色是新型的新闻媒体，是一种基于用户需求端变革的新闻媒体，其建设理应坚持和遵循新闻媒体的逻辑；县级融媒体中心的本色是"媒体+政务"建构对话协商平台，引导多元社会主体基于公共议题凝聚共识、形成合力，参与基层社会治理；县级融媒体中心的特色是"媒体+服务"打造差异化的服务平台，有效利用当地特色资源，拓展县域民众的生存和发展空间，推动县域经济和社会发展。

关键词：县级融媒体　媒体+　差异化服务平台

县级融媒体中心建设正如火如荼地在各地推进着，然而，各地进度不同，模式不同，效果也不同。这诸多过程与结果的不同，源于对县级融媒体中心的内涵定位理解存在差异。有的将其视为政务信息发布的平台，有的将其视为监控基层舆情的平台，有的则将其视为县级传统媒体的转场阵地。县级融媒体中心虽然不必按照一个模式建设，但其内涵和定位必须明确且规范，其建设的效果也应结合其目标实现程度而评判。

根据中宣部和国家广电总局组织编制的《县级融媒体中心建设规范》的总体要求，县级融媒体中心应整合县级媒体资源，巩固壮大主流思想舆论，不断提高县级媒体传播力、引导力、影响力、公信力，要按照"媒体+"的理念，从单纯的新闻宣传向公共服务领域拓展。那么，如何科学认识县级融媒体中心的内涵及价值定位？县级融媒体中心建设是遵循行政逻辑还是媒体逻辑？如何理解"媒体+"结构中的"媒体"和"+"的内容？在"全程媒体、全息媒体、全员媒体、全效媒体"框架下，如何认识县级融媒体中心的底色与特色？怎样强化底色、凸显特色？这些都是亟待厘清的问题。

一 县级融媒体中心的底色：新型的新闻媒体

根据《县级融媒体中心建设规范》，县级融媒体中心是一个综合平台，它不局限于新闻宣传，而是要满足用户多样化的需求，但作为"传播力建设的最后一公里"① 工程，其底色是新闻媒体。新闻媒体是县级融媒体中心的基本属性和基础定位，新闻传播的功能就是其基础功能，其他的功能都是围绕基础功能展开和延伸的。因此，县级融媒体中心建设应坚持新闻媒体的逻辑。无论县级融媒体中心的建设主体是谁，其平台都是基于县级报社、广播电视台等媒体建立的、覆盖全县的信息网络。作为媒体，县级融媒体中心的基本职能是报道新闻，要靠新闻宣传巩固壮大主流思想舆论，提高县级媒体的传播力、引导力、影响力、公信力。无论是中央级、省级还是县级媒体，传播力都是这"四力"中的基础。传播力是指媒体传播的内容到达受众并影响受众的能力。一般来讲，到达受众的能力通过到达率（收视率、发行量、阅读率）等指标得以体现，但就其本质而言，媒体影响受众思想的能力才是传播力的真正体现，新闻舆论传播力就是指媒体通过报道新闻到达并影响受众的能力。要完成舆论引导的最后一公里，有赖于传播力建设的最后一公里。

问题在于，以往县级报纸、广播电视台也以报道新闻为使命，但其传播力有限，引导力、影响力、公信力也有限，那么基于这些媒体而建设的县级融媒体中心如何取得突破？其报道的新闻如何到达受众、影响受众？回答这些问题，需要将县级融媒体中心定位为新型新闻媒体。这里的新

---

① 陈国权、付莎莎：《传播力建设的最后一公里》，《新闻与写作》2018年第11期。

型，并非仅仅指它超越了传统的报纸、广播电视媒体的介质局限，是一种可读、可听、可看且可移动的新媒体，更重要的是，它遵循"全程媒体、全息媒体、全员媒体、全效媒体"的理念和架构，从生产主体到生产流程再到生产内容等都全面重构，是一种基于用户需求端变革的新闻媒体。技术赋权让每个人都成为潜在的新闻内容生产者，每一个新闻现场都会出现新闻报道者的身影，与事实同步的实时报道成为可能，漏报新闻若非刻意几乎不可能发生。县域内的新闻事件属于身边新闻，其发生发展过程因广受关注而被全程追踪将成为常态，"烂尾新闻"也会被杜绝。文字、图片、音视频等各种手段并用，共同呈现丰富多彩、立体直观的事实图景。用户的点击量、浏览时长成为评价新闻传播效果的重要指标。在"四全"媒体的框架下，新型新闻媒体将进一步遵循新闻传播的规律，改进和创新报道内容和报道方式。

为什么要强调新闻传播的规律？简言之，遵循新闻传播的规律，就是按照新闻价值原则报道新闻。它强调的就是新闻要满足受众的信息需求，无论内容生产还是传播方法创新，都始于尊重受众的需求。要根据受众信息需求（兴趣）选择新闻，而不是按照行政指令布置报道。受众有需求的，就应报道；受众有疑惑的，及时解释。只有遵循受众的信息需求这个最基本的新闻传播规律，才能赢得受众。

作为新闻传播的平台，县级融媒体中心可从真实的呈现、合理的解释、恰当的表达三个方面实现其传播力、引导力、影响力和公信力。

1. 以真实的呈现到达受众

受众之所以选择读、听、看新闻，是因为新闻可以呈现真实的社会图景，能为受众构建一份真实、完整的"国情单"。这要求媒体报道的新闻完全真实并及时地报道各类事件，进而客观地呈现社会面貌。对于县级融媒体中心而言，这是一个多元主体生产的信息汇聚平台，专业记者和业余记者共同生产各类新闻。对于县域内发生的新闻事件，既要及时地公开报道，全程跟踪事件进展，全方位予以呈现，又要确保其真实准确。对于县域内受众而言，"身边事"的接近性更能引发人们的关注，"身边知情人"即时发布信息更易得到信任。因而专业的媒体平台能否及时、准确、全面地报道事实就成为检验其影响力、公信力的重要依据。至于基层人群的意见表达，无论是个人诉求还是公共诉求，都可以以新闻报道的方式呈现出来，它是人们判断基层媒体是否"为百姓发声"的重要依据。县级融媒体中心在报道新闻时要处理好正面宣传与舆论监督的关系。习近平总书记指出，舆论监督和正面宣传是统一的。新闻媒体要直面工作中存在的问题，直面社会丑恶现象，激浊扬清、针砭时弊。[①] 新闻传播者要客观地呈现社会图景，既做"报喜鸟"，又做"啄木鸟"。"报喜鸟"让人看到社会的进步，传递社会正能量；"啄木鸟"寻找并叼出害虫，维护社会环境的健康，同样传递着社会正能量。更重要的是，正面宣传和舆论监督本身是一种平衡，共同呈现一幅完整、客观的社会图景。

2. 以合理的解释引导受众

影响力是传播力的深层表现。要实现以主流思想舆论影响受众，可通过报道事实和解释事实引导受众，让人们自然而然地接受传播者所传递的观念或认识方法。根据议程设置理论，大众传播不仅影响人们想什么，而且影响人们怎么看。媒体对受众的引导，一是通过报道议题的设置，引导人们对某些主题予以关注；二是通过对相关报道的事实和主题的解读，引导人们如何认识。身处县域的受众，由于视野、知识、认识能力的局限，使得对复杂信息的专业化解读显得更为迫切，其引导效果也更为显著。当然，引导和影响受众不是以观点的强灌输就能奏效的。即使是县域受众，其角色也随媒体结构的变化而改变。新媒体赋予了人们充分的话语权，也改变了人们的受众地位，他们兼具受众与传播主体双重身份。对于传播者而言，理想的状态是通过合理的解释引导受众在协商式解码中更多地接受传播者的态度。合理即是合乎道理、事理。它要求传播者对事实的解释符合事实的逻辑，而不是强词夺理；它要求有理有据的阐释，而不是口号式表态；它要求能回应受众的疑问，而不是避实就虚。受众只有从内心真正信服传播者的解释，才可能接受其观点，自觉接受其影响。

3. 以恰当的表达吸引受众

新闻报道要有效到达和影响受众，所有的内容都有赖于恰当的表达方

---

① 转引自《习近平：坚持正确方向创新方法手段 提高新闻舆论传播力引导力》，新华网，http://www.xinhuanet.com//politics/2016-02/19/c_1118102868.htm。

式。这里的表达方式既包括叙事方式，也包括叙事手段。通常说来，新闻事实的最有效叙事方式就是讲故事，生动的故事才是传播率得以提高的关键。以往的县级媒体更多的是以工作报告的叙事方式做新闻，讲话体、总结体、工作日记体大行其道，全然无视受众的接受心理，如此被县域受众忽视就顺理成章了，而以用户需求端驱动的县级融媒体的新闻叙事方式必然要尊重受众的接受习惯。在全息媒体框架下，综合运用文字、图片、图表、音频、视频等多种手段和方式立体呈现新闻事实，才是最为恰当的叙事手段。恰当的表达还包括话语方式。在全员媒体的语境下，官方话语与民间话语的差异甚至对抗改变着传统的媒介话语秩序，必须正视这种差异和对抗，从调整和改变话语方式入手，用基层群众听得懂的语言报道新闻、阐释道理，加强理解和沟通，在官方话语与民间话语的互动、博弈的动态关系中去思考如何提升舆论引导的效果。

二 县级融媒体中心的本色："媒体+政务"建构对话协商平台

搭建对话平台是现代民主国家媒体的重要职能，这是国家级、省级和县级媒体共有的本色。对于县级融媒体来说，基层的社会矛盾更为复杂，多元主体的利益诉求更为多样，建构充分的对话协商平台将有助于增强基层各群体与县级融媒体的黏性。"伴随着中国城镇化的快速发展，区县媒体对新社区群体的黏合功能将会有助于社会共识的达成，降低碎片化的社会关系导致的摩擦和冲突。"[①]

县级融媒体中心建设的高速推进得益于政策的支持，旨在打通党和各级政府政策精神落实到基层的"最后一公里"，加强基层舆论治理，让县级融媒体成为动员社会多元主体参与基层社会治理的平台。正因如此，县级融媒体中心建设被视为政府工程。除了将县级融媒体中心打造成为一个新型的新闻媒体之外，将其建设成为一个网上政务信息平台也成为各地推

---

① 朱春阳：《县级融媒体中心建设：经验坐标、发展机遇与路径创新》，《新闻界》2018年第9期。

进基层社会治理的共同抓手。县级融媒体不只是政府主动发布政务信息，方便基层群众获取和了解政务信息的平台，也是基层群众反映意见的平台，是政府部门获取民意民智的渠道，因而也是政府与民众对话协商的平台，进而也是实现基层社会治理的平台。

政府的政务信息公开，是"媒体+政务"的首要内容。通过县级融媒体平台公开的政务信息，最基础的当数政府职能信息及办事流程信息。这是基层政府服务群众的基础信息。以往，基层群众对政府及其部门分别具有哪些职能、遇事要找哪个部门解决、办事流程如何等信息都不十分清楚，即使一些人知道哪些事项对应哪些部门，但因网上信息不简洁明了，查阅十分不便，因而对于政府具有较大程度的陌生感、疏离感。县级融媒体中心作为政务信息公开的平台，基于"一站式服务"理念的政务信息自然既包括所有政府服务信息，也包括这些信息必须提示明确、方便查阅。政府职能及其办事规则、流程等信息的公开，方便了基层群众，也密切了基层群众与政府的联系，增强了基层群众与县级融媒体平台的黏性。

政策内容的公开是政务公开必不可少的内容。公共政策就是政府所有决定要做或不做的事项，政策的制定和执行既影响公众的生活和工作决策，也是公众评价政府行为科学与否的重要依据。政策内容的公开包括现行政策的具体内容、政策出台的背景、拟制定政策的动议和方案等。现行政策的内容公开及其阐释，为公众理解和制定生活决策提供政策参考，这是政策信息公开的基础内容。政策制定背景的阐释不仅有助于人们理解政策的目标、意义，也有利于人们在准确把握政策内涵、政策意图的基础上审视其合理性，进而结合生活实践提出反馈意见。而政府公开拟制定政策的动议，一方面让人们对政府即将着手解决的某些社会问题有所了解，另一方面也引发民众讨论，为政府决策提供更广泛的民意和民智支持。

来自基层的民意不仅属政务信息，而且是最广泛的政务信息。之所以将民意信息视为政务信息，是因为民意信息既是政府施政的重要参考依据，也是推行基层社会治理的重要考察因素，民意表达是基层多元主体参与社会治理的重要方式和途径。民意是公共政策的基础，传统的自上而下的"打捞"是由政府和媒体实施的,政府官员和媒体记者调查研究的过程就是"打捞"民意的过程。之所以把政府部门深入基层进行调查研究称为"打捞"民意,是因为深藏于社会底层的民意在前互联网时代很少有主动表达的渠道,自上而下的探询在一定意义上能激活和唤醒"沉睡"的民意,使其得到关注。同样,媒体记者深入基层进行采访和报道,也是在激活、"打捞"和呈现民意。由于调研主体与对象的身份差异、调查过程的深度和广度的局限,"打捞"民意的深度和广度都存在一定的局限,获得民意信息的广泛性和真实性都存在不足。这些底层民意能否被"打捞"、能被"打捞"多少,取决于"打捞"的深度和范围,即调研者深入基层的深度,选择访谈对象的数量及类型分布,与访谈对象对话的态度、方式等。对于分布于社会基层、公开表达机会甚少的普通民众而言,如果这种自上而下的调研规范且"入心",是能够"打捞"到一定的真实民意的。如果这种调研只是蜻蜓点水、以点代面,所得的民意就未必全面,也未必真实。实际上,无论是政府部门还是媒体记者"打捞"民意,都存在调研对象"点"的不深入和"面"的不全面的局限,"打捞"上来的民意不够充分,有时甚至失真,其影响力有限。随着新媒体越来越广泛而深入地嵌入社会生活,技术赋权为每一个人自主地表达意见提供了充分条件。"新媒介赋权是传播与权力博弈的过程,强调多元主体在传播中产生、实现或消解、丧失其统治与支配的能力。"[①] 在移动互联网时代,公众借助多种形式的新媒体平台,既主动表达个体和群体的利益诉求,也对公共热点问题进行观点表达与分享,聚合相同的利益诉求,形成政府所重视的网络民意。

县级融媒体中心平台可以成为基层民意的聚合平台。互联网是一个无限庞杂的空间集合体,民意表达分散在不同空间,即使同一主题的意见也散见于不同的空间。民意表达要成为政府决策的重要参考和社会治理的有效要素,其前提是对这些分散的网络民意进行收集和分析,虽然大数据处理技术能够做到全网信息收集和分析,但毕竟成本高、难度大,而县级融媒体中心平台如果能赢得基层民众的信任,就能成为县域内各类意见的集

[①] 郑永年:《技术赋权:中国的互联网、国家与社会》,东方出版社,2014,第100页。

散地。各类民意信息在此汇聚,就为政府收集、分析和全面掌握民意提供了有利条件。

县级融媒体中心平台如何作为意见平台赢得信任?首先,要确保民意表达渠道畅通,消除多元主体意见表达的障碍。无论是个体诉求还是群体呼声,无论是表示支持还是反对,所有的意见表达都应得到平等的对待,得到充分的呈现。其次,要对网络民意进行有效回应。在公众利益诉求表达意识和民主参与意识不断提高的背景下,建立回应性政府已成大势所趋。回应型政府要求政府对公众的诉求和提出的问题及时反应和回复,包括采取实际行动。网络民意的表达实际上是公众寻求与作为决策者的政府之间的协商对话。任何对话都必须有倾听和回应,唯有回应才会形成真正的对话关系。只有保持良好的互动,表达才有动力,对话才能延续。民意主体的表达和讨论虽然始于自我表达和网络社群的交流,但目标绝不止于此,而是与决策者形成对话,以期影响公共政策。决策者倾听网络民意,让民意得以充分表达,且适时地对民意进行回应,如吸纳民意中的合理成分、对不合理或暂时无条件实施的内容进行解释和说明,都是对意见主体的尊重,都会进一步激发公众表达意见和建议的热情。如果决策者对网络民意熟视无睹、不闻不问,民意主体与决策者之间就无法形成对话,交流就不复存在,表达也就失去了动力。"有求必应"是对民意最大的尊重和重视。这里的"应",不是"答应",而是"回应"。回应网络民意不应仅仅作为形式上的点缀,而是应该切实在实际行动中履行,做到及时回应和有效回应。及时回应是指尽可能在民意表达后的最短时间内予以回应,而不能间隔太久。有效回应的基本内涵是有针对性地回复民意,释疑解惑,解决问题;有效回应的更高层次内涵则是政府决策吸纳民意,即主动吸纳民意的合理成分,积极采纳网民的合理意见和建议,不断完善公共政策。

"媒体+政务"并不仅仅是搭建了政府信息和民意信息公开的平台,更重要的是搭建了政府与民众对话协商的平台。对于基层社会治理而言,这种对话协商,是多元社会主体基于公共议题凝聚共识、贡献智慧、形成合力的有效途径。

三 县级融媒体中心的特色："媒体+服务"打造差异化的服务平台

《县级融媒体中心建设规范》总体要求指出，应开展综合服务业务，面向用户提供政务服务、生活服务、社交传播、教育培训等服务。县级融媒体中心建设应考虑连接公共服务的各个方面，比如县域的社区服务、社会救助、青年就业、社区养老、贫困帮扶、纠纷调解等各个层面。公民通过融媒体平台能提高办事效率，解决现实问题，一方面成为县级服务型政府的好帮手，另一方面也是人民群众信任与依靠的平台，从而真正实现了媒体作为中介、桥梁的作用。①

要增强县域民众与县级融媒体的黏性，除了靠新闻资讯、意见交流之外，打造便捷的综合服务平台是一条行之有效的途径。随着互联网越来越广泛而深入地嵌入人们的生活，人们的衣食住行都离不开网络，加强网络服务就成为县级融媒体中心建设的重要抓手。总体说来，这种综合服务平台包括基本网络服务和特色网络服务。

基本网络服务属于各地县级融媒体的共同产品。无论县级融媒体建设的主体归属哪一级，其用户都集中于县域，其服务主体也集中于县域，需要打通与县域党和政府各级组织、各个部门、本土各类企事业单位的联系，通过各项垂直应用的渗透和各类便民惠民服务的聚合，盘活县域社会资源，打造更具服务能力的综合服务平台。② 这种基本网络服务主要满足县域内人群的基本生活需要，为人们的日常生活全方位地提供便利，真正做到"一屏在手，网罗全县"。比如，在线医疗、在线教育、在线网络文化活动等基于本地资源的信息服务，应通过信息的丰富性、针对性、便捷性为本地人群提供可依赖的信息资源，而对于突破县域的综合信息服务，则可以通过加强链接的便捷性突破县域媒体的局限。

---

① 栾轶玫：《信息传播与公共服务：县级融媒体中心建设的"双融合"》，《视听界》2018年第9期。
② 李昌文：《推进县级融媒体中心建设的认识和思考》，《现代视听》2020年第7期。

特色网络服务则属于各地结合自身特色打造的个性化产品。当互联网已成为人们生活和工作不可或缺的工具，它就成为许多人谋求生存和发展的平台资源。县级融媒体综合服务的价值就体现在基于当地特色资源服务当地经济和社会发展，为县域内用户创造更便捷、有效的谋生和发展的平台资源。因为每个县具有不同的资源，因而各个县级融媒体在做好特色产品方面应尽力把本地的特色资源做大做强，让当地人群依托这些特色资源和县级融媒体平台谋求生存和发展的空间，丰富精神文化生活。

依托县级融媒体平台发展电子商务，引导来自县域内乡村、城镇的年轻人售卖当地特色产品。与其他专门的电商平台相比，县级融媒体中心的优势在于可以有组织地宣传推广和引导培训。首先，作为政府部门主导建设的综合平台，县级融媒体中心可以有计划、有组织地把本地特色产品向外推广，对产品品牌与县级融媒体平台进行"捆绑"推广，形成产品和平台的品牌效应。这种产品的品牌推广不是做电商的单个人所能完成的。其次，县级融媒体中心对有意在此平台做电商者开设培训课程进行辅导，减少和去除一些人想做而不会做的障碍。再次，县级融媒体中心还要对当地电商经营者的经营行为进行规范管理，对平台进行维护服务，确保产品和平台的品牌和口碑。最后，县级融媒体中心还要加强与专业电商平台的链接，突破县级融媒体平台的区域限制，无障碍地融入更广阔的市场。当然，这种依托县级融媒体平台发展电商销售当地特色产品的做法，也对各地发展特色种植、特色养殖、特色加工等产业的规模以及提高产品品质提出了要求。当县域经济发展中的生产与销售在县级融媒体平台的带动下全员联动，就会成为推动乡村振兴的重要力量。

有组织地策划和推广并非仅限于具体的产品，也可以是乡村旅游、地方美食、地方文化等特色项目。一些地方基于本地特色资源和多年的实践探索，规划设计出具有地方特色的旅游线路、旅游产品，一旦受到关注并带来游客资源，就会为当地经济和农民收入带来稳定增长，已被许多地方证明是一条推动乡村振兴的重要途径。然而，无论是乡村旅游还是地方美食的品牌推广，都不是单个人的力量所能达成的，必须依托政府或企业的力量。作为地方政府推进区域经济社会发展的重要推手，县级融媒体中心承担着组织力量策划和推广本地资源的重要使命，加强相关内容建设，首先让县域内的居民知晓本县的旅游资源,促进城镇居民县域内的旅游消费,同时借助区域性的融媒体平台与外部互联网的连接和联动,增强本地旅游资源的对外传播力和影响力,进而引入丰富的游客资源,带活县域经济的发展。

对于各地独具特色的文化资源,县级融媒体中心也承担着整合、包装和推介的职能,这是利用县域传统文化资源丰富群众精神文化生活的重要抓手。我国历史悠久,幅员辽阔,每个地方都有深厚的文化积淀,历史上延续下来的一些传统文化形式和活动具有很强的地域特征,也具有深厚的群众基础。伴随着新媒体文化的冲击,传统文化需要进行重拾、包装和推广,在区域内获得广泛的社会认同,让其焕发出生机和活力,进而满足人们的精神文化生活需求。

凡此种种的物质产品和精神产品的综合服务,都有赖于内容产品的精心策划、生产和推广。只有栏目设计而没有丰富的、持续更新的内容做支撑,是没有生命力的。

四 结语

县级融媒体中心的"媒体+"实际上就是基于新型新闻传播平台的基本职能,充分发挥其政务平台、综合服务平台的重要职能,做好"媒体+政务""媒体+服务"的大文章。从国家治理尤其是基层社会治理的视角来看,县级融媒体既是一个新型的媒体平台,又是参与社会治理的重要主体。

作为新型的媒体平台,县级融媒体既是基于用户需求端变革的新闻媒体,又是全面呈现社情民意、实现政务信息交汇和对接的信息平台;既是与县域居民的生活、工作相关的各类服务信息汇聚的平台,又是当地资源产品展现和推介的商务平台。作为媒体平台,县级融媒体理应是各类信息的集合平台,能够全面满足人们的信息需求,它提供的信息是充分且便捷的,同时它又是基层民众诉求表达的平台,让需求端的意见呈现成为提高信息服务质量的推动力量。

作为基层社会治理的主体之一,县级融媒体承担着唤醒和培育多元社会主体参与社会治理的职能，通过反映基层民意和设置协商对话议程，促进政府与民众对话机制的建立和完善，让县级融媒体真正成为民意和民智汇聚的平台，成为基层社会治理的"民间智库"，以增强县域民众的主体认同。县级融媒体还承担着服务地方经济发展的重要职能，一方面借助媒体平台资源，向外推介本地特色资源，培育和凸显特色品牌，增强本地与全国的连接；另一方面主动培训县域民众，为其有效利用县级融媒体拓展生存和发展空间提供教育培训服务，进而推动县域经济和社会发展。

原载《中州学刊》2020年第11期

新闻实践理论

时政新闻"结构性缺失"的表现及其变革

摘要：时政新闻以其特殊的重要性和有用性越来越受到读者欢迎，但在我国却出现了时政新闻总量增长与读者真正迫切欲知的时政信息严重不足的"结构性缺失"的矛盾。这一矛盾不解决，新闻改革难言成功。本文通过大量的现象分析，探讨了时政新闻结构性缺失的表现，旨在还原时政新闻的平衡结构，实现其尊重和维护公民知晓权、参与权、监督权等民主权利的功能。

关键词：时政新闻　结构性缺失　公民知晓权　平衡报道

时政新闻在新闻报道中所占分量十分突出，也越来越受到读者的关注。2004年全国"两会"召开前夕，新华社新闻研究所组织的"两会"报道受众需求调查表明，读者对时政新闻保持着旺盛的需求：选择"非常关心国内外大小事"的被调查者占到了总样本量的50%，"关心与生活关系密切的时政新闻"的占31%，仅有3%的被调查者很少关注时政。受众关注时政新闻，主要是因为它具有"重要"和"有用"的新闻特质。一来时政新闻能在很大程度上满足人们"大事的知情者"的心理需求，获知本身即是目的，这也是其重要性的具体体现；二来时政新闻在很大程度上影响和调整人们的工作和生活决策，这也是其有用性的具体体现。这里，时政新闻对读者的"有用"是一种更高层次的有用，新闻信息对读者的服务是一种重要信息的服务。

然而，与时政新闻的重要地位和受众关注程度不相称的是，时下对时政新闻的报道存在着总量增长与受众迫切获知的时政信息严重不足的结构性缺失的状况。这种状况不仅影响媒体公信力的维护，更影响公民知晓和参与等民主权利的实现。有学者指出，当前我国新闻改革的难点之一是时政新闻报道的改革。时政报道不改革，新闻改革难言成功。[1]

一 时政新闻"结构性缺失"之缺失何在

1. 时政新闻概念解析

关于时政新闻这一概念，不同的学者给予了不同的定义。

《新闻学大辞典》没有这一词条，与其相关的是"政治报道"。它主要是指对国家、政党和公民的政治思想、政治会议、政治事件、政治外交及日常政治生活等方面的报道，政治报道曾被称为"报纸的心脏和灵魂"。政治报道的范围很宽，外事、群众团体、宗教等都可以包括进来。[2]《中国新闻实用大辞典》对"政治新闻"所下的定义是：报道国家、政党、社会团体、知名人士在国内、国际方面的政治主张、言论、行为与活动，以及社会上的政治思潮、政治事件、政要人物更迭等方面的新闻。[3]

张君昌为"时政新闻"下的定义为：时政新闻是有关国家、政党的最新方针、政策，国内民主政治生活以及涉及国际政治、国际关系的报道。它包括国务活动报道、政党活动报道、外事报道、工青妇报道、宗教报道、统战报道、法制报道、军事报道。[4] 也有人认为，时政新闻是指反映我国国内政治活动包括外交在内的新闻的总称，时政新闻可以进一步细分为会见、外交、会议、领导活动、宣传、公告等6类。[5] 还有人直接把时政新闻定义为关于时事、政治的新闻报道。[6]

---

[1] 李良荣：《当前我国新闻改革的三大难题和路径选择》，中国新闻研究中心官网，http://www.cddc.net。
[2] 甘惜分主编《新闻学大辞典》，河南人民出版社，1993，第151页。
[3] 冯健主编《中国新闻实用大辞典》，新闻出版社，1996，第77页。
[4] 张君昌编著《应用电视新闻学》，中国广播电视出版社，1997，第94~95页。
[5] 周小普、徐福健：《〈新闻联播〉样本分析及研究》，《现代传播》2002年第3期。
[6] 易福烈：《浅谈时政新闻出新意》，《湘潭大学社会科学学报》2002年第3期。

虽然这些定义不尽相同，但有一些是共同的。比如国家和政党的最新方针政策、重要外事活动、重要会议、主要领导人的政务活动、重大事件等报道。本文所阐述的时政新闻主要围绕这些内容展开。

2. 时政新闻结构性缺失的表现

时政新闻结构性缺失是相对于时政新闻结构的平衡而言的。孙旭培教授在《论新闻报道的平衡》一文中对平衡所下的定义是："平衡就是在突出报道一种主要因素时，还要顾及其他因素，特别是相反的因素；在突出报道一种主要意见时，还要注意点出其他意见，特别是相反的意见。"①时政新闻结构的平衡是指对时政新闻所涉领域、层次、侧面、观点等，报道时应全面兼顾、综合反映。虽然报道时会有所侧重，但不可忽视其他领域、层次、侧面、观点。唯有如此，才能向受众全面展示时政领域的典型图景。

综观我国各媒体的时政新闻报道可知，结构性缺失的现象十分明显。

（1）报道领域的缺失

我国时政新闻在报道领域的缺失主要表现为与领导行为相关领域的报道多，公民独立表达意见、行使权利的行动或事件报道少。

公民表达意见、行使权利的行动关系到公民的政治权利，也与领导的施政行为科学与否密切相关。以往，传统媒体对公民行使权利的行动几乎一致地保持沉默，自媒体的兴起"倒逼"相关报道有所增加。

（2）报道层次的缺失

我国时政新闻在报道层次上的缺失主要表现为对党政决策、领导行为的结果报道多，而对背后的决策和行为过程、深层原因报道少。

时政新闻对党政决策的报道主要集中于决策内容的宣达或注释，顶多只在宣传决策方面做了某种改良：拘泥于准确和及时宣传报道决策本身，或在版面上做了决策的信息化技术处理，突出指明某一决策包含了哪些信息，或做大量的实证性新闻，在现实中寻找足以说明决策正确的事例。至于决策的依据、决策的过程几乎没有什么报道。当然，对决策过程的报道，并不意味着对所有决策程序挑毛病，而是从决策程序科学化与否看决

---

① 孙旭培：《论新闻报道的平衡》，传媒学术网，http://academic.mediachina.net。

策科学与否。

对领导行为的报道也是集中于对领导行为结果的报道，只报道他们在做什么，至于他们为什么要这样做，即使群众有疑问，媒体也很少报道。

(3) 报道侧面的缺失

我国时政新闻在报道侧面上的缺失主要表现为肯定和歌颂的侧面报道多，而质疑、监督或批评的侧面报道少。

坚持以正面报道为主的方针在时政新闻报道方面常常表现为只说好不说坏。一项政策，在执行中有符合实际的科学的方面，也会出现不符合实际不甚科学的地方，于是在实践中就出现了种种不甚科学的行为。这种报道的缺失使人们以为某项政策受到普遍欢迎。一项措施，在一定时期保护过群众的利益，受到群众的欢迎和支持，然而，它也可能在发展过程中出现极大的偏差，严重损害人民的利益。比如农村合作基金会曾经为农民发展种植业和养殖业提供了巨大的资金支持，为农民致富立下了汗马功劳，对此媒体予以热情地讴歌。但在其发展过程中，也出现了干部挪用基金会资金，农民的血汗钱无法收回的情况，对此媒体却集体失语。

(4) 报道观点的缺失

我国时政新闻在报道观点上的缺失主要表现为赞成和拥护的观点报道多，反对和怀疑的观点报道少。

对任何事物都出现不同的声音，才是最真实的声音。因为看问题的角度不同，认识方法不同，得出的结论自然不可能完全相同。反映世界最真实声音的新闻报道就应在报道一种声音时，允许另一种声音有传播的空间。然而，我国的时政新闻，出现一种声音的报道多，对一项政策、一件事实、一个人物的评价，说好就只有叫好声，说坏就只有斥责声，与此观点相异尤其是相对立的报道极为稀少。

二 个案分析：决策过程报道可以从封闭走向公开

改革开放以来，决策公开化、科学化的呼声越来越高，党的十六大又提出决策民主化、程序化、科学化的要求，虽然总体并非呈现广泛报道决策过程的景象，但也出现了一些公开报道决策程序的典型案例。

1. 十年推敲企业破产法终于"破茧"

2004年6月21日,《企业破产法(草案)》提请十届全国人大常委会第十次会议审议,此次提请审议的《企业破产法(草案)》适用范围扩大到所有的企业类型。为着这一目标,十年间无数次的争论和推敲终于有了初步的结果。而达成这一目标的争论、推敲过程,几乎每一步都做了公开报道,干部和老百姓通过媒体都知道破产法制定的意义何在、难度有多大、难点何在、分歧何在。

老百姓对破产法关注的热情非常高,因为它不仅关乎大量的企业职工的利益怎样得到保障,而且上市公司的破产之于股民、银行破产之于储户都有着非同寻常的利益关系。可以说,一部破产法,涉及千家万户的利益。

企业破产法是我国几十年立法史上空前激烈辩论的产物。20世纪80年代,全国人大常委会就国务院提请审议的《企业破产法(草案)》进行了激烈的辩论,辩论的过程电视台进行了直播,谁赞成,谁反对,哪些条款得到赞成,哪些条款遭到反对,观众一目了然。1986年,《中华人民共和国企业破产法(试行)》问世。这个试行的破产法,反映了当时立法者的认识水平。1986年6月国务院提交全国人大常委会审议的《企业破产法(草案)》中,破产法的适用范围规定为所有企业。人大常委会对此不能接受,最后改为只适用于全民所有制企业。结果使经常发生的集体所有制企业和三资企业的破产案件无法可依,各地反应强烈。类似的问题,不一而足。

一个国家的破产制度,已成为衡量其市场经济成熟程度的重要标志。1994年,重新起草破产法的工作开始启动,八届全国人大财经委员会组织成立破产法起草小组。由于种种争议,第八届、第九届全国人大常委会都未审议。随着人们观念的变化,争论的内容也发生了种种变化。这期间,每一次大的分歧,媒体都进行了充分及时的报道,不仅一些重要的研讨会,而且方方面面的观念冲突,哪些问题尚有分歧,哪些问题已达成共识,老百姓都可从媒体获得相关的信息。随着讨论的深入,共识越来越多,终于使新的破产法草案得以提交十届全国人大常委会审议。一部破产法长达十年的酝酿过程,在百姓看来,是尊重现实、反映民意、程序严格的立法过程。

2. 三峡工程建与不建的反复论证

举世瞩目的三峡工程经历了"七十年的梦想、五十年的调查、四十年的论证、三十年的争议",方才形成最终的决策。其决策过程充分体现了民主化、科学化的实质。

20 世纪 20 年代初,孙中山先生曾提出开发利用三峡的设想,后来美国工程师萨凡奇也提出过"南津关方案",但真正付诸行动的是党的第三代领导人。1953 年 2 月,毛泽东第一次考察长江时描绘了一幅修建三峡工程、"毕其功于一役"的彻底征服长江的宏伟蓝图。他将兴建三峡工程的问题提到了中央政治局的议事日程上。其后,毛泽东及中央领导又多次听取长江水利建设负责同志对三峡工程在技术上的可行性分析及造价预算等。1958 年 1 月、3 月,中央分别召开两次政治局扩大会议,正式做出了《关于三峡水利枢纽和长江流域规划的意见》的决议。决议针对当时我国科技水平还不高的实际,提出了"积极准备、充分可靠"的方针,并采取一系列相应决策。如组织机构建设,积极培养人才,进行三峡坝址的选择比较,对地质、泥沙、水工设计、水库寿命及防核轰炸等问题做可行性分析等。三年困难时期和随之而来的"文革",使这一计划搁浅,但中央指示三峡工程负责同志要"雄心不减,加强科研"。20 世纪六七十年代,实施三峡工程的一系列重大技术难题尚未全部解决,毛泽东等中央领导同志从实际出发,实事求是,在成功建成丹江口水库工程后,又果断决策,拟定了建造葛洲坝水利枢纽工程的计划。这一工程不仅创造了巨大的经济效益,还促使三峡问题的决策走上了一条更加民主、更加科学的轨道。

党的十一届三中全会后,三峡工程再次提上日程。新一代中央领导集体极为重视,国务院 1984 年原则批准蓄水位为 150 米的三峡方案。不久,一份《三峡工程近期不能上》的调查报告送进了中南海。此时,国内有些部门和一些人对三峡工程建与不建、早建与晚建提出了各种不同意见。党中央决定做进一步论证,并于 1986 年成立了论证委员会,聘请了全国 421 位专家,对三峡工程的地质地震、防洪、泥沙、航运、移民、生态环境等 14 个方面进行全面审查和再论证,前后历时三年。同时,为了避免无休止的争论,有关部门还深入三峡库区河段、移民地区、葛洲坝水利工程及长江规划办等实际工作部门调查研究。最后，专家学者以严肃认真的科学态度，恰如其分地评估了三峡工程的科研成果和设计方案，得出三峡工程技术上可行、经济上合理、建比不建好、早建比晚建好的结论。与此同时，参与三峡工程国际技术经济合作的加拿大一方也提出了三峡工程可行性报告。1992年2月20日，江泽民主持召开中央政治局常务委员会会议，讨论兴建三峡工程的议案，决定将议案提交全国人民代表大会审议。1992年4月3日，七届全国人大五次会议以2/3的多数票通过了蓄水位为175米的新方案。

尽管关于三峡工程该不该兴建的争论至今仍然存在，但由于这一决策的过程严格遵循民主化程序，媒体对这一漫长的决策过程进行了详细的报道，人们对其民主化、科学化深感信服。

3. 一系列听证会的重要意义

2002年1月12日，新中国历史上第一个全国性的行政决策听证会——铁路价格听证会在北京举行，对部分旅客列车票价实行政府指导价方案，春运期间提高部分铁路票价的必要性、可行性进行论证。33名听证代表和30名旁听代表对铁道部提出的方案进行审议。尽管这次听证会也出现了对听证会代表如何产生的疑惑、一些听证代表认为铁道部提出的方案不够合理且过于粗糙等不完善的地方，但其意义深远。

判断一项政策是否符合广大人民群众的根本利益，首先要看它是否具有和是否偏离公共性原则。而公众的参与，是政策公共性原则的重要体现。它的意义，不仅在于政府决策的透明度和民主性增强，决策更符合公共性原则，而且在于有利于提升政府的威望，减少政策执行的阻力。听证会的一个重要内容是要向公众交代结果。听证会后不仅要公布确定的价格，而且要说明对与会代表特别是消费者代表的意见采纳与否的原因。这次铁路票价听证会，把政府决策民主进一步扩大到了民众，民主决策的外延大大扩展了。

自从这次铁路价格听证会之后，各级听证会纷纷举行。对飞机票价、旅游景点门票、煤气价格、行政处罚等问题的决策都举行听证会，甚至居民社区的饮食摊点要不要拆掉，也通过举行听证会来决定。一时，"听证"成了百姓生活中的常用词。这些听证会，尤其是全国及省区市一级的听证会,大都通过媒体进行实况直播,吸引了群众的广泛关注。这些听证会最突出的意义在于促使决策者对决策程序更加重视。关于决策的程序,过去公众基本不知情。在这些听证会中公众非常关注过程的公开,实际上是"公开、公平、公正"原则的体现。"三公"原则不仅是市场经济的原则,也是政府决策的原则。

上述体现决策民主化、科学化原则的报道实例,表明我国时政新闻有广阔的报道领域,这样的报道也正是受众所需要的。

三 改变时政新闻"结构性缺失"的策略思考

对时政新闻"结构性缺失"的现状必须变革,而且现实地看,这种状况也正在改变,只是这种改变的力度还太小。

1. 操作层面上的变革

关于时政新闻的报道,一个必须反复追问的问题是,这个事实值得报道吗?判断标准就是是否尊重和维护了公民的知晓权、参与权、监督权等民主权利。从可操作的层面上,当前可从扩大报道领域、公开决策程序、加大监督力度、传达不同意见等方面着手。如果媒体在报道技巧方面有所改进,时政新闻"结构性缺失"的情况可能会大大改善。

(1) 扩大报道领域

目前的时政新闻对领导活动、会议的报道过多过滥,缺乏对此类新闻"是否值得报道"的追问。这也是中央数次强调改革领导活动和会议的报道的原因之一。对此类新闻报道的变革不光是与同类新闻组合、篇幅缩短的问题,而且是应把那些群众不关心的会议、视察调研坚决排除在新闻报道之外的问题。当然,对那些关系到国家或一个地区发展大局、关系到百姓利益的会议和领导活动,还是应按照新闻规律充分报道。

(2) 公开决策程序

决策程序的公开既是公众知晓的需要,也是其参与决策的需要;既体现了决策的民主化、程序化,也体现了决策的科学化。我国重大决策如前面提及的破产法的制定、三峡工程的论证、铁路价格听证等都成功地实现了决策程序的公开报道,为其他决策程序的公开奠定了良好的开端,今后沿着这条报道思路继续走下去会走得更稳更远。

当然，我们所说的公开决策程序并不是要求所有决策的程序都必须公开，对于事关所有公民利益的决策必须公开其讨论和制定过程，对那些涉及国家机密的决策不仅不能公开，而且必须保密。如听证制度的实行，可以纳入听证的，主要是产品以全体公众为服务对象的行业，如水、电、路、桥、污染治理等。这些领域的服务是政府应当向公众提供的，政府通过税收来实现。在这些领域实行听证制度，不仅有利于增强决策的科学性，保护公众的合法权益，而且有利于提高政策执行的效率和质量。

（3）加大监督力度

虽然我国媒体对权力机构和政府官员的监督一直存在，但力度离公民监督权的行使还远远不够。除了将决策过程置于公众舆论监督之下，舆论监督还包括对国家机关及其工作人员施政行为的监督，防止公共权力的非公共使用，以及对一切贪污受贿、徇私枉法、违法乱纪等腐败行为及社会丑恶现象的揭露和批评。在对国家机关及其工作人员施政行为监督方面，"我国舆论监督存在着'对上'监督力度不足，'对下'监督'杀伤力'过大的问题"[1]。媒体必须提升监督层次，加强"对上"的监督力度。在对一切丑恶、消极、腐败现象的监督方面，一旦发现蛛丝马迹，就应不遗余力彻底追查，直至把问题搞得水落石出，这样不仅有可能制止那些正在滑向腐败深渊的官员，也可能大大减少国家和人民的利益损失。

当然，舆论监督并非单纯追求暴露问题的快感，其目的在于解决问题。"对于一些社会敏感问题，报道后可能影响很大而媒介自身无法把握的问题，或者涉及国家安全事项的问题……新闻媒体应及时向上级汇报，听取上级意见，或者先采取内参的形式呈报。这不仅是维护国家和社会公共利益的需要，也是真正发挥舆论监督反腐功能、保护舆论监督的需要。"[2]

（4）传达不同意见

改变"单声道"形成"多声道"，是时政新闻报道必须着力加强的一个重要方面。无论是政策制定的程序、政策内容，还是国家机关及其工作

---

[1] 孙旭培主编《中国传媒的活动空间》，人民出版社，2004，第159页。
[2] 孙旭培主编《中国传媒的活动空间》，人民出版社，2004，第160页。

人员的施政行为，都应允许并为人们提供发表不同意见的空间。不同意见交锋、交融，错误的意见会得到修正，不完善的意见通过补充得以完善，正确的意见在辩驳错误意见的过程中令人更信服。因此媒体应扩大对意见交锋领域的报道。

当然，我们并不是说对什么事情都可以发表不同意见，媒体并不是对任何声音都不加辨别不加选择地予以传达。比如在坚持四项基本原则、维护祖国统一等问题上，就不该有任何不同意见，自然也不该报道不同的意见。

2. 制度法规上的保障

对时政新闻"结构性缺失"的变革，最根本的还是要从制度和法规上保证媒体独立报道时政新闻的权利。这部法规既是媒体独立报道权的保护法，也是对权力干扰报道的限制法。

（1）限制权力对报道的干扰

时政新闻出现"结构性缺失"，除了媒体自身报道技巧的原因外，更重要的原因是媒体所受干扰太多。为什么会出现领导有多少，关于领导活动的报道就有多少，会议有多少，关于会议的报道就有多少的现象，因为行政级别高于媒体的任一领导，都可以就自己关心的会议和活动（当然主要是自己参加的）向媒体打招呼。只有建立起相应的新闻法规，规定媒体和记者的报道权利和义务的同时，也规定任何单位和个人都无权超越法规对媒体和记者发号施令，才能从根本上限制法外特权对时政新闻报道的过多干涉。

（2）保护媒体独立报道的权利

新闻法规限制法外特权对新闻报道干涉的同时，也就保障了媒体独立报道时政新闻的权利。媒体和记者将因为减少了外部权力的干扰而能更准确地遵循新闻的规律选择和报道新闻，他们将更自觉地尊重和维护公民的知晓权、参与权、监督权等民主权利，进一步扩大时政新闻的报道领域，加强对人们关心的决策程序的报道，为不同意见提供更广阔的媒介空间，提高监督层次，加大监督力度。只有当他们的独立报道权得到保障时，时政新闻"结构性缺失"的现状才可能得到根本改观。

原载《城市党报研究》2004年第6期和2005年第1期，题目有改动

政策新闻的报道空间

摘要：媒体对政策的报道局限于政策宣传而缺乏政策分析，必然导致受众欲知的政策信息出现结构性缺失。本文通过回顾北京"世遗"六大景点拟涨价的决策背景和过程的报道，分析了我国媒体关于政策新闻的报道空间。媒体既是连接政府与社会的中介，也是参与政策制定的主体，在政策系统的每一个环节，理应看到媒体的作用。媒体既是政策的推行工具，也是监督工具。

关键词：政策新闻　报道空间　媒体职能

美国学者斯图亚特·内格尔（Stuarts Nagel）指出，公共政策就是政府为解决各种各样的问题所做出的决定。政策规定着人们的言行，也影响和调整着人们的工作和生活决策。正因为如此，政策新闻也应该是媒体报道不可或缺的重要内容。然而，现实地看，我国媒体对政策的报道只能算作政策宣传，缺乏政策分析，导致受众欲知的政策信息出现结构性缺失。

2004年底，一项北京"世遗"六大景点拟涨价的决策，引起了各大媒体的关注。虽然这项政策尚未最终决定，但媒体对其出台背景、依据、程序等方方面面的报道，改变了以往政策报道的模式。

一　北京六大景点拟涨价的报道回顾

2004年11月19日，北京市发展改革委在其官方网站发布公告，将于11月30日上午召开"关于调整世界文化遗产游览参观点门票价格听证会"。与以往的价格听证会一样，只邀请10名市民参与旁听。

11月20日，《北京青年报》对北京市发展改革委的涨价方案进行报道。

11月30日，关于六大景点涨价方案的听证会如期举行。

12月1日，《人民日报》发表了题为《北京六大景点：门票涨价四大疑问》的新闻，对这次涨价听证会进行较有深度的报道。这篇报道提出了"想怎么涨""为何要涨""涨多少合适""增加收入怎么用"4个问题，对听证会上的代表意见与会外游客的态度进行对比，并请读者对这项政策通过手机短信发表评论。

12月2日，《人民日报》对读者通过手机短信发表的评论以《北京六大景点拟涨价，读者说"不"》为题进行报道，指出："令人惊讶的是：听证会上代表们基本认可涨价，而读者则基本反对涨价。"

12月3日，新华社发表文章《一致同意故宫等门票涨价：北京听证外地人埋单》，称新华网收到的1000条帖子中，95%的人反对涨价。同日，新华网天津频道发表题为《北京六大名胜门票涨价京津短线游略受影响》的报道；《新快报》发表《故宫门票拟涨价游北京要抓紧》；《南方都市报》发表了《故宫门票涨价，团费将高一成，老广赶集游北京》。5日，中国新闻网发表了《故宫等六大世遗景点涨价广东急组团游北京》。这些报道已反映出政策方案对人们生活的影响。

12月6日，《北京青年报》刊出消息《故宫拟涨价引发争议，国外景区门票收费可资借鉴》，介绍了其他国家低价门票的做法：美国门票价格立法，政府财政拨款；法国低价门票策略，管理制度优越；俄罗斯票价内外有别，各家自负盈亏；意大利门票价格低廉，政府统一管理；芬兰发行影票筹资，国家主要资助；埃及多种票价制度，国家财政拨款。

12月7日，《人民日报》发表《景点涨价：听证会部分代表首次回应读者质疑》，代表们就读者的质疑进行辩解。

12月10日，《人民日报》发表《北京拟涨价"世遗"景点首次回应读者质疑》，由景点方面回答读者提出的较为集中的问题。

其间，全国各地媒体纷纷发表读者的言论文章，对北京"世遗"景点拟涨价的决策进行评论。

虽然这次北京"世遗"景点涨价的政策尚未最后制定,但从方案提出到论证过程的报道已显示出新闻媒体对公共政策的报道有了新的突破。

二 媒体既是连接政府与社会的中介,也是参与政策制定的主体

厦门大学陈振明教授对公共政策所下的定义是:国家(政府)执政党及其他政治团体在特定时期为实现一定的社会政治、经济和文化目标所采取的政治行动或所规定的行为准则,它是一系列谋略、法令、措施、办法、方法、条例等的总称。① 虽然公共政策大多是政府制定的,但不是政府部门孤立的行为,而是由政策主体、政策客体、政策环境构成政策系统的行为;一套现代化、科学化的公共政策系统由信息、咨询、决断、执行、监控等紧密相联的众多环节组成,这些环节相对独立,形成政策系统的子系统。

在这套复杂的政策系统中,媒体扮演着特殊的角色:既是连接政府与社会的中介,也是参与政策制定的主体。或者说,在政策系统的各个环节,都能看到媒体的作用。

"信息系统是政策系统的神经中枢,为政策制定、执行、评估和监控及时地提供各种准确、适用的信息。信息子系统在公共决策活动中的主要作用是信息的收集、信息的加工处理、信息的传递。"② 严格说来,在政府部门提出政策动议之前,媒体已开始发挥信息收集的功能。社会问题是公共政策的起点,社会问题是社会实际状态与社会期望之间的偏差,即理想与现实的落差,亦即社会公众期望解决的社会矛盾。这种社会矛盾如何进入公共政策的议程呢?此时,作为舆论放大器的媒体把散见于社会各处的意见、建议(包括普通群众、人大代表、政协委员的动议)借助新闻

---

① 陈振明编著《公共政策分析》,中国人民大学出版社,2002,第20页。
② 陈振明编著《公共政策分析》,中国人民大学出版社,2002,第25页。

这种形式集中报道，形成一定的舆论强势，加速其进入政策议程。一旦某个社会问题进入政策议程，媒体对信息的收集、加工处理和传播的作用便愈加明显，比如对问题的严重程度、问题涉及的方面、外地甚至外国同类问题的政策信息等，都可集中加以报道。同时，政策的目标对象对政策的意见也是政策的重要信息，"民主模式的特点就在于没有人可以将自己认为正确的价值强加于他人；任何一种看法和意见，都可以经过交流，充分地表达出来；任何人要使他人接受自己的意见和看法，都必须通过有效的说服和沟通过程。这样一种相互调整的决策过程，对于发现决策问题的本质，对于解决因隔绝和封闭所形成的片面的看法，克服偏听偏信现象，对于在求同存异基础上达成一致，形成利益均衡的政策等，都是至关重要的"①。北京六大景点涨价方案提出后，来自各界的反应非常强烈，这也是此项政策制定的重要信息。媒体对此进行报道，也发挥了信息收集的作用。

咨询子系统在政策制定中的主要作用是政策问题分析、政策未来预测、方案设计论证、政策问题咨询、政策评估和反馈等，它是由政策研究组织及各种专家、学者组成的子系统。媒体组织对政策问题的讨论、就政策问题请专家进行分析和预测、评估反馈并予以报道，在一定程度上实现了媒体对政策咨询的参与。北京六大景点门票涨价的政策进入听证阶段之前和听证会之后，媒体邀请一些公共政策问题专家就此发表看法，实际上就是媒体参与政策咨询。

决断子系统作为政策系统的核心，既是公共政策活动的组织者，又是政策的最终决定者。在这个环节，媒体对决策过程的报道在一定程度上会直接影响决断的结果。如果选择政策方案的原则、决策程序充分公开，对这些公众信息进行公开报道，决断者受到广泛监督，决策就会更慎重。近几年频频举行的听证会实际上充当了决断者的角色，是非官方政策主体参与决策的过程，是决断过程的一个关键环节。媒体对"世遗"景点门票涨价听证会的报道，关注了参加听证会代表的构成、他们对市场和群众意见的调查等情况，这使公众对这次听证会的价值产生怀疑。这不能不引起

---

① 赵成根：《民主与公共决策研究》，黑龙江人民出版社，2000，第56页。

政府部门的高度重视。"一个国家的民主的程度,最终的体现是看其政府的公共政策,即政府向社会所提供的公共产品和服务,是否均衡合理地体现了有关阶层和群体的利益。如果在塑造政策过程中公民的意见和观点没有任何影响,有关阶层的利益在政策结果中得不到体现,如果普通公民的要求和愿望与政策结果没有任何关联,无论一个国家政治生活的其他方面看起来是多么民主,都只能是一种美丽的形式和装饰。"[1]

执行子系统是将政策方案、政策理想转变为政策效果的过程。政策的执行过程包括组织和物质准备、政策分解、政策宣传、政策实验以及指挥、沟通、协调等功能环节。对于这些环节,媒体都有参与报道的空间。如准备工作的内容、程度如何,到位与否,政策内容可分解细化为哪些易于为受众接受的内容,对政策的价值、目标、后果进行宣传,政策在一定范围实验的效果展示及分析,其他各环节配合状况等,都可成为媒体报道的重点。媒体对政策执行的报道,在一定意义上既起到了宣传的作用,又起到了监督的作用,因而在很大程度上有助于政策的顺利推行。

监控子系统虽然相对独立,但也是政策系统不可或缺的有机组成部分。它的主要职责是检查政策执行情况,避免政策在执行中变形走样,维护政策的权威性,同时,收集政策执行中的反馈信息,为政策修正提供新的信息依据。政策执行效果,直接取决于政策是否科学、政策是否为目标群体所广泛接受、政策是否具有继续维持的必要性等,这些信息的获取,有赖于对政策的监控和反馈。一项政策制定之初,执行的"失效度"可能较高,原因可能是政策宣传不到位,导致政策信息未能得到充分传播;经过一段时间的宣传,政策深入人心,政策执行的"失效度"降低,政策得到了广泛支持和贯彻;再经过一段长时间的执行后,政策的"失效度"可能再次上升,此时政策可能已不再适应变化了的形势。全程监控并适时反馈信息,有助于政策的执行、调整和及时废止。在这方面,媒体必须充分发挥自身的独特优势,认真履行自己的职责。

---

[1] 赵成根:《民主与公共决策研究》,黑龙江人民出版社,2000,第45~46页。

三 媒体是政策的推行工具，也是监督工具

目前，我国媒体对党和国家政策的报道主要集中于政策内容的宣达或注释，指明某一政策包含了哪些信息，或在现实中寻找足以说明政策正确的事例。至于政策的依据、政策形成过程、政策监督和反馈等，却很少报道。近年来，全国各地大规模圈占良田兴建高尔夫球场的做法成了众矢之的，随着2004年初《国务院办公厅关于暂停新建高尔夫球场的通知》的颁布，大批违规兴建的高尔夫球场停工。国家明令禁止侵占耕地，但一半以上的球场侵占了耕地。这些高尔夫球场大多是当地政府采取化整为零的办法，越权审批，致使球场建设处于无序失控状态。对这类投资上亿元的特大项目决策，媒体不可能不报道，但报道内容除了对决策图景的憧憬，几乎不涉及这类违规、违反百姓意愿的决策从提出设想到论证和制定的过程。

媒体对政策报道的结构性缺失的实质是媒体更多地作为宣传政策、推行政策的工具，较少地作为监督政策、保障公民民主权利的工具。

把媒体仅仅作为推行政策的工具和手段，对政策的报道就往往限于发布政策内容，报道政策执行者是否完全履行政策规定，并对违反政策者予以曝光，以达到推行政策的目的。至于在政策执行过程中，政策目标群体有无不同的意见和建议，以及是否由此产生种种冲突，媒体则视而不见。若把媒体视为监督政策、保障公民民主权利的工具，把政策执行过程当作维护人民利益的过程，也当作人民行使民主权利的过程，那么对政策制定过程的监督、执行过程的监督，都是政策报道的题中之义。对政策信息的报道事关公民知晓权的实现，"与公民知晓权相对应，作为执掌行政权力的政府有义务将与民众利益相关的工作信息和社会公共信息及时、准确、充分地传达和报告给广大群众。这是对一个民主的、开放的、负责任的政府的基本要求"①。公民的知晓权是通过媒体实现的，媒体有责任对公民欲知的信息包括决策过程的信息充分、及时、准确地予以传播。同时，对政策信息的报道事关公民参与权和监督权的实现。公民的参与权主要是指

---

① 郑保卫：《关于信息公开的理论思考与实践意义》，《国际新闻界》2003年第5期。

公民就国家事务、社会事务发表自己观点和意见的权利。舆论监督指公众了解情况后，通过一定的组织形式和传播媒介，行使法律赋予的监督权利，表达观点、影响公共决策的行为。公民政策参与权和监督权的实现有赖于获知重要政策信息，这需要借助媒体；公民参与权和监督权的实现还有赖于自己的观点和意见有处可发，能够传达到决策者，进而影响决策，这也需要借助媒体。

宣传政策、推行政策与监督政策、保障公民民主权利是辩证统一的关系。监督政策、保障公民知情和参与的民主权利，是保证决策程序化、科学化的必要条件，也是顺利推行政策的必要条件，当然也是提升政策宣传效果的前提。然而，只强调宣传和推行政策的便利，忽视监督政策和保障公民民主权利，将二者对立起来，势必带来新闻报道实质的变化。媒体报道的政策立场、态度偏差，必然造成政策新闻结构性缺失。

原载《当代传播》2005 年第 3 期

媒体在听证会中扮演的角色

摘要：听证制度是现代公共决策体制中的一种规范性程序设计，媒体参与是其题中之义，也是这一制度得以推行和完善的重要保证。本文通过对媒体全程参与听证会的依据、参与途径和方式的探讨，指出媒体在听证会中扮演了信息员、启蒙者、监督者和教育者的角色。

关键词：听证会　媒体角色　公共决策

2006年4月26日召开的北京市出租车租价调整听证会，再一次把公众的目光吸引到听证制度上来。从2002年的部分旅客列车票价实行政府指导价方案听证会，2004年的北京六大世界文化遗产景点拟涨价听证会，2005年的圆明园防渗工程听证会、"个税起征点"听证会，到各种类型的小型听证会，短短几年时间，听证制度频繁进入我国公民的视野。听证制度是西方发达国家普遍推行的决策制度，重大的内外政策出台之前必须经过相应的听证，经过长时间的论辩。在我国，听证制度的施行不过十年左右的时间，普遍推行更是近几年的事情。听证制度（public hearing）作为现代公共决策体制的一种规范性程序设计，自始至终与媒体参与密不可分。听证会的媒体参与不仅是听证的应有之义，而且是听证制度得以有效实施的重要保证，媒体全程参与听证会的依据有哪些，如何参与听证会，在其中扮演什么角色，都是值得探讨的问题。

一　媒体全程参与听证会的依据有哪些?

1. "public hearing"的本意就是公开听取,听证过程的完全公开当是其应有之义

"决策听证又称辩明性听证,它是指在政府决策过程中,听取有关团体、专家学者的意见,特别是听取与该决策有利害关系的当事人的意见,其目的主要是决策的科学化和民主化,就是把科学引入决策过程中,运用民主和科学的方法,把决策变成集思广益的、有科学根据的、有制度保证的过程。"① 世界各国的听证会都规定有公开听证的条文,其中大部分国家和地区都是以公开为当然选择,以不公开为例外。最有效的公开即是媒体公开。媒体公开决策信息是公众参与决策的前提,公开公众参与决策辩论的过程及公众意见对最终决策的影响则是提高决策听证效果的保证。

2. 信息自由原则②

信息自由原则包括公众获得信息的自由和媒体传播信息的自由。决策听证会是公众关注度很高的事情,媒体对这类信息的公开、及时传播,是尊重信息自由流通和公众信息知情权的体现。世界上许多国家都规定,凡不涉机密的政府文件、会议记录,都必须向公众及媒体公开。与此同时,媒体对听证信息的公开,也是媒体传播信息自由的体现。只要不违反国家法律,只要不是有损于国家和人民利益的信息,媒体都有传播的自由。

3. 预先通知原则

世界各国都强调让公众预先得知听证详情的重要性,以便让感兴趣的公众能及早做好参加听证的准备。③ 预先通知的渠道各种各样,有的采取官方宣传渠道通知,有的则通过信函通知。美国加州法律规定,一个项目

---

① 丁煌:《听证制度:决策科学化和民主化的重要保证》,《政治学研究》1999年第1期。
② 彭宗超、薛澜、阚珂:《听证制度》,清华大学出版社,2004,第161页。
③ 彭宗超、薛澜、阚珂:《听证制度》,清华大学出版社,2004,第160页。

建设前,必须举行听证会,并且要提前半个月用专用信封寄送会议通知到周边500米范围内的居民。不过,最有效的预先通知渠道还是大众媒体。大众媒体的扩散效果是其他任何渠道都无法相比的。

4. 舆论监督和社会监督原则

公共政策要做到公正和科学,有赖于建立完善严密的监督体系。舆论监督和社会监督是这个体系中必不可少的重要内容。公众对听证过程的监督属于社会监督,其实现的前提是媒体对所有听证程序完全公开。媒体对听证程序的公开不仅满足了公众对决策信息的知情需要,更重要的是在这一过程中媒体对听证程序实施全程监督。

二 媒体如何参与听证会?

1. 预告听证信息

一旦决策部门决定对公共政策举行听证会,媒体就必须履行其信息告知的职能。任何听证会都必须在会前通过媒体公布听证会的议题和相关资料,让公众有时间围绕议题方便地查阅资料、交流信息,以便向参加听证会的代表传递个人观点,在决策中争取更多的利益。如全国人大决定于2005年9月27日举行个税起征点听证会后,在8月28日便向媒体公布了举行听证会的主题、时间、地点,并公布了听证陈述人及旁听人的报名时间、程序以及挑选原则和办法。公众根据这些预告信息决定自己的行为。

2. 公布听证代表挑选方式和结果

听证代表的产生程序和结果是听证会前媒体参与的焦点。媒体对此环节的参与主要表现为报道和监督听证代表产生过程及结果的公正性和科学性。任何决策过程都是各利益群体的博弈过程,利益群体代表的广泛与否直接关系到有关利益主体平等的代表权问题。谁能在听证会上发言,他所代表的那个群体就有了争取利益的机会。参与听证会的代表应该是经过一定范围的群体推荐而产生的,而不应是组织者随机指定的,代表性与程序的公正性是听证代表产生的焦点。2002年的部分旅客列车票价实行政府指导价方案听证会的消费者代表,大都是自上而下挑选出来的,相当一部分人在得知自己当选时感到非常意外。最典型的当数湖北代表吴茂堂对听证会兴趣不大，是同事背着他替他报的名。尤其令人意外的是，2001年12月26日国家计委向社会各界征集消费者代表，对外公布的报名截止日期是2002年1月5日，而正式代表早在2001年12月30日即已产生。2004年的北京"世遗"景点涨价听证会的代表主要来自北京地区，媒体在报道时发出了"北京人听证，外地人买单"的声音。而2005年9月的个税起征点听证会按照"东、中、西部地区都有适当名额，工薪收入较高、较低的行业、职业都有适当名额，代表不同观点的各方都有适当名额"的原则，从4982报名申请人中遴选出20人作为听证陈述人，这种方式较为公平。媒体对代表的产生、代表的构成等内容的报道，实则是对听证代表产生的公正性、科学性实施监督。

3. 全程直播听证过程

是否对听证会进行全程直播，在很大程度上影响着公众对听证质量的判断和评价，并不是每个人都有机会出席听证会（陈述或旁听），电视、网络的直播在一定意义上就意味着实现了公众的"场外旁听"。媒体对听证过程全程报道（尤其是电视全程直播），使听证会的一切程序和内容都暴露在公众面前，接受公众的监督。任何一个程序中的细小环节不规范、任何人的会中发言，都逃不过公众挑剔的目光。所以，听证会中无论是会议的程序安排、主持人的表现还是听证代表的态度及观点，都因为被置于公众的目光中而不敢有半点随意。一旦出现异常，就会立即成为媒体关注的焦点。如清华大学法律社会学教授李楯分析圆明园防渗工程听证会的程序设计弊病时指出：没有要求听证陈述人事先提供书面证言，听证会的举办者就难以做到当报名人过多时，保证不同利益和主张的人群都有代表参加，保证不同利益和主张的人群的代表人数相等；听证会没有由利益无涉的法律职业者主持，听证会主持人缺乏主持能力，或者是不能公正主持，影响到不同意见的充分展现；听证会没有设置规定，使利益和主张不同的听证陈述人分问题针锋相对地进行陈述；提问应是听证制度必不可少的环节，但听证会没有设置在陈述人于书面证言基础上作5分钟简短陈述后，与会者向陈述人提问的规定，这样，就缺少对陈述人的主张及证据的展示、疏理和质疑听证，使得决策者和公众不能更全面地了解情况和把握问题，而陈述人的主张及其背后的利益也是展现不充分的。① 中国农业科学院的姜文来教授从另一方面指出：作为听证代表，没有院士、教授、官员、百姓之分，大家都是平等的，在座位安排、发言时间上都应是均等的。本次听证座位安排存在等级差异，发言时间长短不一，有相当一部分积极发言的听证代表没有时间，伤了一部分听证代表的心。另外，听证会代表发言应该是随机的，不应安排一定的顺序发言，安排发言最大的弊端是逃脱不了"操作听证"之嫌疑。这些听证程序中的问题在直播中就会暴露无遗。不过，我们也看到，有的电视台对听证会采取分段直播的方式，对一些代表的陈述不予直播就是对"场外旁听"的观众实行了"信息屏蔽"。

4. 公开会议纪要并审视听证效果

听证的公开不仅包括过程公开，而且包括"听证会发言纪要是完全向公众公开的，其中甚至包括了曾经属于敏感事项的记述，例如政府官员的个人意见、政策制定的指导方针等。与此同时，有关部门举行听证会后的政策建议报告，也是完全向公众开放的"。② 此时，媒体向公众提供信息（包括决策过程的信息）的职责就可以得到充分的实现。听证会上各方观点表达形成的会议纪要的公布，有助于未参加听证会的公众对听证各方观点的了解，并据此判断听证各方的观点对最终决策的影响。听证会上各方观点对最终决策的影响是衡量听证效果的重要依据。"一个国家的民主的程度，最终的体现是看其政府的公共政策，即政府向社会所提供的公共产品和服务，是否均衡合理地体现了有关阶层和群体的利益。""政策视角的民主理论，不只是简单地探讨政策过程中公民参与的程度，而是着眼于研究参与是否导致政策结果的差异，研究参与和政策过程与政策产出的关系。"③ 如果说听证属于决策系统中的决策咨询机制，那么听证的意见对最终决策应该有所影响。虽然最终决策并非在听证会上当即拍板，但听证意见影响最终决策当是听证制度的本义。公共政策的形成过程就是利

---

① 李栖：《圆明园听证会：让一切展现在阳光之下》，《中国新闻周刊》2005年第15期。
② 《新华时评：圆明园防渗工程听证会后无下文》，新华社2005年4月22日电。
③ 赵成根：《民主与公共决策研究》，黑龙江人民出版社，2000，第46页。

益相关者的论辩过程，如果论辩的过程无法对最终决策产生影响，论辩就失去了意义，也不存在利益相关者的博弈了。在已举行的许多公共政策听证会上，虽然有众多与举办者主张针锋相对的声音，但听证会后的最终决策仍以有关部门最初的方案获得通过，以至于公众普遍发出了"听证会成了走过场"的叹息声。我们也欣喜地看到，在个税起征点听证会上多数人的意见最终影响了决策。听证会上的20名公众陈述人，主张维持1500元的6人，主张高于1500元的12人，主张低于1500元的2人。2005年10月22日，经过十届全国人大常委会第18次会议审议，个人所得税工薪所得减除费用标准在充分吸收立法听证会上公众的意见后从1500元提高到1600元。

三　媒体在听证会中扮演什么角色？

1. 信息员

信息员的职责主要是搜集各方信息并予以及时传播实现社会沟通。这种信息传播包括下情上达和上情下达，不能偏废。在促成圆明园听证会的过程中，媒体对圆明园湖底铺设防渗膜的事实信息及专家、公众对此事的意见信息进行了大量报道，这些意见信息既有关于此工程破坏生态环境的科学性评价，又有工程决策不合程序规范的公正性评价。"由于大众传媒具有信息传递的直接性和迅速性，它能快速地把少数人发现和提出的社会问题以及对政策的期望在社会上广泛传播，争取更多的人对政策制定的支持和理解，从而为政策制定创造良好的公众支持条件"[①]，这些意见信息的集中报道形成舆论压力，促使相关部门召开听证会。在国家环保总局决定举行听证会之后，媒体又纷纷对有关听证会的召集信息予以及时发布，为公众判断提供信息支持。因为掌握了较为充足的信息，公众并非完全处于被动地位。

2. 启蒙者

公共决策有赖于公众的参与，公众的参与又有赖于对决策知识、听证

---

① 胡宁生：《现代公共政策研究》，中国社会科学出版社，2000，第158页。

功能的了解和认识。这些都有赖于媒体启蒙功能的发挥。如媒体对圆明园防渗工程为何会破坏生态环境、铺膜到底意欲何为等内容的报道，使公众对决策对象的一些似是而非的认识从模糊到清晰，从而产生参与决策、表达意见的冲动。同时，由于公共决策听证会在我国开展的时间不长，人们的认识并不充分，因此媒体对听证会进行报道时还必须承担普及相关知识的职责。听证会作为一种制度，"要求决策者在决策之前必须按照既定的程序，同等地听取利益和主张不同的人群的意见，并在梳理和分析这些意见的基础上做出决策。而一切利益和主张不同的人们都能享有按照既定程序平等地在决策者面前陈述自己意见，用证据支持自己的意见，则是他们为法律所保护的权利"。① 这些决策知识的普及对于吸引公众参与具有重要意义。媒体对听证程序的介绍、对听证过程的全程直播以及对听证结果的监督等，都在很大程度上发挥了启蒙者的功能。

3. 监督者

媒体作为社会环境的监视者，在听证问题上亦不例外。媒体的监督最突出的作用表现为对听证程序的保障。程序规范是听证决策科学和公正的前提和保证，也是树立公众参与决策的信心的前提和保证，因而确保程序规范是媒体实现监督功能的重要体现。圆明园防渗工程听证会前后，媒体从参与听证的代表构成欠平衡、听证会上代表发言的程序欠规范、听证当事人圆明园管理处的态度表现、听证会后环评单位拒接环评委托、最后决策过程太长等方面进行了高密度的全程监督，对于确保最终决策的公正性和公允性发挥了独特的作用。按照各国的共同做法，听证会举行前要在媒体上公开听证事项相关背景资料，随时接受公众质询。听证事项相关背景资料在媒体上公开，意味着媒体对相关内容的同步监督。比如，圆明园防渗工程听证会前没有面向社会公开《圆明园东部湖底防渗工程项目建议书》、北京市海淀区圆明园管理处圆政字〔2003〕第 75 号文（即《关于 03—04 年度圆明园遗址保护整治工作拟施项目的请示》）和国家文物局及北京市文物局的批复，以及海淀区政府海政会〔2004〕第 4 号文等与听证密切相关的重要材料。清华大学法律社会学教授李楯撰文指出："公

---

① 李楯：《圆明园听证会：让一切展现在阳光之下》，《中国新闻周刊》2005 年第 15 期。

开举行的听证会的关键材料不公开，公众就难以很好地参与决策和监督政府，公众作为听证陈述人在听证上的一些发言就将无的放矢。"①

4. 教育者

一次不规范的决策过程和结果给公众造成的刻板印象将长期影响公众对决策程序的态度，要改变公众的印象和态度，媒体的教育功能发挥不可忽视。由于以往许多关于价格调整的决策听证会大都以涨价为最终决策，听证会变成了涨价通知会，公众对听证的价值判断便产生怀疑，因而抱着观望态度。而圆明园防渗工程听证会前后，媒体的监督不遗余力，对每一步的实质性进展尤其是清华大学主动接受环评任务、环评报告对铺膜防渗工程的否定、国家环保总局下令对防渗工程进行全面整改等内容的详尽报道，充分表明了听证有可能否定原方案的民主决策的功能与实质，向公众展示了听证会在公共决策中的作用。有人指出，这次听证会"具有里程碑式的意义"："可以说，媒体与公众之间，形成了一种配合默契的互动；而政府有关部门也一反惯例，积极地参与其中，三方合力，共同出演了一场'民意听证'的'教学示范戏'。""这场听证会确立了一个范例——这个范例就是：没有任何政府部门可以漠视民意，不经论证和授权，而擅自处置属于全体国民的'资产'——不论它是物质财产，还是自然生态遗产，或者是历史文化遗产。而政府方面的某一行政举措，即便已开始实施，即便已投入了上千万元的资金，即便它完成后不会对你我的物质生活产生直接的影响；但只要它违背民意，只要它出台的程序不合法，公众就有权要求行政单位举行听证。"② 这种"范例式"的听证会的报道对公众的教育意义是非常明显的。

原载《当代传播》2006年第5期

---

① 李楯：《圆明园听证会：让一切展现在阳光之下》，《中国新闻周刊》2005年第15期。
② 《圆明园听证的社会示范意义：政府无法漠视民意》，《时代信报》2005年4月21日。

国家形象片建构对内有效认同的叙事分析

——基于《角度篇》3 年网民评论的分析

摘要：国家形象片作为国家形象战略传播的一种重要手段，自然会采用一种成就叙事的策略自塑国家形象。但是，这种自塑的形象往往受到国内受众的多元化解读，对国家认同产生了空间维度的负面影响。本文结合框架理论和叙事学认为，形象片要想建构国内公众对国家的有效认同，必须超越单一的成就主题，强调富有生活情景的个体叙事。

关键词：国家形象片 有效认同 叙事策略

随着中国国力的上升和大国之间"软实力"竞争的加剧，塑造一个负责任、多元文化的大国形象，已成为中国对外交往首先要面临的问题。① 从 2008 年北京奥运会的"申奥"宣传片、2009 年商务部投放的"中国制造"广告片，到 2011 年国务院新闻办公室筹拍的国家形象片《人物篇》和《角度篇》，再到 2012 年的中国文化宣传片《文化中国》，可以看出，拍摄形象宣传片日益成为国家形象战略传播中一种重要的手段。但是，在这些宣传片受到中外媒体广泛赞赏的同时，也出现了国内广

---

① 徐剑、刘康等：《媒介接触下的国家形象建构——基于美国人对话态度的实证调研分析》，《新闻与传播研究》2011 年第 6 期。

大网民不同的声音，尤其是针对《角度篇》和《人物篇》。原因何在？本文旨在通过质化和量化相结合的方法对这一问题进行全面考察，探明国内受众对国家形象片产生认知冲突的根本原因，并根据框架理论提出国家形象片构建对内有效认同的基本叙事策略。

虽然国家形象片的推出至今已有几年时间了，但是，网民对它的评论一直在持续。而现有的相关研究基本少有涉及网民的意见，这一研究视角不仅有利于客观评价国家形象片对内传播的效果，还能为将来的国家形象片制作提供策略参考。

一　认知冲突：国内公众对国家形象片中自塑形象的多元解读

国家形象片以影像制作为基础，用直观的视听语言讲述中国故事，跨越了语言和文化的障碍，更容易被外国公众所理解和接受。从公共关系的角度来看，它是以国家利益为目标的国家形象营销行为。因此，形象片通过一定的叙事手段和策略呈现出的国家形象是一种自塑形象。虽然其目标受众是国外公众，但是一方面由于当前中国媒体在全球媒体格局中处于弱势，中国媒介信息输出能力有限，另一方面由于新媒体的崛起，输出去的信息回流现象也十分普遍。所以，无论是在传统媒体领域还是新媒体领域，国家形象片最大的受众群体都在国内。那么，国内公众是如何看待国家形象片对国家形象的自塑的呢？

为了判明国内公众对待国家形象片中自塑形象的态度，我们选择优酷视频网中国家形象片《角度篇》的 2378 个网民评论（发帖于 2011 年 1 月 21 日至 2013 年 7 月 14 日）为分析样本，并通过抽样编码的方法对样本进行内容分析和文本分析。之所以选择《角度篇》，是因为它内容丰富、信息量大，跟普通公众的生活紧密相连，网民对此做出的评价数量众多。这些评论共分布在 80 个页面内，除了第 80 个页面只有 8 个帖子之外，从第 1 页到第 79 页，每个页面都有 30 个帖子。为了提高抽样的准确性和可操作性，笔者利用随机数表首先对页码进行了随机抽样。从随机数表的第 8 行第 4 列开始读取，剔除重复和范围之外的数字，共抽取了 10

个有效的页码样本，分别为：16页、37页、69页、55页、56页、71页、05页、07页、17页、53页。然后再从每个页码内的30个帖文中随机抽出8个，共抽出80个。

本研究根据情感态度的分类方法以及帖文的文本特性，具体细分为五类进行编码。A. 认可国家形象片对国家形象的自塑，并充满了民族和国家的自豪感。B. 不认可国家形象片对国家形象的自塑，认为国家形象片宣传片面。C. 认为国家形象片就是一个政治广告，应该向外国人展示中国美好的一面。D. 从技术和艺术层面探讨国家形象片。E. 其他（与主题无关的相关评论）。

通过统计，A选项占30%，B选项占28.8%，C选项占17.5%，D选项占2.5%，E选项占21.3%。从统计结果可以发现，网民对《角度篇》中的自塑形象的情感态度分布较为均匀，网民对自塑形象的观点趋向多元和理性。说明大多数网民采用的是认同和协商解读的模式。但是，帖文中不认可自塑形象的仍然约占1/3。这在很大程度上揭示了一部分网民对国家形象片按照一定叙事框架呈现出来的国家形象产生了对抗式解读。根据霍尔"编码、解码"理论，这是一种认知冲突，解码者完全处在自己的符码系统内，对于编码者的信息或许根本没有接收。

二 空间维度：抵抗式解读对国家认同的负面效应

"认同"的英文是identity，名词有"属性""身份"的意思，动词有"认同"的意思，主要是关于我是谁或我们是谁的问题。对此，亨廷顿认为，任何层面上的认同，只能在与"其他"——与其他的人、部族、种族或文明——的关系中来界定。[①] 这是认同的空间属性，强调比较性。除此之外，认同拥有的更多的是时间属性，强调过程性。"认同是行动者自身的意义来源，也是自身通过个体化（individuation）过程建构起来的。"[②] 与

---

① 〔美〕塞缪尔·亨廷顿：《文明的冲突与世界秩序的重建》，周琪等译，新华出版社，1998，第108~109页。
② 〔美〕曼纽尔·卡斯特：《认同的力量》，曹荣湘译，社会科学文献出版社，2006，第101页。

此类似，霍尔也认为，认同并不是静止的存在，而是行动者通过使用历史、语言和文化等象征资源逐渐成为某个特定主体的过程。[①] 根据以上的观点来考察国家认同的内涵，我们可以发现，国家认同就是一个人确认自己属于哪一个国家以及这个国家究竟是怎样的一个国家的心理活动过程。如果将国家这一概念视为广义上的想象的政治共同体，国家认同则是个体对自己归属于哪一个政治共同体的辨识、选择和期待。[②] 这里边包含了国家认同的时间维度和空间维度。时间维度主要是指个体确认自己是一个国家一分子的心理过程；空间维度主要是指个体通过比较国与国之间的差别来最终辨识和选择自己的国家身份。

虽然，观看国家形象片是一个短暂的视觉心理过程，抵抗式解读对于国家的认同不太具有时间维度上的负面效应，却有着国家认同空间维度上的负面效应：以一种非理性的态度进行国别之间的比较，以达到自我贬低的目的。这种负向情绪对国家认同是非常有害的，并且不容小觑。与此同时，互联网的超文本性（链接、评论、转发、分享等）能够使广大网民不断产生认知迁移和联想，借助网络领域的"长尾"效应，这种负面效应会持续很长一段时间，进而变相地形成了对国家认同时间维度上的不利影响。

三 原因解析：自我形象与成就叙事主导下的自塑形象的落差

1969年，美国政治学家布丁（K. E. Boulding）在其著作《国家形象与社会体系》中指出，"国家形象是一个国家对自己的认知以及国际体系中其他行为体对它的认知的结合，它是一系列信息输入和输出产生的结果，是一个结构明确的信息资本"。[③] 国内不少学者持相同的见解。张昆

---

① S. Hall, "Introduction: Who Needs 'Identity'," in S. Hall, & P. Gay (eds.), *Questions of Cultural Identity*, London: Sage, 1996, pp.108-127.
② 陆晔：《媒介使用、社会凝聚力和国家认同——理论关系的经验检视》，《新闻大学》2010年第2期。
③ 刘笑盈、贺文发等：《俯视到平视》，中国传媒大学出版社，2009，第1页。

等认为,"国家形象是国际舆论和国内公众对特定国家的物质基础、国家政策、民族精神、国家行为、国务活动及其成果的总体评价和认定"。① 管文虎认为,"国家形象是一个综合体,它是国家的外部公众和内部公众对国家本身、国家行为、国家的各项活动及其成果所给予的总的评价和认定"。② 从以上这些概念中可以明确地知晓,国家形象作为一个综合体,是由他者形象和自我形象构成的,其认知主体既包括国际公众也包括国内公众。他者形象是国外媒体报道和一个国家对外传播所共同建构的国际公众心目中的形象。自我形象是国内公众对国家形象的认知,或者说是国内公众认为的自己国家的形象,它同时依靠自我传播、人际传播和媒介传播,是对国家形象较为客观的认知。

国家形象片作为一种跨文化传播实践,以国外公众为目标受众,以"态度劝服理论"为指导,通过积极影响他国公众的舆论,来塑造国家形象在他国公众心目中的良好"投影",最终达到改变对方对本国的态度、信念和行为的目的。所以,国家意识形态和舆论引导正确性是国家形象片必须遵循的原则。这就要求宣传片必须是在国家利益和民族利益至上的框架内选择和强调有利于树立正面、积极的国家形象的叙事内容和手段,这是一种成就叙事的框架:力图全景式、史诗般地展现当代中国的物质文明、精神文明建设成就以及改革开放成就等。它采用"只说一面"的"单一化的劝服"技巧完成了对国家形象的自塑。而对于国内受众来说,对自我形象的认知框架主要聚焦于现实环境中具体的经历、知识、情感以及对自身生存状态的综合评估和期许,它来源于现实生活中的自我传播和人际传播。自塑形象来源于主观的媒介信息建构,自我形象来源于客观的现实经验。两者存在落差,落差的大小决定了国内公众对国家形象片建构的国家形象的解读方式,差异越大越容易产生抵抗式解读,差异越小越容易产生认同式解读。

---

① 张昆、徐琼:《国家形象刍议》,《国际新闻界》2007年第3期。
② 管文虎:《关于研究中国国际形象问题的几点思考》,《国际论坛》2007年第5期。

四 超越成就叙事：国家形象片建构对内有效认同的叙事框架

虽然，国家形象片作为一种国家形象传播的战略手段，是以国外公众为目标受众的，追求的是他者对中国国家形象的认同；但是，在全球媒介一体化、网络传播无疆界的语境下，还必须充分考虑国内公众的主体地位。因为，构建有效的对内认同是构建对外认同的前提条件，如果国内公众都不认同，国外公众也将难以认同。所以，国家形象片要能够通过合理的叙事策略和方法，准确、客观地完成对国家形象的自塑，使其接近于国内公众通过生活经验建构起来的自我形象，以实现建构对内有效认同的目的。本文结合台湾学者臧国仁提出的"高""中""低"三个层次框架理论，提出国家形象片的叙事策略——超越宏大的成就叙事框架。其中，高层次指对叙事主题的界定；中层次指对叙事结构的分析；低层次是指由符号和话语组成的框架的表现形式。①

1. 主题选择：超越单一的成就主题

中国作为发展中国家，21 世纪以来一直致力于打破西方国家的"中国威胁论"或"中国崩溃论"的刻板印象，重塑中国"和平发展""负责任大国"的形象。在这种思想的指导下，国家形象片的主题很容易被限定在国家经济、科技、文化以及民主政治建设的单一成就叙事框架之内。根据上文的分析可知，国内公众对国家形象片产生对抗式解读的主要原因就在于此。因此，国家形象片在主题选择上要超越单一的成就主题。一方面是因为它具有潜在的与别国对抗的意识形态，会带来内外不同的目标导向，甚至会导致虚假宣传。另一方面当下中国处在社会转型的深水区，各种社会矛盾突出，公众具有渴望公平、正义的情感诉求。过多地描述成就非但不能激起公众的民族主义、国家主义情绪，相反还会引起国家认同的危机。因此，总体上来说，国家形象片要充分考量国家形象中的自

---

① 臧国仁：《新闻媒体与消息来源媒介框架与真实建构之论述》，台北三民书局，1999，第 34~44 页。

我形象，以国内公众关注的焦点为依托，以国内公众的普遍情感为基调，从历史、文化、人文、地理等领域展开真实、丰富、和谐的多样化叙事。

2. 结构内容安排：强调富有生活情景的个体叙事，弱化群体性的宏大叙事

人物是国家形象片叙事的重要内容，是形成特定意识形态的重要载体。相对于《人物篇》，《角度篇》没有大量出现社会精英人物，而是将镜头对准小人物、普通百姓。只是在内容安排上，《角度篇》还是更多地着墨于集体人物形象，弱化个体的形象，最终形成了宏大的叙事风格，以此彰显中国是一个拥有数千年文明成就的泱泱大国：地大物博、人口众多、文化灿烂。所以，尽管《角度篇》有着华丽如史诗般的叙事形式，但是在展现中国社会民众个体精神面貌上却略显空洞。

相比于精英人物，普通公众最能代表真实的国家形象。因此，国家形象片在选择普通公众作为叙事主体的基础上，一方面要强调富有生活情景和人情味的个体叙事，弱化宏大的、去生活化的群体性叙事，以防止公众的主体性被遮蔽；另一方面还要充分尊重民意，选择最易被公众认可且具有普遍社会影响力的文化、历史和事件人物作为叙事内容。

3. 符号和话语表达：避免泛政治化的语言和视觉形式

由前文的分析可知，国家形象片《角度篇》是在国家利益和民族利益的框架内，选择了一种抽离普通公众现实生活的、具有宣教式特点的话语形态。它追求宏大高昂的精神，强调主流价值观念的灌输，具有典型的泛政治化的话语特点。对此，学者吴学夫、黄升民认为，泛政治化让所有事物都呈现出意识形态的色彩，它将带来舆论的一律化。如此一来，国内公众往往会以抵抗式解码消解这种民族主义或者国家主义的意识形态。很显然，这不利于国家形象的弹性表达。

因此，国家形象片必须创新表达方式。从视觉形式上来看，要增加民族以及自然文化符号的运用；从话语表达上来看，要增加不同的话语主体，强调口语化的解说方式和富有温情的背景音乐，而不仅仅是单一的、宏大的、庄严肃穆的配乐和解说；从镜头语言的角度来看，要减少远景、全景镜头的比例，增加中景及近景镜头的比例，以此来加快叙事的节奏、丰富画面的内容。

五　结语

如何更好地完成国家形象的自塑是国家形象片建构他者认同与自我认同的根本环节和问题所在。自塑得好就能双赢，实现国家形象传播的对外放大、对内聚集的功能；自塑得不好就会共损，容易造成自我认同与他者认同的相互消解。在具体的宣传实践中必须从战略的高度统一国家内宣和外宣的目标，纠偏媒介中心论的片面性，凸显国内公众在国家形象认知中的主体地位。具体说来，就是要将国家形象的自塑落实到和谐、真实和多元化层面上来，借助自塑形象这一中间元素，使自我形象与他者形象形成积极互动、协调统一的局面，最终达到双赢的效果。

原载《中国出版》2014年第14期

合作者：葛明驷（博士生）

国家形象的自我认知：
现实与想象的冲突

——基于国家形象片网民评论的分析

摘要： 国家形象片的最大受众群体在国内，研究他们对国家形象的自我认知具有重要意义。本文基于对网络评论的长期关注，聚焦优酷视频中国家形象片《角度篇》的网民评论，通过研究发现，网民对国家形象的认知存在一个主观的框架，它与国家形象片的叙事框架存在冲突。在当前的社会转型期，最受网民关注的议题是社会民生，国家形象片中抽离的、具有国家意识形态的话语模式对网民的国家认同产生了负面影响。

关键词： 国家形象　自我认知　话语模式

全球一体化重构了国与国之间的关系，总体上形成了既有公共领域的相互合作又有国家核心利益冲突的新型局面。国家形象是现代国际关系的一个重要变量，世界各国都从战略的高度对之进行定位、调整或者重塑。[1] 中国作为发展中国家自 21 世纪以来一直致力于打破西方国家的"中国威胁论"或"中国崩溃论"的刻板印象，重塑中国和平发展、负责任大国的形象。在全媒体时代，国家形象片是对外传播建构国家形象的有

---

[1] 陈世阳：《"国家形象战略"概念分析研究》，《国际关系学院学报》2010 年第 1 期。

力手段。它以影像制作为基础，跨越了语言和文化的障碍；它用直观的视听语言向国外公众讲述中国故事，更容易被接受。但是，在当前中国媒体在全球媒体格局中处于弱势的情况下，无论是在传统媒体领域还是新媒体领域，国家形象片最大的受众群体都是在国内，而不是在国外。因此，从国内受众视角探讨国家形象的自我认知对于国家形象传播的应然研究具有现实合理性和深远意义。

一 概念阐释与研究问题

1. 国家形象中的自我形象与他者形象

国家形象对应的英文是"National Image"。早在1969年，美国政治学家布丁（K. E. Boulding）就在其著作《国家形象与社会体系》中指出："国家形象是一个国家对自己的认知以及国际体系中其他行为体对它的认知的结合，它是一系列信息输入和输出产生的结果，是一个结构明确的信息资本"。[①] 在这个信息资本中，一个国家对自己的认知即为自我形象，国际体系中其他行为体对一个国家的认知即是他者形象。两者在认知主体和认知途径上都存在很大差别。

他者形象是国际公众对一个国家形象的认知，它主要依靠媒介传播，是一种拟态环境下的形象建构。从某种意义上来说，它并非一个国家完全客观、真实的形象。自我形象是国内公众对国家形象的认知，它同时依靠自我传播、人际传播和媒介传播。其中，自我传播和人际传播是自我认知的主要途径，在很大程度上充当着检验媒介传播信息真伪的标准，其信息大多来源于一种现实环境下的真实感受和对自身生存状态的综合评估，基于国家所处的社会、经济发展阶段。因此，本研究的第一个问题如下：国内民众对国家形象的自我认知，即自我形象，与国家形象片形塑的国家形象是否有冲突。

如果国内民众对国家形象的自我认知与国家形象片形塑的国家形象存在冲突，那么冲突在哪里，为什么会产生冲突？由此延伸出第二个问题：普通民众对国家形象自我认知的框架是什么，亦即如何实现对国家形象的

---

① 转引自刘笑盈、贺文发等《俯视到平视》，中国传媒大学出版社，2009，第1页。

自我认知。

2. 国家认同

掌握"国家认同"的概念之前,先来看"认同"的含义。"认同"对应的英文单词是 identity,名词有"属性""身份"的意思,动词有"认同"的意思,它主要是关于我是谁,或我们是谁的问题。无论动词还是名词其意义都来自比较性。正如亨廷顿所说,任何层面上的认同,只能在与"其他"——与其他的人、部族、种族或文明——的关系中来界定。① 这是认同的空间属性。除此之外,认同拥有的更多的是时间属性。"认同是行动者自身的意义来源,也是自身通过个体化(individuation)过程建构起来的。"② 英国文化研究学者霍尔认为,认同并非静止的存在,而是行动者通过使用历史、语言和文化等象征资源逐渐成为某个特定主体的过程。③ 以上概念都强调认同的过程性,亦即时间属性。根据以上关于认同的观点来考察国家认同的内涵,我们可以发现,国家认同就是一个人确认自己属于哪一个国家以及这个国家究竟是怎样的一个国家的心理活动过程。如果将"国家"这一概念视为广义上的想象的政治共同体,国家认同则是个体对自己归属于哪一个政治共同体的辨识、选择和期待。④ 这里边包含了国家认同的时间维度和空间维度。时间维度主要是指个体确认自己是一个国家一分子的心理过程;空间维度主要是指个体通过比较国与国之间的差别来最终辨识和选择自己的国家身份。

国家认同虽然是集体认同,但它具有强烈的个体性,其结果和过程高度统一。在当前社会矛盾突出的转型期,国家认同面临多维困境。因此,本研究的第三个问题是:国内民众对国家形象的自我认知与国家形象片形塑的国家形象之间的冲突将对国家认同带来什么样的影响。

---

① 〔美〕塞缪尔·亨廷顿:《文明的冲突与世界秩序的重建》,周琪等译,新华出版社,2010,第 108~109 页。

② 〔美〕曼纽尔·卡斯特:《认同的力量》,曹荣湘译,社会科学文献出版社,2006,第 101 页。

③ S. Hall, "Introduction: Who Needs 'Identity'," in S. Hall, & P. Gay (eds.), *Questions of Cultural Identity*, London: Sage, 1996, pp. 108-127.

④ 陆晔:《媒介使用、社会凝聚力和国家认同——理论关系的经验检视》,《新闻大学》2010 年第 2 期。

二 研究设计

(一) 研究对象描述

2011年1月17日,胡锦涛总书记访美前夕,国务院新闻办公室筹拍的《中国国家形象片·人物篇》亮相纽约时代广场,美国有线电视新闻网(CNN)也从17日起分时段陆续播放该片。间隔不足一个月,2011年2月11日,《人物篇》的姊妹篇——《角度篇》在光明网首播。《人物篇》和《角度篇》均以打造国家软实力为出发点,力争向世界展现一个全新的国家形象。总体来说,国家形象片的媒体投放取得了一定成功,尤其是《角度篇》。为了准确掌握外国人对中国的认知心理,《角度篇》的主创团队委托德国专业的调查机构对德、美、英、法等十余个国家的各个阶层的受众进行了大量调查。德国波恩大学全球研究中心主任辜学武说,《角度篇》总的感觉非常好,中国故事讲得很地道,也很中肯。西方所关心和担忧的一些问题,片子基本都直接或间接地给出了人性化很强的答案。[①]对于这样一部国际口碑较好的国家形象片,国内民众是如何反应的呢?

本研究选择国内网民对优酷视频网上《角度篇》视频的跟帖评论为样本。之所以选择《角度篇》而不选《人物篇》,一方面是因为《角度篇》内容丰富、信息量大,跟普通大众的生活紧密相连,网民对此做出的评价较为真实和客观;另一方面是因为相对于《人物篇》,《角度篇》的目标受众更加明确,对国外民众有较好的说服力。这样,便于从中发现国家形象的他者形象与自我形象之间的差异。

(二) 研究方法

在研究方法的选择上,本文采取量化研究与质化研究相结合的方式,通过抽样编码的方法论证第一个问题,通过文本分析的方法论证第二、三个问题。

问题一是网民对国家形象片所形塑的国家形象的态度。笔者根据情感

---

① 辜学武:《〈中国国家形象片 角度篇〉赢得德国电视观众好评》,天津网,http://www.tianjinwe.com/rollnews/kj/201102/t20110210_3381864.html。

态度的分类方法，将网民评论的情感态度分为负面（不认可国家形象片对国家形象的自塑）、正面（认可国家形象片对国家形象的自塑）和中立（理性认为尽管现实中存在诸多问题，但是国家形象片需要向外国人展示美好的一面）三种。本文以优酷视频网上《角度篇》的 2378 个网民评论（发帖于 2011 年 1 月 21 日至 2013 年 7 月 14 日）为分析样本。这些评论共分布在 80 个页面内，除了第 80 个页面只有 8 个帖子之外，从第 1 页到第 79 页，每个页面都有 30 个帖子。为了提高抽样的准确性和可操作性，笔者利用随机数表首先对页码进行了随机抽样。从随机数表的第 8 行第 4 列开始读取，剔除重复和范围之外的数字，共抽取了 10 个有效的页码样本，分别为：16 页、37 页、69 页、55 页、56 页、71 页、05 页、07 页、17 页、53 页。然后再从每个页码内的 30 个帖文中随机抽出 8 个，共抽出 80 个。

本研究根据帖文文本的特性，具体细分为五类进行编码。A. 认可国家形象片对国家形象的自塑，并充满了民族和国家的自豪感。B. 不认可国家形象片对国家形象的自塑，认为国家形象片不真实。C. 认为国家形象片就是一个政治广告，应该向外国人展示中国美好的一面。D. 从技术和艺术层面探讨国家形象片。E. 其他（与主题无关的相关评论）。

本研究对网民评论帖子进行编码之后所得结果如表 1 所示。

表 1　针对国家形象片《角度篇》的评论分析一

针对国家形象片《角度篇》的评论（80 个）	编码员一		编码员二	
	帖数（条）	占比（%）	帖数（条）	占比（%）
A. 认可国家形象片对国家形象的自塑，并充满了民族和国家的自豪感	24	30	22	27.5
B. 不认可国家形象片对国家形象的自塑，认为国家形象片不真实	23	28.8	25	31.2
C. 认为国家形象片就是一个政治广告，应该向外国人展示中国美好的一面	14	17.5	13	16.3
D. 从技术和艺术层面探讨国家形象片	2	2.5	1	1.3
E. 其他（与主题无关的相关评论）	17	21.3	19	23.8

从表1可以看出两位编码员的编码结果基本一致。

问题二和问题三的研究采用文本分析的方法。为了操作方便，本研究以优酷视频网中国家形象片《角度篇》的105个精华评论帖子（发帖于2011年1月23日至2013年7月12日）为分析样本，剔除其中同一个ID的重复发帖，剩下有效帖文为81个。之所以选择精华帖文作为样本来分析网民评论结构分布，主要是因为精华帖文内容较为丰富、观点较为突出。为了验证其信度，由同样的编码员对其进行人工编码，所得结果如表2所示。

表2　针对国家形象片《角度篇》的评论分析二

针对国家形象片《角度篇》的评论（81个）	编码员一		编码员二	
	帖数（条）	占比（%）	帖数（条）	占比（%）
A. 认可国家形象片对国家形象的自塑，并充满了民族和国家的自豪感	28	34.6	30	37
B. 不认可国家形象片对国家形象的自塑，认为国家形象片不真实	20	24.7	20	24.7
C. 认为国家形象片就是一个政治广告，应该向外国人展示中国美好的一面	17	21	15	18.5
D. 从技术和艺术层面探讨国家形象片	1	1.2	2	2.5
E. 其他（与主题无关的相关评论）	15	18.5	14	17.3

为了更加明显、直观地显示精华帖和普通帖中不同态度所占的百分比，笔者分别对普通帖的两个编码员的百分比和精华帖的两个编码员的百分比进行平均，并制作成图1。

通过图1可以清晰地看出精华帖和普通帖在百分比分配走势上趋向一致。这一方面说明了第一次编码的信度很高，其结果较充分地反映了网民的态度；另一方面说明了精华帖的发帖人具有舆论领袖的特点，用精华帖作为分析网民评论结构分布的分析样本具有合理性。

图1 不同态度帖子分布百分比

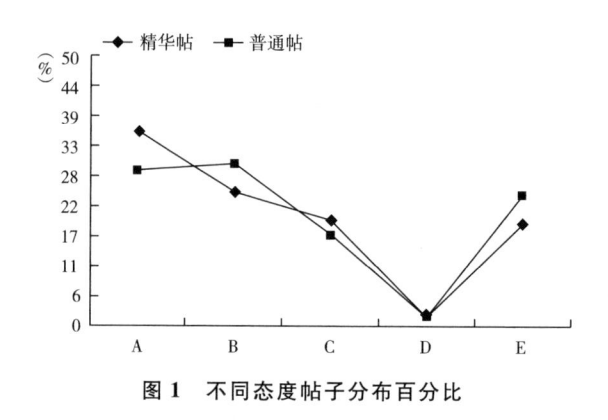

(三) 研究结果分析

1. 国内民众对国家形象的自我认知与国家形象片的形象建构存在冲突

从表1中A、B、C的帖数值分布,我们可以看出,网民对《角度篇》形塑的国家形象的情感态度分布较为均匀,这说明网民对国家形象片形塑的国家形象的观点趋向多元和理性。但是,帖文中不认可《角度篇》对国家形象自塑的仍然占30%,这充分说明了国家形象片按照一定的叙事框架呈现出来的国家形象与国内民众对国家形象的自我认知存在冲突。

《角度篇》力图多角度、全景式、史诗般地展现当代中国的建设成就、开放成就以及以价值观、道德观和发展观为核心的当代中国精神,其叙事策略必须是基于一定意义的框架。框架的概念是由加拿大社会学家戈夫曼(Goffman)在其《框架分析》一书中提出的。他认为人们对日常生活的理解是使用一套特定的诠释框架来实现的,通过这种诠释框架,人们能够了解在特定的场景中自己应有的行为表现,从而协调与他人的行为。[①] 从框架分析角度出发,在新闻生产的过程中,新闻首先是一种社会制度,即在信息的传播过程中,传播内容首先是一种"框架性"生产和输出,而最终传播的效果,要看新闻工作人员、消息来源、受众、社会情

---

① E. Goffman, *Framing Analysis: An Essay on the Organization of Experience*, New York: Harper & Row, 1974, p.21.

境之间互动的结果。① 所以，国家形象片《角度篇》以中国普通公众为主体，以容易形成西方世界优先解读的话语方式叙事，更多着墨于中国传统文化，打造文化软实力，与国际公众产生了良好的互动，取得了较为理想的效果。正所谓中国故事、国际叙述，中国立场、国际表达。

但是，客观上来说，国家形象片的诉求是国际公众意见中的他者形象，它是一种媒介建构。作为一种跨文化的传播实践，国家形象片是以国际公众为目标受众的国家形象营销手段，必须在国家利益和民族利益至上的框架内选择和强调有利于树立正面、积极的国家形象的叙事手段和内容。因此，形象片采用的往往是一种抽离普通公众的现实生活、上升到国家意识形态层面的叙事框架。而国内受众对国家形象自我认知的框架主要聚焦于现实环境中具体的经历、知识、情感以及对自身生存状态的综合评估。一个来源于拟态环境下的媒介信息构建，一个来源于现实生活中的自我传播和人际传播。两者存在差异，差异的大小决定了国内民众对国家形象片建构的国家形象的认可度，差异越大认可度越小，差异越小认可度越大。

2. 认知冲突与国家认同

文本分析中的 20 个帖文都明确地表达了对国家形象片的批判，但批判的内容和方式有很大差异，主要体现在两个层次。

第一个层次仅就国家形象片本身提出批判，认为形象片叙述内容不真实、太理想化，完全出自宣传的需要。例如，网民"始终孤独"说："大家确定这个是宣传片，而不是科幻片？"

第二个层次上升到具体的民生领域，这是网民批判的重点。在 20 个帖文中，直接提到民生领域问题的帖子总数为 12 个，占 60%。这些帖文都认为《角度篇》用国家和民族的经济、文化和历史掩盖了现实中的许多问题。

虽然观看国家形象片是一个短暂的心理过程，对于国家的认同不太具有时间维度上的意义，却有着国家认同空间维度上的意义：和其他国家比

---

① 徐剑、刘康等：《媒介接触下的国家形象构建——基于美国人对华态度的实证调研分析》，《新闻与传播研究》2011 年第 6 期。

较，然后产生不满和抵触。因此，认同的负面影响同样存在并且不容小觑。与此同时，互联网的超文本性（链接、评论、转发、分享等）能够使广大网民不断产生认知迁移和联想，借助网络领域的"长尾"效应，这种负面影响会持续很长一段时间，进而变相地形成了对国家认同时间维度上的不利影响。

三 结论与讨论

国家形象是一个国家对自己的认知以及国际体系中其他行为体对它的认知的结合。完整的国家形象是由自我形象和他者形象构成的。他者形象主要依靠媒介传播，是一种拟态环境下的信息构建；而自我形象的认知同时依靠自我传播、人际传播和媒介传播。其中来源于现实生活中真实体验的自我传播和人际传播起主导作用。在媒介全球化的今天，自我形象的认知不仅是国家形象的重要构成部分，也是影响他者形象的重要因素。

国家形象片对国家形象的形塑与国内民众根据现实生活的真实体验而形成的国家形象的自我认知存在冲突。这跟中国当前处在社会转型期，社会矛盾和社会问题激化有关；也跟国家形象构建的研究与实践中的媒介中心论有关，中心论过分地夸大了媒介在塑造国家形象中的作用。[①] 其实，在全球一体化的背景之下，积极地开展公众外交也是树立良好国家形象的有力途径。

国内民众对国家形象自我认知的框架主要聚焦于民生领域，而不是政治、经济、文化等其他领域。尽管《角度篇》全篇分为"开放而有自信""增长而能持续""发展而能共享""多元而能共荣""自由而有秩序""民主而有权威""贫富而能互尊""富裕而能节俭"八个部分，涉及经济、政治、社会、文化、科研、教育、环境等多方面内容，但是网民在进行批判时，却将框架聚焦于民生领域，这充分说明了国内公众对其自身生存状态的综合评估是国家形象自我认知的重要变量。相对于政治和文化，跟日常生活息息相关的民生最能引起国内民众的兴趣和关注。

---

① 王祎：《对国家形象研究的反思》，《国际新闻界》2011年第1期。

在网络传播无疆界的背景下，国内公众持续的批评作为一个整体的文本对国际公众的中国认同产生了负面影响，进而形成了恶性循环，即自我形象影响了他者形象。因此，未来此类宣传片的创作要两者兼顾，不可偏废，要能够形成自我形象与他者形象的良性互动。

由于时间和条件的限制，本研究只是选择优酷网的网民评论作为分析判断的依据，选取范围未免较窄，样本的代表性值得商榷。一方面是因为相对于其他论坛或者门户网站，视频网站的用户群体趋向年轻化，不能覆盖不同年龄段的分布区间；另一方面优酷网不支持匿名跟帖和发帖，只有注册之后才可以评论，这在一定程度上给普通网民的评论设置了障碍，影响了网民参与评论的积极性。

原载《武汉理工大学学报》（社会科学版）2015年第2期

合作者：葛明驷（博士生）

媒介与公共话语构建

正方 VS 反方：搭建公共意见的平台

摘要： 本文以我国言论环境日渐宽松的现实为背景，分析在这种现实环境下媒介意见平台出现的新变化：由以往意见的单一流通转向今天正方 VS 反方的辩论场；在这个越来越激烈的辩论过程中，言者、受众和媒介都有了新的变化。

关键词： 正方 反方 公共意见 辩论场

大众媒介作为传播信息的平台，既传播事实信息，也传播意见信息，其中就包括公民通过媒介公开表达意见。近年来，各类媒介纷纷开设言论专栏（专版），并呈扩张之势，彰显出我国言论环境日渐宽松，言论空间日渐拓展。正是在这种背景下，媒介的意见平台又有了新的变化——从单一观点的独角戏演变为正方 VS 反方的辩论场，报纸、网络往往在同一版面设立正、反两大阵营展开观点交流与交锋，电视辩论会更是让观点不一的人坐在一起展开激烈辩论，观点冲突成为媒介评论栏目的新景观。在这种辩论性、冲突性的意见对话中，言者不再是自言自语，而是不同意见的交流；受众不再是单一意见的接受者，而是可以在汇集不同意见的"超市"里挑选产品的"思想的顾客"；媒介不再只是某一种意见的宣传者，而是不同意见交流平台的搭建者。

一 言者：表达意在交流

1. 表达权意即表达不同意见的权利

20世纪六七十年代，西方传播学界提出了社会参与理论。美国学者J. A. 巴伦在《对报纸的参与权利》一文中首次提出社会参与论，他指出，为了维护传播媒介受传者的表现自由，保障他们参与和使用信息传播媒介的权利，宪法第一修正案必须承认公民对传播媒介的参与权。[①] 1979年日本学者奥乎康弘在《知的权利》一书中明确提出受众作为"传播者"的权利："就同一信息的演变而言，曾经是'受传者'的公民以知的权利的主体的姿态出现；要求成为'传播者'的公民作为接近和使用信息交流媒介权利的主体而登场。"[②]

笼统地讲，利用媒介行使表达权，并没有什么特殊的意义。因为无论在何种制度下，公民的言论自由都被写进国家的宪法。实际上，公民表达与政府态度完全一致的意见，不仅不会受到限制，相反还可能获得更多的机会。真正意义上的表达权主要是指公民在法律规定的范围内表达各种不同意见的权利。这里的不同意见，既包括与他人观点相左的意见，也包括与政府观点有差异甚至完全相反的意见。比如，对政府制定的某项政策有意见、对政策制定程序的合理性有疑问、对政府部门处理某一重大问题的态度和方式有看法等。这些不同意见能否通过大众媒介公开传播，直接关系到公民表达权能否充分实现。数百年来，人们不遗余力地争取表达权，实际上争取的就是不同意见的表达权。

判断一个国家、一个地区言论自由的程度，主要是看公民的不同意见能否得到自由充分的表达。当然，既然是不同意见的表达，就必然会出现两种以上的意见进行交流和争论，"支持方"与"反对方"同台进行无障碍辩论，充分阐述各自主张，任何一方都无理由不允许对方表达与自己主

---

① 转引自戴元光、邵培仁、龚炜《传播学原理与应用》，兰州大学出版社，1994，第120页。
② 转引自戴元光、邵培仁、龚炜《传播学原理与应用》，兰州大学出版社，1994，第120页。

张相反的意见,这样才称得上表达权的充分实现。

2. 正方VS反方:为言者提供了思想交流的空间

社会的发展促使阶层及群体出现了结构性的改变,"各阶层之间的社会、经济、生活方式及利益认同的差异日益明晰化"①,个性化的观点和多元化的意见大量涌现。这一点我们从不同媒介就同一现象的不同意见指向可以明显地看到。同时,公众的政治热情和社会参与意识有了明显提高,在媒体上发表言论成为公民的个体行为,越来越多的人要求能够利用媒介的言论阵地来发表自己的意见、建议。

近两年媒体上出现的"正方观点"VS"反方观点""不同观点""观点交锋""社论批评"等新的评论栏目,为公众参与思想交流提供了空间。在"不同"和"交锋"中,持赞成态度的人可以作为正方的一员发出支持之音,持反对态度的也能在反方领地略论一二。有的栏目频繁地刊发读者与作者、读者与读者之间的不同观点,让持不同观点的人在一来二往中彼此充分地交流思想。

在这种新的言论框架之下,持不同观点的人都发出自己的声音,批评者和被批评者一起说话,言论间的相异、对立关系形成了一个有张力的语义空间,言者发出的言论实现了流动与互动,言者真正参与到了意见交流的过程中。

二 受众:思想的顾客

1. 受众拥有产品选择权

信息的价值在于被接受,即存在对某类信息有需求的顾客。由此,有人提出了"思想的顾客"②这一意义深刻的概念。在《中国青年报·冰点时评》编辑马少华向经济学家杨帆先生约稿时,杨帆称他与另一位经济学家在争论,要看谁的观点争取了青年、影响了青年。马少华把这番话概括为言者即在思想市场上竞争的"销售者",而读者则为"顾客"。言者

---

① 陆学艺主编《当代中国社会阶层研究报告》,社会科学文献出版社,2002,第4页。
② 马少华:《思想的顾客》,《中国青年报·冰点时评》1999年11月1日。

通过媒体传播观点的过程也是其寻找顾客的过程。只不过这里的顾客消费的对象不是物质的商品，而是思想观点等精神产品。

"顾客"一词有其特定的含义，原指购买商品的人，现通常被解释为消费者。在市场经济条件下，顾客具有两个明显的特征：主动性和选择权。首先，无论是物质产品还是精神产品，主动消费才能算得上真正意义上的顾客。物质产品的强制消费尚能勉强行得通，精神产品若靠强制消费是不可能进入人的内心的，说到底是不可能真正实现消费的。其次，无论是物质产品还是精神产品，必须拥有丰富的品种供消费者挑选，才能谈得上吸引顾客，也才谈得上顾客对商品的选择权。基于此，我们认为，思想顾客存在的前提是有丰富的思想产品可供挑选的"思想市场"的形成。思想产品同物质产品一样，寻找顾客就意味着产生竞争。竞争的前提是产品差异性的存在，千篇一律的观点是无所谓争取受众的。只有汇集了个性鲜明、指向各异的观点，让受众挑选，才谈得上"思想市场"的形成和顾客群的争取与培养。

在中国，已形成建立"思想市场"的良好基础。按照自由买卖的理论，在这个"思想市场"上，意见和主张是否卖得出去，在很大程度上取决于产品的价值、说服手段等能否赢得顾客的认同。也就是说，在"思想市场"上，受众拥有自我选择的权利，他们应是言者竞相争夺的"顾客"。

2. 正方 VS 反方：受众成为真正的思想顾客

同物质产品的销售存在不规范竞争一样，我国的"思想市场"也曾存在"强买强卖"的现象。当大众媒介不能提供多样化的意见供受众选择性地消费，只向受众提供某一种于己有利的观点时，"思想市场"上的"强买强卖"便发生了。因为受众别无选择，只能"消费"媒介提供的单一观点。

不过，"思想市场"上的强买强卖并非像物质产品那样能够被接受。精神产品必须深入人的内心，内化为人的精神需求，才能真正被接受。没有多元意见的"观点垄断"虽然表面上形成了强迫接受的格局，实际上受众只能被动地充当言论的"看客"：既未真正接受，也不参与讨论。

正方 VS 反方这种新的评论编排形式，让各方观点在对峙、辩论中争相表达，还原了冲突性的言论景象。马少华曾在一篇文章中谈到冲突性言论构成的版面对受众心理变化所起的作用，他认为："当人们面对一篇评论的时候，无论它出自报纸编辑部，还是其他随便什么人，它的论据、逻辑、说服人的技巧和强势地位，往往使阅读者的头脑不知不觉地处于受支配、左右的地位——一个被动接受的地位……但是，当在一个言论版面上，许多篇观点不同、利益背景不同、论据和逻辑不同的言论放在一起的时候，他们各自具有的那种对读者的强势、支配力，受到了相互抵消，言论本身受到了削弱，而读者——一个在不同观点之间评判取舍的认识主体，则不期然得到了提升。"①

在正方 VS 反方构建的话语空间中，不同的受众都能最大限度地获知各方意见和信息，在"百家争鸣"中根据言说的公正性与合理性等做出自己的判断和分析。这种获知和接受的过程，恰似一个顾客的购买过程，正方 VS 反方形成的思想市场，使受众成了思想的顾客。

三　媒介：搭建新型的公共意见平台

1. 大众媒介拥有搭建公共意见平台的责任

公共意见的形成和发展依赖于公共意见平台的搭建，即公共空间的建立。"公共空间"又译作"公共领域"，最早由汉娜·阿伦特提出，经过尤根·哈贝马斯的发展，被欧美社会学者广泛引用。哈贝马斯在关于"公共领域"的定义中谈道："公共领域首先意指我们社会生活的一个领域，在这个领域中，像公共意见这样的事物能够形成。"②哈贝马斯归纳了"公共领域"应具备的三要素：一是参与成员的平等性；二是讨论议题的开放性；三是参与成员的广泛性。

大众媒介与公共领域有着极为密切的联系。公共领域特别是报界，"需要提供一个场所，供公众针对文化和政治领域中关乎普遍利益的问题

---

① 马少华：《言论版的秘密》，《新京报》2003 年 11 月 13 日。
② 〔德〕哈贝马斯：《公共领域》，汪晖译，载汪晖、陈燕谷主编《文化与公共性》，生活·读书·新知三联书店，1998，第 125 页。

展开理性、批判、不偏不倚和有启发性的讨论"。① 西方"社会责任理论主张，任何人如果有重要的事情要说，他都应该得到一个可以表达的场合。如果媒介不承担提供这个场合的义务，就应有人来监督媒介，使其尽到责任"。② 美国20世纪40年代由大学教授组成的新闻自由委员会（哈钦斯委员会）提出，"大众传播机构应担负沟通公共信息与意见的责任，要成为意见与批判的论坛"。③

2. 正方VS反方：公共意见平台走向成熟

改革开放后，公共舆论呈现出空前的活跃状态。报纸、广播、电视等各类媒介，纷纷开设言论版面或留出专门时段，为公众发表意见搭建平台。随着公众发表言论的热情日渐高涨，许多报纸的言论从专栏扩展为专版，继而从每日一版扩增到每日两版，版次也大大前移。值得肯定的是，一些报纸评论的议题越来越广泛，小至日常生活，大至国家政策，都可以成为公众评说的对象，显现出我国言论环境日益宽松。

正方VS反方的形式，构建了一个成熟、健康的社会正常发展所需要的讨论、交流的空间。它将各种意见在媒体上公开，不存在"不能谈"和"不可批评"的禁忌，具有开放性；只要你有话说，不管是谁、不论身份高低，都是这个领域的参与者，具有平等性和广泛性；同时，讨论是基于事实的讨论，是一种基于理性的判断，营造了理性探讨的氛围。可见，正方VS反方的形式搭建了一个开放、平等、理性的公共意见平台。

以电视节目《时事辩论会》为例。凤凰卫视的《时事辩论会》打破了"论题—立论"的二维模式，引入辩论形式，创建了"论题—立论者—驳论者"的三维空间。辩论会前，节目组将一个设定的时事热点话题发布在论坛上，让观众自由表达意见。辩论会上，主持人与背景各异的现场嘉宾就设定的辩题进行争论。主持人是观众的传声筒，将观众的观点进行整理并分别陈述，嘉宾则各自表达自己的观点；同时主持人还不间断

---

① 〔英〕麦克奈尔：《政治传播学引论》，殷祺译，新华出版社，2005，第20页。
② 〔美〕沃纳·赛佛林、小詹姆斯·坦卡德：《传播理论——起源、方法与应用》，郭镇之等译，华夏出版社，2000，第342页。
③ 转引自马少华《冲突与宽容的言论生态——中美报纸言论版的比较研究》，《国际新闻界》2002年第3期。

地收集观众手机短信和网络平台留言，并及时在辩论会上读出，让现场嘉宾的观点和社会上更多的观点进行碰撞。由此，电视评论节目扮演了不同意见的承载者和传播者的角色，让各种意见在轻松活跃的氛围中进行对决。

媒体的言论是对意见信息的冲突性理解、宽容性接受的考验。我国媒体的言论从20世纪末出现以来，虽然数量上早已"遍地开花"，但一直缺少意见交流、缺少观点冲突，搭建的公共意见平台不成熟。而正方VS反方的出现，将冲突性的言论同时登出，还原了冲突性的言论景象，是我国媒体公共意见平台成熟的标志。

原载《新闻战线》2007年第11期

合作者：杨怡（硕士生）

戏谑式网评在公共事件中的集体情绪动员机制

摘要：戏谑式评论作为民间话语的一种形态，具有批判性、狂欢性，在很大程度上起到了公共事件发展过程中集体情绪动员的作用。本文通过分析网民情绪动员的三个阶段认为，集体情绪动员的机制包含三个核心因素。"动力引擎"：舆论领袖充满理性、智慧的戏谑式语言；"催化剂"：政府与网民的互动不足而且没有效果；结构性诱因：网民失调的情感结构。

关键词：集体情绪 公共事件 戏谑式 网络评论

中国的经济建设取得了举世瞩目的成就，然而在一定程度上与社会、文化、环境的关系存在不协调，国家进入了一个公共事件频发的特殊时期。由于公共事件关涉国家和社会的安全、民众的根本利益，不恰当的官方行为总会引起民众的强烈质疑和抗议。而这种质疑和抗议在互联网时代主要表现为发表评论。总体看来，这些网评呈现出旗帜鲜明、尖锐泼辣的风格。其中，戏谑式网评以搞笑的方式表达话语立场，"讽刺""幽默"的风格触动了大众对社会的不满情绪，能够吸引大量的网民参与其中，最终导致集体情绪爆发。

一　冲突论视域下中国社会转型期的集体情绪

在社会学史上，结构功能主义理论和冲突理论作为两种宏观的社会学理论奠定了当代社会学发展的基础。结构功能主义理论是由美国社会学家T. 帕森斯在20世纪40年代提出的。它"假定任何再现的和制度化的活动都履行某种长期的功能，并为社会的正常运转做出贡献"①，即社会的各组成部分总是以有序的方式相互作用，总是能够保持动态的平衡，并对社会整体发挥必要的功能。该理论始终强调社会系统的稳定和平衡，50年代在美国社会学中占主导地位。然而，随着60年代初社会冲突的加剧，美国出现了前所未有的矛盾，学术界开始重新审视结构功能主义理论。其中，以社会冲突理论的代表人物米尔斯（C. Wright Mills）、达伦多夫（Ralf G. Dahrendorf）、科塞（Lewis Coser）为主。他们对结构功能主义理论提出了反驳，认为社会发展是一个在各种利益矛盾推动下始终充满冲突的过程，冲突是伴随价值观、信仰的差异以及对稀缺性资源（包括地位和权力）的欲望而存在的，是社会的常态。其中，达伦多夫注重于通过分析社会组织揭示社会冲突的机制，以谋求对资本主义工业社会的诊断性对策，而科塞则侧重研究社会冲突对于社会发展的"正功能"。为此，有学者认为科塞应该是"冲突功能主义"者，他的理论目的在于"用冲突维护结构"。② 因此，社会冲突理论在一定意义上可以看作结构功能主义理论的补充。两者具有辩证统一的关系，都能用来分析和解决社会中存在的问题。但是，对于社会结构复杂、社会矛盾凸显、处于转型期的中国社会来说，社会冲突理论显然更具有针对性和阐释力。

中国历史上是一个农耕文明的社会。严格意义上说，从1840年鸦片战争开始，中国就走上了艰难的工业化转型之路。但是由于国家积贫积弱、内忧外患，转型时断时续。1978年推行改革开放之后，生产力得到

---

① 杨茵娟：《从冲突到对话——评传播研究典范：结构功能主义、政治经济学与文化研究》，《国际新闻界》2004年第6期。
② 叶克林、蒋影明：《现代社会冲突论：从米尔斯到达伦多夫和科瑟尔》，《江苏社会科学》1998年第2期。

全面解放，经济飞速发展，中国才真正意义上进入转型时期。①社会转型是一个复杂的系统工程，在转型的过程中必然会引发诸多的社会问题。对此，哈佛大学政治学家塞缪尔·亨廷顿认为："一个高度传统化的社会和一个已经实现了现代化的社会，其社会运行是稳定而有序的，而一个处在社会急剧变动、社会体制转轨的现代化之中的社会（或曰过渡性社会）往往充满着各种冲突和动荡。"②原因是转型期各种思潮涌现，人们的生活和行为方式、价值体系发生显著变化，社会结构不稳定，阶层分化严重并且产生冲突。在冲突理论中，冲突分为现实性冲突和非现实性冲突。现实性冲突是指有明确目标的冲突，冲突是实现目标的一种手段。比如企业工人通过罢工要求老板增加工资。这种冲突的范围和破坏力常常较小。而非现实性冲突是一种具有阶级利益诉求和价值观取向的社会现象，在现有制度框架下往往具有不可调和性，是一种理性情感对立的表现形式。它"虽然也涉及两人或更多人的互动，但它不是由对立双方竞争性的目标引起的，而是起因于至少其中一方释放紧张状态的需要"。③2013年1月，中国社会科学院社会学研究所发布的《社会心态蓝皮书》称："2012年越来越多相同利益、身份、价值观念的人们采取群体形式表达诉求、争取权益，群体间的摩擦和冲突增加。例如，官民之间、警民之间、医患之间、民商之间等。"④实际上，群体间的冲突一开始可能就是一个很小的现实性冲突，但是由于现实性问题解决不充分，最终发展为群体性、阶层性的非现实性冲突。而非现实性冲突双方没有明确的目标，其中一方借助于冲突来释放一种情感。

二 公共事件中戏谑式网评的话语形态

1994年是中国互联网元年，中国正式接通国际互联网业务。1995年，

---

① 杨清涛：《社会转型期人民内部利益矛盾问题探析》，《郑州大学学报》（哲学社会科学版）2012年第6期。
② 〔美〕塞缪尔·亨廷顿：《变化社会中的政治秩序》，王冠华等译，上海世纪出版集团，2008，第40~41页。
③ 〔美〕L.科塞：《社会冲突的功能》，孙立平等译，华夏出版社，1989，第35页。
④ 《中国社会信任度跌破及格线，出现反向情绪》，东北新闻网，http://news.nen.com.cn/system/2013/01/08/010191629.shtml。

清华大学开通中国第一个BBS"水木清华",随后北京大学、南京大学等相继开通校园BBS。BBS(电子公告板)是一个电子信息服务系统,是WEB 1.0时代的重要标志之一。它提供一块公共电子白板,每个用户都可以在上面发布信息或提出看法,这即为早期的网络评论。2003年之后,随着WEB 2.0技术的发展,尤其是BLOG(博客)的诞生,网络评论开始勃兴。网络评论或称作网络新闻评论是指网民借助于各种网络平台,如博客、微博、贴吧、论坛等发表的各种言论信息,具有自由、开放、平等、互动、时效性强等优点。它是一种新型的话语形态,具有多元价值取向,对传统媒体的话语框架和言论尺度形成了强有力的冲击①,是互联网中最具有代表性的文化之一,已然成为传统媒体重要的信息源参考、价值参考、话语方式参考。这主要体现在两个方面:一方面,网络评论更能代表大众的真实意见和想法;另一方面,网络评论充分显示了网民的智慧,能够提供创造性的思想和丰富的真知灼见。② 网络评论包括一般网民评论和专业媒体人员评论。实际上,在日趋扁平化的网络世界中,专业媒体人员评论已经被裹挟到一般网民评论的话语洪流当中了。

　　戏谑式网评是从语言风格上来描述网络评论的。其风格是调侃、讽刺、幽默甚至"恶搞",总体上呈现出巴赫金式的网络狂欢效果,具有全网民性、仪式性、反抗性的特征。进入21世纪,戏谑式网评尤为盛行。2005年,胡戈的视频短片《一个馒头引发的血案》(以下简称《馒头》)是一个典型的戏谑式评论。《馒头》用"恶搞"的话语方式嘲弄了电影《无极》荒诞的叙事逻辑,吸引了网民的广泛参与。对此,电影《无极》的导演陈凯歌表示,要起诉胡戈的"无端行为"。各界也纷纷加入对事件的讨论之中,"馒头事件"一下子变成了影响全国的文化事件。紧接着,《春运帝国》《闪闪的红星之潘冬子参赛记》《铁道游击队之青歌赛总动员》等悉数登场,都以"恶搞"的形式,从不同的角度映射社会现实,表达负面情绪。2010年,大蒜、绿豆、生姜等农副产品价格大幅上涨,完全超出合理范围,严重影响了人民群众正常的社会生活。面对农业产

---

① 郑根岭:《新闻评论新态势研究》,《现代传播》2008年第5期。
② 何志武:《网络民意与公共政策的"民间智库"》,《现代传播》2012年第11期。

结构的失调和严重的通货膨胀,政府应对不力。这引起了民众的极度不满,于是诞生了一系列调侃的网络热词:"姜你军""蒜你狠""逗你玩"等。同一年,河北大学校园轿车撞人事件中,面对伤者,肇事者李××非但没有施救,反而高呼"有本事去告啊,我爸是李刚!"对此,网友们冷嘲热讽。猫扑网最先发起了名为"我爸是李刚"的造句大赛活动,参与者迅速超过万人,甚至衍生出了很多不同风格的"文体"。

戏谑作为一种表达手段,为什么会受到网民的青睐?我们认为,一是因为这种语言风格搞笑,但它的搞笑不是无稽之谈,而是联系到带有普遍性的社会问题[①];二是因为网民群体中年轻人占多数,年轻人天生叛逆并爱好娱乐,他们乐于通过搞笑的方式表达一种亚文化的价值取向。亦如文学理论家弗莱(Frye)所言,讽刺文学类型的特点是给不理想的现实生存赋予一定的形式。[②] 在公共事件的评论中,网民智慧、诙谐同时又有些无奈的话语表达了对不良社会现象的讽刺和痛恨,是不满情绪的一种宣泄,网民将这种对现实的不满情绪赋予了一种网络传播的形式。在米歇尔·福柯看来,"话语被形塑为一种权力形式,是在权力、统治和斗争中的关系内部被建立起来并发挥作用的"。[③] 作为价值观多元的舆论场中两种重要的话语形态,官方话语和民间话语有时会产生矛盾。官方话语强调国家的意志,以国家利益诉求为目的。而民间话语作为社会民众的情绪和利益的表达方式,反映了特定时代民众的生存状态、权利诉求和社会理想。[④] 因此,戏谑式网评作为民间话语的一种独特形态,是以批判和反抗为取向的话语立场,极具个性化。

三 戏谑式网评集体情绪动员的过程和机制

所谓动员,实质上就是网民之间的互动,互动的过程就是情感表达和

---

① 邱林川、陈韬文:《新媒体事件研究》,中国人民大学出版社,2011,第60页。
② Northrop Frye, *The Anatomy of Criticism: Four Essays*, NJ: Princeton University Press, 1957.
③ 唐佳海、陈亮:《论中国民间话语及其嬗变》,《湘潭师范学院学报》2006年第2期。
④ 任一慧:《网络视频使民间话语走向主流化》,《青年记者》2010年第7期。

交流的过程。① 因此，所谓集体情绪动员是指，网民之间通过有效的互动，进而吸引更大范围的网民参与其中，表达和交流情感。网民集体情绪动员主要分为三个阶段，每一个阶段互动的广度、频度和深度都不相同。广度即范围，在这里指参与互动的网民数量。频度是指在单位时间内网民发帖、回帖和转帖的数量。深度是指网民之间交流问题的深刻性。第一阶段是小范围、低频度、较浅互动阶段。第二阶段是大范围、高频度、较深互动阶段。第三阶段是大范围、低频度、深度互动阶段。这一阶段，伴随着主流媒体的持续跟进报道，疑点被逐一解开，网民互动频度开始降低。但是，话题开始向更深层次拓展。民众已有的情感结构又被强化了，趋向更加稳定和极端。

综合以上分析，可以发现网民集体情绪动员的机制包含三个核心因素。第一，舆论领袖充满理性、智慧的戏谑式语言。在这里，舆论领袖影响别人的行为、态度有两种方式：一是直接发帖；二是转发符合自己价值取向的帖子。舆论领袖在整个过程中，充当着关键的角色。其极具后现代风格的语言幽默、诙谐但又不失理性和智慧，晓之以理、动之以情，极易引起广大网民包括网络上"沉默的大多数"的共鸣和效仿，网民的情感最终得到表达和交流。它是集体情绪动员的"动力引擎"，能够吸引广大网民持续的情感投入。

第二，政府与网民的互动不足而且没有效果。这种不恰当的行为充当了集体情绪动员的"催化剂"。一方面，由于政府回应的不及时，甚至关键时刻失语，信息沟通不流畅，官民的双向互动变成了网民之间的单向互动，而单向互动的过程又是情绪放大的过程。另一方面，由于政府公开的信息和公众的认知不吻合，甚至矛盾，最终导致公信力急剧下降，民众对政府的抵触情绪变得更加严重。

第三，网民失调的情感结构。这是集体情绪动员的结构性诱因。结构失调的情感常转化为一种对政府和社会的不满情绪，甚至是一种反向情

---

① 邱林川、陈韬文：《新媒体事件研究》，中国人民大学出版社，2011，第60页。

绪:"本该同情却欣喜、本该愤恨却钦佩、本该谴责却赞美"等。[①] 加之自21世纪以来,中国公共卫生安全事件频发,"三聚氰胺""地沟油""白酒塑化剂"等刺激着大众紧绷的神经,大众的集体情绪日趋强烈。当再有公共事件发生时,这些已有的情绪积攒起到推动的作用。

戏谑作为一种话语方式,虽然不严肃、不庄重,但是它确实反映了一定时期民众的情绪和态度,不可被忽视。从一定意义上说,戏谑的程度越深、对象越广泛,民众的不满情绪越强烈。在公共事件中,不恰当的政府行为将发挥"催化剂"的作用,迅速将民众的情绪推向极端,进而产生更大范围的集体情绪动员。民众情绪的宣泄和释放确实能够起到维护社会稳定的安全阀作用,但也强化了已失调的情感结构。

原载《西部学刊》2013年第5期

合作者:葛明驷(博士生)

[①] 《中国社会信任度跌破及格线,出现反向情绪》,东北新闻网,http://news.nen.com.cn/system/2013/01/08/010191629.shtml。

大众媒介与公共政策的输入机制

摘要： 公共政策的输入机制分为内部输入和外部输入。无论是内部输入还是外部输入，都离不开大众媒介的参与。大众媒介参与公共政策内部输入过程表现为公布政府政策动议以获得民意支持和民智支持，大众媒介参与公共政策外部输入过程表现为反映公众意见并促使其成为政策问题、主动发现问题并积极设置公共议程促使其进入政策议程。

关键词： 大众媒介　公共政策　输入机制

按照美国政治学家戴维·伊斯顿的政治系统分析框架，公共政策过程可被看作一个由政策输入、政策转换、政策输出三大环节构成的完整系统。政策输入是向政策制定系统提出要求和支持的过程[①]，亦即发现和促使社会问题转化为公共问题进而转化为政策问题的过程。虽然最终决定公共问题能否成为政策问题而纳入政策议程的是政策制定部门，但大众媒介在公共政策的输入机制中也扮演着举足轻重的角色。

一　公共政策输入机制的两种类型

美国学者罗杰·W.科布根据政策问题的提出者在议程中的不同作用

[①] 李杰、杨荣军：《我国公共政策输入机制探析》，《社会科学研究》2005年第5期。

以及扩散其影响力的范围、方向和程序,把政策议程划分为三种类型:外在提出模型、动员模型、内在提出模型。外在提出模型主要是指政策问题的察觉和提出者是执政党和政府系统以外的个人或社会团体,他们给决策者以足够影响力,使问题进入正式议程;动员模型主要是指政治领袖自己提出政策问题,并把它列入政策议程的过程;内在提出模型主要是指政策建议或政策方案起源于执政党和政府内部的某个单位,提出者并不希望把问题列入公众议程中,而希望直接将问题纳入正式议程。[1]

根据政策问题提出者的身份,我们可以将科布提出的动员模型和内在提出模型归为一类,都是由执政党和政府系统以内的组织提出的。这样,政策输入机制可分为内部输入和外部输入两种类型。所谓内部输入是指政策制定部门即党和政府部门主动提出政策议题并将其纳入政策议程的过程,而外部输入则是指政策制定部门以外的个人、群体或组织向政策制定部门表达利益要求、提出建议并促使其纳入政策议程的过程。

我国的公共政策制定过程,呈现突出的内部输入特点。我国学者胡伟借用美国政治学家戴维·伊斯顿提出的"内输入"的概念,指出:"决策过程中的利益要求不是由政治体系外部的社会结构输入政治体系(决策中枢),而是由权力精英自身来进行利益要求的输入,即'内输入'。"[2]我国公共政策的制定之所以形成内输入的主导机制,可从我国特殊的经济、政治、文化因素来分析。一是长期的计划经济模式,导致社会利益结构分化不明显,利益表达组织缺乏,个人的表达意识和能力也极其微弱,公共政策的制定基本上是自上而下的政府主导模式。政府在政策问题确认中主动介入以发现并解决问题,而个人、团体基本上不介入或很少介入。[3]当然,政府自上而下的政策输入,总是以代表人民表达利益要求的方式出现的。二是高度集中的管理体制和运行模式,使得政策问题的提出和纳入政策议程的权力集中于政府手中。三是在中国的传统政治文化中,政府官员是人民的"父母官",人民的利益要由政府官员来体察和照顾。

---

[1] 转引自陈振明主编《公共政策分析》,中国人民大学出版社,2003,第189~190页。
[2] 胡伟:《政府过程》,浙江人民出版社,1998,第283~284页。
[3] 李杰、杨荣军:《我国公共政策输入机制探析》,《社会科学研究》2005年第5期。

这一点对当代中国仍有一定的影响。①

与此同时，随着经济、政治的迅速发展，我国公共政策的制定日渐增加了外部输入的特征。改革开放以来，经济体制改革促使社会的利益分化倾向愈益明显，公民的利益表达愿望日益增强，政治体制改革使利益表达的渠道更多更畅通，我国公民的政治参与出现了由过去的"动员型政治参与"向"自主型政治参与"的巨大转变。② 无论是事关整个国家的发展，还是影响一个城市、一个社区、一个群体的公共利益，公民都会积极主动地发出自己的声音，表达自己的意愿，以求影响最后的政策制定。在这一过程中，公民向人大、政府部门反映情况，表达意见，或者由媒体发现社会问题、反映民众声音，以影响公共政策的制定，这些都是公共政策外部输入的表现。

不管是内部输入还是外部输入，公共政策的输入机制都离不开大众媒介的参与。

二 大众媒介参与公共政策的内部输入机制

一般说来，公共政策的内部输入机制遵循这样的轨迹：制定公共政策的党政官员通过"从群众中来，到群众中去"的路线，了解民情，倾听民声，发现社会问题并上升为政策问题，或者在总结历史和借鉴他国管理经验的基础上主动提出政策问题，或者根据管理国家和社会的需要提出配套的政策问题；将政策问题提上政府的政策议程，拟定达到一个明确目标的政策；提出若干可供选择的政策方案……由于这种内部输入机制是在党政组织系统内部自上而下运行，在不同的社会体制下，可能遵循不同的运行轨迹。在集权体制下，公共政策由政府一手制定，无须通过公众讨论，公众既无参与决策的权利，也无参与决策的意识和能力，政府组织只需把自己的意愿直接当作公共政策提出就行了；在民主体制下，党和政府制定

---

① 胡伟：《政府过程》，浙江人民出版社，1998，第284页。
② 梁丽萍、邱尚琪：《建国以来中国公民政治参与模式的演变分析》，《中国行政管理》2004年第5期。

公共政策虽然许多方面仍沿袭内部输入机制，但其过程已发生了根本的变化。公众参与公共政策问题的讨论不仅是公民民主权利的要求和体现，也是决策科学化的必要保证。可以说，大众媒介参与公共政策的内部输入机制也是决策程序化的内容。

（一）政府通过媒介公布政策动议以获得民意支持

在民主决策的体制下，即使是内部输入，公共政策也不可能无视公众的决策参与权而由政府部门一手包办。政府部门提出政策动议后往往借助媒介予以公布，看看公众的反应。如果政策动议能获得公众支持，政策输入就能继续；如果政策动议未能获得公众支持，政策输入就会被中止。这其中又存在正式公布和试探性公布的区别。

1. 政府部门正式公布政策动议

政府部门往往是在大量调查研究的基础上经过审慎研究，才可能通过大众媒介向公众公布政策动议。政府借助大众媒介公布政策动议的功能有三个。①信息告知。政府决策部门通过大众媒介发布政策动议，预示着政府将政策制定的全过程从一开始就公开在公众的视线之内。这种公开为政策赢得公众信任奠定了基础，也令公众对即将出台的政策提前有了心理准备。这种准备既利于人们适时调整自己的工作和生活决策，也利于人们决定政治参与的态度。②引导参与。"媒体决定着什么会成为'新闻'，而新闻则为公众设定了将要讨论什么的日程表。"[①] 大众媒介发布政府的政策动议，相当于发布了一个时期内的重大新闻事件，也就设置了一个时期的公共议程。公众对公共政策的动议发表看法、进行讨论，借助媒介获得了交流和向政府决策部门提供意见信息的平台，从而实现对政策制定的参与。③获得支持。政府决策部门经过广泛调查和充分论证而提出的政策动议选择恰当的时机向社会公布，往往事先就对可能赢得公众的支持握有一定的胜算，而政策动议的公开和允许公众讨论，实现了政策问题的信息沟通和对公众参与权利的尊重，进一步增加了公共政策方案动议获得公众支持的可能性。所以，大众媒介对政府部门政策动议的公布是一种有着实质

---

① 〔美〕托马斯·R.戴伊：《自上而下的政策制定》，鞠方安等译，中国人民大学出版社，2002，第51页。

意义的程序，为政策问题进入政策议程、政策动议顺利输入政治系统提供了必不可少的公众支持。

2. 政府部门试探性地公布政策动议

政府部门提出的政策动议并非都能赢得公众支持，或者说这些动议的提出者并不能肯定他们的动议能赢得公众支持，即使有些政策动议是合理的，但因为时机不成熟，也可能得不到公众支持。当政府部门拿不准某项政策动议能否得到支持时，可能试探性地向媒介透露，目的在于试探民意。这些试探性的政策动议往往是以匿名的方式向媒体透露的，无论公众持什么态度，政府皆可掌握主动。美国政治传播学者班尼特教授分析政府控制新闻形势时指出："有时在一个难以控制的形势下运作，最有效的办法是藏在幕后，以匿名的、消息泄露的方式发布信息。消息泄露对于许多不稳定的情况下发布信息都是非常有用的。在某些情况下，一位官员可能支持某项政策但是却不知道公众会如何反应，通过匿名泄露这一政策，官员可以有机会在反对呼声过于强烈时改变路线。"①

这种试探性地公布政策动议的方式，我国新闻传播学者孙旭培教授称之为"决策气球"，"它是在某个公共问题已经形成并有一定的政策诉求后，有关部门在考虑相关政策制定与否、该如何制定时，尽可能广泛地听取舆情民意的一种试探性方法，具体做法是通过新闻媒体传播有关信息，以激发利益取向不同的公众参与讨论，各抒己见，建言献策"。② 这种试探性的政策动议往往是一些涉及较大范围的公众切身利益、较为敏感的主题。比如，2004年9月8日，《北京晨报》报道称劳动和社会保障部新闻发言人胡晓义在接受记者采访时说，他们正在考虑延长职工的法定退休年龄，首要是女性的。这则新闻一经报道，立即引来公众的热烈反响，各类媒体评论云集，反对声占据多数。五天后，劳动和社会保障部副部长刘永富便通过媒体表示延长退休年龄的问题很敏感，还没有最后抉择。随后，郑斯林部长对此正式表态说"延长退休年龄并不是当前中国立即需要实

---

① 〔美〕W. 兰斯·班尼特：《新闻：政治的幻象》，杨晓红等译，当代中国出版社，2005，第179页。
② 孙旭培、吴麟：《新闻媒体与决策"气球"》，《新闻爱好者》2005年第3期。

行的政策"。

无论是匿名泄露还是公开表态，通过媒介试探性地公布政策动议都表明舆论直接影响公共政策的输入方向。

(二) 政府通过媒介公布政策动议以获得民智支持

政府的政策动议是把政策问题提到政策议程，但并非都有明确的政策方案。不仅大众媒介的参与使政府决策部门获得了相关政策动议的民意基础，而且公众通过媒介积极建言献策又使政府决策部门得到了民智支持。这种民智支持使得公共政策的内部输入实现了与外部输入的互动。

现代公共政策因涉及利益相关群体越来越广泛、利益指向越来越多元化、政策问题及政策环境越来越复杂、可参照因素越来越多，制定的难度越来越大。一方面，政府决策部门纵然可能站在客观公正的立场，全面考虑公众利益，仍可能出现因考虑不周而忽视甚至伤害一部分人的利益的政策动议。政府的政策动议通过媒介公布以后，每一个社会群体都可能提出代表自己利益的方案，这些方案交织，便构成更能代表最大多数公众利益，更趋公正合理的政策方案。另一方面，政策问题的复杂性也增加了政策方案科学化的难度。政策的科学化有赖于对社会事实的全面掌握，有赖于对事实科学理性的分析，因此就必须广开言路，广求善策，广纳群言。媒介公布政府的政策动议，分布于社会各个群体的人们不仅向决策系统提供各类信息，而且积极建言献策，为决策者提供可选择的政策方案，从而使政策方案更科学。当公众在政府的政策动议公布之后向决策系统输送要求、事实、方案时，他们也就从党政系统外部向系统内部输入了政策议程。

三 大众媒介参与公共政策的外部输入机制

政策问题的发现并不都是党政系统内的精英分子完成，党政系统外的公众以及媒体工作者也是政策问题的重要发现者。他们构成公共政策外部输入机制的重要组成部分，并与大众媒介密不可分。或者可以说，只有借助大众媒介的参与，政策问题的外部输入才有可能。

(一) 公众的意见借助大众媒介而成为政策问题

公共政策所要处理的是社会问题、公共问题或政策问题。社会问题是社会的实际状况与社会期望之间的偏差，也就是各种客观存在的公众期待解决的社会矛盾。普通大众每天都真切地感受着现实与期待的偏差，对于政策制定或修订寄予了无限的希望。但是，并非所有的社会问题都能够成为公共问题和政策问题。社会问题如果没有得到恰当的表达和足够的察觉与关注，就不能成为公共问题，充其量只能是单个人（单一群体）遭遇到的个别问题；公共问题如果没有适当的方式和途径进入政府议程，就不能成为政策问题。

大众媒介的参与可能使社会问题成为公共问题和政策问题，或者说可以加速其实现这种转换的进程。个人遇到的社会问题向政府部门传递的途径有很多，但最有效的渠道还是借助大众媒介的扩散功能。公众把个人遭遇反映给记者，记者将其写成新闻，在探究这种个人遭遇背后的制度化、政策性因素并引导公众对媒介事件进行讨论时，社会问题就演变成了公共问题。其中媒介对事实的传播就是表达社会问题的过程，正是这种恰当的表达，使某一社会问题引起全社会的察觉和关注，成为公共问题。媒介会在综合分析政策环境之后，选择恰当的时机，选择对相关公共问题的报道力度，通过扩大政策诉求群体，形成强烈的政策舆论[1]，以公众舆论向决策部门施压，促使调整或制定某项政策进入政府议程。

(二) 大众媒介主动发现问题并积极设置议程

公众通过媒介影响政策议程，政策的发现源于公众，媒介只是充当了特殊的中介。但是，大众媒介并不只是一种中介，在传播新闻的过程中，它常常主动发现问题，并积极设置议程，不仅影响公众，也最终影响决策者。

1. 发现新闻的过程亦是发现和"唤醒"社会问题的过程

"新闻采访是一种特殊的调查研究。"[2] 记者的调查研究就是要深入社会生活的各个领域发现复杂的社会现象背后的社会问题，通过报道问题，

---

[1] 参见胡宁生《现代公共政策研究》，中国社会科学出版社，2000，第158页。
[2] 艾丰：《新闻采访方法论》，人民日报出版社，1999，第10页。

研究问题的成因，促进问题解决。这些社会问题，无论成因还是解决办法，许多都指向公共政策。媒介在关注这些社会问题时，就不能不探究现象背后的政策问题。随着公众对深度新闻报道需求的增长，媒介对社会问题的报道尤其是采用焦点化操作方式报道社会问题越来越多，这种焦点化操作对于凸显社会问题的严重程度起着催化作用，将社会问题推进社会关注的公共议程。

大众媒介报道新闻对于公共事务起到了发现机制的作用。罗杰·柯比（Roger Cobb）和查尔斯·艾德（Charles Elder）把传媒发现社会问题并使之诉诸公共议程的活动称为"唤醒"："拜传媒之赐，将（问题）传播到更广大的公众之中，使冲突的范围变得更广……'唤醒'本身是自足的，容易滚成雪球。当传媒对一个情况感兴趣时，它们通常盯住不放，使越来越多的重视和关注产生。"[①] 社会问题原本是客观存在的，进入媒介报道视野之前，它不为人关注，处于被忽视、被遗忘的状态，大众媒介的报道使问题得到社会关注，使沉积的问题被"唤醒"，开始引人注目。

社会问题尤其是重大的社会问题被发现和报道之后，媒介一般不会停止行动，往往会集中时间、集中报纸版面或广播电视时段，进行系列报道，以期形成一个时期公众和政府关注和议论的焦点。

2. 大众媒介在引导讨论中主动收集民意

大众媒介深谙公众对什么感兴趣，能够把那些重要的、迫切需要解决的社会问题以引起公众兴趣的方式报道出来，进而引导公众关注和讨论这些重要的社会问题，引导公共议程。托马斯·戴伊指出："在政策制定过程中，媒体的权力体现在'制造'问题，并将这些问题进行装扮，使之变成'危机'问题，使人们开始关注并谈论这些问题，最终迫使政府官员不得不采取措施解决这些问题。"他甚至说："媒体不关注的问题决不会成为政府加以解决的问题。换句话说，媒体不关心的问题也就是政府可以忽略不计的问题。"[②] 虽然这种说法失之极端，但在一定程度上也符合实际。

---

① 〔美〕拉雷·N. 格斯顿：《公共政策的制定——程序和原理》，朱子文译，重庆出版社，2001，第60页。
② 〔美〕托马斯·R. 戴伊：《自上而下的政策制定》，鞠方安等译，中国人民大学出版社，2002，第136页。

媒介的报道为公众设置了讨论的议程，一部分公众意见会以新闻评论的形式借助媒介表达出来。报纸、广播、电视、网络等各种媒介评论专栏为公众表达意见搭建了广阔的平台，尤其是网络，克服了传统媒介的版面和时段等的限制，其海量的信息空间为民意表达提供了无限的可能。

但是，媒体的评论是不能与公共舆论画等号的。"我们不能认为在新闻媒体中表达的意见是公共舆论。"[①] 愿意在大众媒介表达意见的普通人毕竟是极少数，这其中又有许多的意见在媒介把关人的控制下无力表达，所以媒介中的意见即使是普通人的意见也未见得真正反映民意。大众媒介就某一公共问题开设讨论专栏，并主动展开民意调查，就为全面收集民意找到了一条切实可行之路。

当民意达成较为一致的倾向时，媒介适时向决策部门强力传达这些民意调查结果，就为推进政策输入提供了动力。

原载《当代传播》2008 年第 2 期

---

① 〔美〕托马斯·R. 戴伊：《理解公共政策》，彭勃等译，华夏出版社，2004，第 29 页。

大众媒介参与公共政策转化的核心机制

摘要：对于以公共利益的权威性分配为宗旨的公共政策的制定而言，程序正义具有更突出的价值。而权力的隐蔽运行使决策程序陷入公众无从知晓的"黑箱"。大众媒介参与公共政策转化阶段的核心任务就在于打开决策"黑箱"，让决策全过程置于公众的监督之下。

关键词：大众媒介 公共政策转化 决策"黑箱"

根据戴维·伊斯顿的政治系统理论，公共政策过程可分为输入、转化和输出三个阶段。公共政策的转化是指政策问题进入政策议程之后产生具体政策的过程，亦即公众利益诉求转化为公共政策的过程。简言之，就是公共政策的制定过程。这一过程包括公共政策的规划、决策。

公共政策的实质是公共利益的权威性分配，政策制定的程序直接成为衡量政策权威性的重要标准。而大众媒介的全程参与又成为决策程序得以规范的重要保障。大众媒介参与公共政策的制定，主要表现为公开公共政策的规划和决策过程，促使决策程序因公众参与监督而趋于规范，同时也使公共政策因全程公开而获得公众信任，从而增强其合法性和权威性。

一 实质正义和程序正义：公共政策制定的价值基础

作为政府行政管理的手段，公共政策以效率为追求目标是天经地义的。但是，如果仅仅追求以效率为导向的工具理性，就有可能把民主社会的基本价值（自由、民主、平等、公正等）抛在一边。政府在制定政策的过程中只考虑提高政策制定和执行的效率而减少必要的程序，如公开决策过程、为公众提供表达意见的平台等，即使主动考虑了目标群体的利益，对于民主制度下的公民平等参与权来说也是一种不尊重。因此，公共政策的制定者和执行者在政策制定和执行时应秉持程序正义和实质正义的理念，实现社会正义。

1. 公众参与的程序正义对于公共政策制定具有更突出的价值

在罗尔斯的正义论中，公开的制度正义是实现一切正义的前提。罗尔斯把正义的对象界定为社会的基本结构，即用来分配公民的基本权利和义务、划分由社会合作产生的利益和负担的主要制度。他尤其强调规范的公开对于制度正义的重要意义，"当谈到一种制度因而社会的基本结构是一种公开的规范体系时，我的意思是说，每个介入其中的人都知道当这些规范和他对规范规定的活动的参与是一个契约的结果时他所能知道的东西。一个加入一种制度的人知道规范对他及别人提出了什么要求"。①

程序正义和实质正义密不可分。一方面，程序正义是实质正义的前提和保证；另一方面，实质正义是程序正义的标准和最终目的。总体说来，程序是为着实现实质目标而设定的程序，二者理应协调。然而，在民主社会，以对公共利益进行权威性分配为本质的公共政策制定中，程序正义具有更为突出的价值。民主是规定多数人参与政治活动的制度。它不仅把多数人参与政治活动作为制度的一项目标，而且规定一定的程序，即规定多数人如何有序地参与政治活动。因此，程序是作为民主的一个不可或缺的组成部分而存在的。通过对程序的规范和保障，公众在积极的参与中实现利益的有效表达，进而实现公共利益的公正分配。

现代社会程序正义的实现必须遵循以下原则。第一是多方参与原则。它要求在制定法律和重要的公共政策时，应当也必须让多方人员参与，尤其是要允许相关社会群体有充分的参与和表达的机会，使之能够充分地表达利益诉求，维护自己的利益。第二是平等对待原则。它要求裁判者在整

---

① 〔美〕约翰·罗尔斯：《正义论》，何怀宏等译，中国社会科学出版社，1988，第55页。

个程序中给予相关主体平等参与的机会，保护每个人基本的平等的权利。第三是信息公开原则。它要求所有信息都要公开，保障任何社会群体、社会成员对于事关切身利益的信息享有平等知晓的权利，"每个人都有这样的权利，即可以公开得到或可以得到足以充分显示用于他的裁决程序是可靠和公平的（或不亚于其他使用程序的）信息，他有权利得知他是在受某种可靠和公平的体系处理。若缺少这种对他的展示，他可以保卫他自己，抵制那种相对不熟悉的体系的强迫裁决，当这种信息是可以公开获得时，他就能知道这一程序是否可靠和公平"。① 同样，这些程序正义的原则理应贯彻于公共政策的制定程序之中。

2. 程序正义和实质正义是公共政策制定的价值基础

我们强调程序正义的重要价值，并非把程序正义视为可以代替实质正义的独立存在之物。这两类价值应该融合在一起，"这就是，一种程序的正义（除赌博这种特殊情况之外）总是依赖于其可能性结果的正义，或依赖于实质性正义。因此，程序正义与实质正义是相互联系而非相互分离的"。② 程序正义和实质正义共同构成公共政策制定的价值基础，单独强调某一方面都可能造成价值判断和实践的偏差。

在公共政策的制定中，实质正义并不必然是程序正义的结果。比如政策制定者能够主动进行广泛的调查，并能听取各方的政策诉求，输出的公共政策也能体现"公共利益的权威性分配"这一实质，但由于自上而下的政策制定模式中政策程序对公众是封闭的，公众缺乏表达利益要求的渠道，公共政策即使实现了实质正义，也只能是政府精英的价值观念转化，在程序上是有缺陷的。同样，程序正义有时也会背离实质正义，"即使在最严格地遵循规则的情况下，也不可能保证在每一特定的案例中都会产生公正的结果"。③ 民主制度下的程序正义强调的是多数人比少数人更有决定的资格，但由于人本身的局限，一定数量聚合的人群并不能确保意志的

---

① 〔美〕罗伯特·诺齐克：《无政府状态、国家和乌托邦》，姚大志译，中国社会科学出版社，1999，第108页。
② 〔美〕约翰·罗尔斯：《政治自由主义》，万俊人译，译林出版社，2000，第449页。
③ 〔美〕J. 范伯格：《自由、权利和社会正义——现代社会哲学》，王守昌等译，贵州人民出版社，1998，第172页。

合法性与正义性,即多数人也不一定总是对的。卢梭在《社会契约论》中指出,公意和众意之间经常有着很大的差别。公意总是着眼于公共利益,而众意则着眼于私利,它只是个体意志的总和。多数人的意志只是众意而非公意,其局限是显而易见的。有时,政策制定者为了使政策能够得到大多数人的认同,也很有可能会或多或少地存在某些迎合的心理,这势必会对政策的制定与实施产生不利的影响,使程序正义在实际上出现变异。同时,程序的遵循也要求人们对参与对象具有准确的判断力,"但判断是具有一定程度的不确定性的,这样,结果往往不是程序试图要产生的那样"。[①]

单独地强调实质正义或程序正义都存在无法避免的缺陷,实质正义和程序正义两者共同构成公共政策制定的价值基础,只不过由于我国各级公共政策的制定对于程序的制度设计和执行较为薄弱,因此人们更多地关注这一过程中的程序正义。就大众媒介参与公共政策的制定过程而言,其职责也更多地在于政策制定的程序规范。

二 程序正义遭遇决策"黑箱"

根据程序正义的信息公开原则,公共政策制定过程的每一个步骤都与公众切身利益密切相关,因而都应成为公开的内容。然而,政府对政策制定过程实行封锁,致使程序正义遭遇决策"黑箱"。"黑箱"是一个信息学的概念,指的是内部结构不能直接观察的系统,要了解其内部结构,只能向它输入信息,再根据其输出信息来推断。就公共政策的制定过程而言,所谓的"黑箱"主要是指公共政策是少数人"秘密"商议的结果,在政策方案正式公布之前,整个决策过程对于公众而言是一个无法弄清的神秘系统。

1. 权力的隐蔽运行与决策"黑箱"的普遍性

除了应对临时性的突发事件而出台的决定,一般来说,每一项公共政策都有一个较长时间的酝酿、争论和拍板的过程。"在最直接的政策制定

---

① 〔英〕戴维·米勒:《社会正义原则》,应奇译,江苏人民出版社,2001,第104页。

者热火朝天地忙于政策制定过程之前,有关政策制定主要内容的日程表就早已经设定了,政策变革的大局方向也早就决定了。而且,大众传媒也早就做好了舆论造势,使公众和他们的代表对政策变革有充分的思想准备。"[1] 也就是说,政府决定就某个政策问题制定政策时就应向公众公布,以便他们能对即将制定(或调整)的新政策有充分的准备。然而,由于权力运行的隐蔽特性,作为决策部门的政府常常从决定制定一项公共政策之初就对相关信息实行封锁,决策"黑箱"从一开始就已形成。

隐蔽运行是权力的普遍特征。在专制社会,权力作为掌权者的私人工具,隐蔽运行是其本义。在民主社会,虽然权力是人民手中的公共资源,只是因为管理需要而被委托给政府管理,其运行过程理应向其所有者公开,但是由于权力意味着资源的占有,一旦它集中于少数人手中,就会以种种理由拒绝公开其运行过程。从世界各国普遍存在的权力腐败的现实来看,权力的隐蔽运行仍是一个痼疾。

公共政策的制定过程是权力运行的一项重要内容。权力隐蔽运行的普遍性决定了决策"黑箱"存在的普遍性。有时,政府对即将就某一社会问题制定政策的动议并未向公众保密,但一旦进入政策制定的具体环节,便将政策制定的过程全部封闭,公众既无从知晓政策制定过程中到底经历了哪些程序、每个程序是否规范、其间到底发生了哪些事情,更无从获得对政策制定及其程序发表意见、建议以实现决策参与权的机会。政府事后通过大众媒介回顾决策程序,公众才可能了解政策过程。即使如此,政府提供给媒体的决策程序也是经过过滤了的,公众是无法了解政策制定全过程的原态的。如果政府不向媒介提供政策过程信息,公众根本无从得知政策制定程序的相关信息。

2. 决策"黑箱"与政策制定的程序正义本意相悖

政策制定的程序正义本身就包含着所有与政策制定相关的信息都必须公开。决策"黑箱"本身就与政策制定的程序正义相冲突。即使未公开的决策过程包含了政府部门体察民情、以人为本、政策法律化等丰富内

---

[1] 〔美〕托马斯·R. 戴伊:《自上而下的政策制定》,鞠方安等译,中国人民大学出版社,2002,第9页。

容，或者说决策中的其他程序都是规范的，仍与程序正义的总则相背离。更何况，公众的参与也是决策程序的必要内容。

决策"黑箱"使所有关于政策制定的程序对公众封闭起来，其间到底发生了什么事情、经过了哪些具体环节、有哪些不同的方案参与讨论、参与决策者各持何种观点、最终确定的政策方案是一致通过还是多数人意见抑或是最高领导人意见等问题，都在决策"黑箱"里封存而与公众隔绝，而它们又是规范的决策程序中必不可少的内容。因为公众无从知晓决策过程，政策公布后公众有理由对政策的程序正义问题表示疑问。

首先，决策"黑箱"使公众有理由怀疑公共政策的制定程序不规范。由于存在决策"黑箱"，一项公共政策的制定到底经过了什么程序和环节未能进入大众媒介的报道范围，公众就有了怀疑和想象的空间。

其次，决策"黑箱"使公众有理由怀疑政府部门制造"责任大锅饭"。公开公共政策制定的程序实际上也是一种公开决策者责任的程序。每一位参与决策的人，无论对政策方案持赞成还是反对意见，都应当记录在案，以做到有案可查。"决策是考核决策者的硬件，也是监督决策者的证据"。① 当决策的过程陷入"黑箱"，公众无从知晓决策者们各持何种意见，决策责任就无从落实。因为在集体决策的名义下，所有参与决策的人都是正确的决策荣誉共沾，错误的决策责任共担，而"责任大锅饭"实则是谁都不承担责任。

最后，决策"黑箱"使公众有理由怀疑他们参与决策过程的权利被剥夺了。参与的前提是知晓，如果连公共政策的制定过程中有没有多套备选方案、有哪几套备选方案等相关信息都毫不知情，公众何以向决策部门就公众政策提出意见和建议？如果连决策者是谁、分别持何种观点、最终方案如何选择等信息都毫不知情，公众何以对政策制定过程进行批评和监督？既不能提出意见和建议，又不能批评和监督，参与从何谈起？

3. 决策"黑箱"会不会被打开？

打开决策"黑箱"是实现公共政策制定的程序正义的前提。随着政治体制改革的推进，公共政策的制定过程将越来越多地展现于公众面前，

---

① 孙焕英：《决策需要阳光程序》，《法制与社会》2002年第6期。

决策"黑箱"被打开将成为一种必然。

首先，公众关注和参与公共政策过程的强烈愿望是打开决策"黑箱"的外在压力。随着中国的民主政治结构逐步建立，公民文化也随之得以培育，公众表达利益诉求的愿望越来越强烈，参与公共政策制定全过程的要求也越来越迫切，打开决策"黑箱"的呼声也不断高涨。近年来，我国各级政府制定的公共政策，往往都会引起不同意见的激烈争论，除了关于政策条款的合理性争论外，争论的焦点常常直指政策制定的程序缘何不能公开，不接受公众的监督。公众意见的压力将构成政府部门打开决策"黑箱"的外在条件。

其次，政府部门普遍推行的政务公开是打开决策"黑箱"的内在驱动力和良好契机。如果说迫于公众的压力而公开决策过程信息是一种被动公开，那么把信息公开当作建设服务型政府、提高执政党执政能力的重要举措，就是一种主动公开。随着建设服务型政府的观念日渐形成，政府与公众的关系被重新厘清：作为被公共权力所有者——公众委托对公共事务进行管理的受托者，政府所做的一切都应让委托者知晓，这就是我们常说的"主仆关系"。基于此，《政府信息公开条例》提出了"以公开为常态，以不公开为例外"的原则，即"公开假定"原则。不仅如此，对于政府来说，信息公开也有助于公众对政府及其工作人员进行有效监督，以提高政府服务公共事务的能力。正是在这种背景下，各级政府普遍推行了政务公开制度，提出公开权力运行过程。到2006年9月底，全国31个省（自治区、直辖市）和36个国务院组成部门都制定了政务公开规定，其中11个省（自治区、直辖市）制定了政府信息公开的地方性法规，成为开展政务公开的重要依据。[①] 打开决策"黑箱"，公开决策过程，是政府信息公开的重要内容。

三 大众媒介参与公共政策转化的机制

公开公共政策的决策程序，实现公共政策制定的程序正义，离不开大

---

① 李丽：《〈政府信息公开条例〉今年有望出台》，《中国青年报》2006年9月27日。

众媒介的全程参与。大众媒介参与公共政策的转化过程包括公布政府的政策目标、收集和传达公众的政策意见和建议、公布拟选的政策方案、全程报道公共政策的决策听证、公开报道政府决策部门讨论和抉择过程。大众媒介参与公共政策转化的机制就应围绕上述几个方面进行建立。

1. 及时公布政策目标

大众媒介公布政府的政策目标是其参与公共政策转化的第一步。政策问题进入政府议程之后，一旦政府决定就政策问题制定相关政策、提出政策目标，就意味着政策过程从输入阶段过渡到了政策转化阶段。政府的政策目标一旦确定，就应及时地通过大众媒介予以公布。

大众媒介公布政府的政策目标既向公众报告政府的施政计划，也引导公众参与政策制定、应对政策调整。只要不涉及国家机密，任何政策目标都必须通过大众媒介及时予以公布。如果新闻单位获知相关信息而不予报道，即使是政府部门暂时不愿公布，也是大众媒介功能的缺失。

2. 收集和传达公众的政策意见和建议

政府提出的政策目标虽然是初步的、粗略的，但政策目标既定，就能显现出即将制定的公共政策会对公众的生活产生怎样的影响。公众知晓政府的政策目标后，往往会很快做出反应。毕竟，公共政策关系到与之相关的每一个人的切身利益。

公众对政策目标的反应主要是通过提意见和建议表达出来。有些是通过议论或发牢骚的方式表达出来，有些是通过抗议等行动表达出来，还有一些是通过给政府部门写信、给媒体写文章等方式表达出来。无论公众采取哪一种方式，都是他们对政府提出的政策目标的一种意见表达。这些意见就是公众对相关政策目标的利益诉求。

公众的意见和建议，无论以什么方式表达，大众媒介都应及时地传递他们的声音。①收集并报道公众的反应，包括人们对政策的意见反应和抗议政策目标的行动。②搭建公众意见平台，为各种不同的意见提供表达的空间，也为政府打开了解民意的窗口。搭建公众意见平台，传递公众对政策的意见，一要及时，二要全面。及时刊播公众意见对于公众而言是一种鼓励，鼓励公众把对政策目标的赞成、反对意见抑或是对政策目标不尽合理之处的意见和建议及时地提出，公众可以获得明确的政策主体地位认同感,从而以积极的态度参与政策的制定过程。所谓全面,主要是指公众对政策目标的意见指向多种多样,媒体不应厚此薄彼,应让各种不同指向的意见都能登上意见平台,进行交流和交锋,以进一步帮助公众明辨是非。这就涉及西方新闻报道的平衡原则。这一原则强调,当人们各持异议的时候,双方均应享用平等的机会让公众听到自己的意见。①

3. 公布拟选的政策方案

经过公众充分讨论、专家充分酝酿,决策者们会筛选和拟定多套可供选择的政策方案,即备选方案。这些备选方案一旦确定,也必须通过大众媒介予以公布。公布备选方案,目的主要在于监督公共政策在决定之前有无可供选择的多套方案。

民主制度下的公共政策制定过程本身就是一个选择的过程。"比较和选择是政策规划最突出的特征,追求优化是政策规划当然的目标。"② 无两套以上的方案不决策已成为现代民主决策的通例。如果公共政策方案的设计出现唯一的"可选择方案",往往是集权决策体制的产物。大众媒介公布筛选后进入择优环节的备选方案,正是对决策程序的维护。一方面,公众可以通过媒介监督政府制定一项公共政策前是否对多套备选方案进行比较和选择,以此作为判断其科学性的依据之一;另一方面,公众也可以对备选政策方案发表意见,促进其丰富和完善。无论政府设计的政策方案是多个还是一个,大众媒介都应予以公布。

4. 全程报道公共政策的决策听证

比较和择优的过程实际上是公共政策的相关参与者进行政策对话的过程,而听证是公共政策对话的主要形式,也是开展政策对话的主要路径。

听证是指政府组织在做出直接涉及公众或公民利益的公共决策时,应当听取利害关系人、社会各方及有关专家的意见以实现良好治理的一种必要的规范性程序设计。③ 作为听证制度的重要内容和环节,媒体有效参与必不可少,它直接关系到这一决策制度的民主本质的实现程度。大众媒介

---

① 1792年,本杰明·富兰克林接办《宾夕法尼亚报》时提出了这一观点。
② 谢明:《公共政策导论》,中国人民大学出版社,2002,第137页。
③ 彭宗超、薛澜、阚珂:《听证制度》,清华大学出版社,2004,第2页。

参与公共政策听证一般应遵循以下程序。

一是预告听证信息。世界各国的听证会都强调让公众预先得知听证详情的重要性,因为感兴趣的公众能及早做好参加听证会的准备。① 公众可根据大众媒介预告的信息决定自己(是否报名参加)的态度。

二是公布听证代表挑选方式和结果。听证代表的产生程序和结果是听证会前媒体参与的焦点。媒体对此环节的报道意在监督听证代表产生过程及结果的公正性和科学性。

三是全程直播听证过程。听证一词的英语翻译是"public hearing",听证过程的完全公开当是其应有之义。听证过程的完全公开主要关注这样一些方面:主持人对待陈述人的态度,包括各陈述人在座位安排、发言顺序上有无身份差异,发言时间有无长短不同;听证主持人有无设置陈述答辩环节;陈述人对待听证的态度等。听证过程的完全公开有赖于电视全程直播。电视全程直播在一定意义上意味着实现了公众的"场外旁听"②,让听证会的一切程序和内容都暴露在公众面前,接受公众的监督。

四是公开会议纪要并审视听证效果。听证会上各方观点的表达最终形成会议纪要,会后将其公布,让无缘参加听证会的公众对听证各方观点得以了解,并据此判断听证各方的观点对最终决策产生了多大影响。"政策视角的民主理论,不只是简单地探讨政策过程中公民参与的程度,而是着眼于研究参与是否导致政策结果的差异,研究参与和政策过程与政策产出的关系。"③

5. 公开报道政府决策部门讨论和抉择过程

决策听证说到底还是决策层广泛听取公众意见的阶段,政策方案的最终选择还是集中于拥有决策权的极少数人组成的决策层。权力的集中为权力的隐蔽运作提供了空间。"许多权力的运作过程是以隐蔽的方式进行的,权力运作的成功可能也正是依靠这一点。"④ 权力的隐蔽运作使决策

---

① 彭宗超、薛澜、阚珂:《听证制度》,清华大学出版社,2004,第160页。
② 何志武:《媒体在听证会中扮演的角色》,《当代传播》2006年第5期。
③ 赵成根:《民主与公共决策研究》,黑龙江人民出版社,2000,第46页。
④ 〔英〕米切尔·黑尧:《现代国家的政策过程》,赵成根译,中国青年出版社,2004,第22页。

过程出现了难以观察到的"黑箱","而黑箱中到底发生了什么,是政策过程的核心和关键"。① 决策部门讨论和选择政策方案的过程,正是决策"黑箱"的特征最为明显的表现,也是公众最欲知晓、最能体现大众媒介履行信息公开职能的内容之一。

大众媒介公开报道决策部门进行政策讨论和抉择的过程主要包括这样一些内容:决策层的人员构成;政策方案择优的原则;政策方案选择过程。政策方案的决断过程是一个讨价还价的过程,也是一个争取与让步、妥协的过程。既如此,大众媒介就应全面公开决断的整个过程,让决策者的一言一行都暴露于公众的视线中,让公众了解谁在政策方案选择时持何种态度、动机和理由,让决策者在公众的注视下时时提醒自己代表公众的利益,谨慎地选择政策方案。同时,更为重要的是,政策方案的最终选择遵循的程序规则,是少数服从多数还是最高领导人拥有最终决定权,直接关系到一项政策方案的选择是否公允,即是否合法。因为它直接关系到该项政策是民主决策的结果还是个人专断的结果。公开是制裁专断的利器。大众媒介将决策过程全面公开,就给任何违背民主程序选择政策方案的企图以最大的威慑,从而实现阳光下的公正。

原载《新闻大学》2008 年第 1 期

---

① 〔英〕米切尔·黑尧:《现代国家的政策过程》,赵成根译,中国青年出版社,2004,第22页。

网络民意与公共政策的"民间智库"

摘要： 网络时代的公共政策智库结构发生了根本性的变化：由专家学者独揽向官方咨询机构与分散的网民并重。网民来源的广泛性、丰富性支持网络民意的理性与民智的科学性，网络表达的便捷性、匿名性保障网络民意的真实性与民智的专业性，网络民意足以充当公共政策的"民间智库"。本文通过分析个税起征点调整的政策出台过程发现，网络民意的活跃程度取决于决策者对于民意与民智的态度。本文认为，从政策问题建构到政策评估及反馈，网络"民间智库"全程充当咨询师和信息员；从常设民意平台到科学分析网络民意，决策者须主动发挥"民间智库"的作用。

关键词： 公共政策　网络民意　"民间智库"

当延迟退休的政策动议引起网民的激烈争论时，官方回应称遭到了网民的"误读"。其实，这是政府决策前试探民意的过程。这种试探，一方面反映出网络民意的重要价值，其中蕴藏着丰富的真知灼见；另一方面也反映出政府对网络民意的重视，这些网络民意指出并弥补了政策设计上的漏洞，在一定意义上充当了公共政策的"民间智库"。

一 从"打捞民意"到"民意浮现":网络汇集了最广泛的民意和民智

从字面上看,民意是指人民的意愿,在英文中与舆论是同一个词组"public opinion",即公众的意见。然而,关于民意的具体内涵,学界却有争议。德国哲学家加尔夫(Christian Garve)给民意下的定义是:"民意,是一个国家的大多数公民,每人反省或实际了解某件事所得到的判断后,许多人的公识。"① 美国韩念西(Bernard C. Hennessy)教授将民意定义为:民意是一群特定的人,针对具有一定重要性的事务,所表达出来的各种不同看法的总和。社会心理学家欧尔波(Floyd H. Allport)指出,民意是个人可随时表达自己的意见,或被要求表达自己的意见,来赞成或反对具有普遍重要性的特定状况、人、计划等,并表现出人数、强度和稳定性的比。在他看来,不仅包括共识,也包括分歧以及不同意见在人数、强度和稳定性方面的比。那么,民意究竟是公众的共识还是不同意见的总和?笔者以为,民意作为一个集合概念,反映的是社会公众对于某一问题的意见,理应是不同意见,包括不同意见的"人数、强度和稳定性的比"等状况。网络民意是人们利用网络技术手段和技术平台,发表对某一重要问题的意见和建议。基于网络技术,人们通过互联网上的论坛和新闻跟帖等手段,自由发表评论,聚合某种诉求,从而形成较为集中的关于某一问题的价值评判。这些价值评判同样存在着不同意见在人数、强度和稳定性方面的比。

在民主社会,收集和了解民意是公共政策过程的必要步骤。传统的民意收集方式基本可以用"打捞民意"来概括。由于传统媒体提供民意表达的空间有限,人大代表、政协委员、政府官员、专家学者、新闻记者深入基层调研、采访等就成了收集民意的主要渠道。对于民意主体而言,这些收集渠道和方式并不是自由、真实的意见表达渠道和方式。一方面,民意收集主体与民意主体并非真正处于平等的地位,身份、地位的差异使得

---

① 转引自王来华《对舆情、民意和舆论三概念异同的初步辨析》,《新视野》2004年第5期。

民意主体有些自我封闭，不愿主动、充分地表达自己的真实意愿，而是习惯于把自己包裹起来，把接受调查当作一项被动完成的差事，许多"沉睡的民意"无法被真正唤醒；另一方面，依靠一部分人深入基层"打捞民意"，调查者人数的有限性，使得调查对象、调查范围极其有限，大量的民意未曾触及，必然无法全面地收集到真实的民意。

网络技术改变了民意主体的地位，民意主体也成了民意表达的主体。无须他人代言，民意通过网络主动浮现。网络平台的特殊性，使得网络民意来源更广泛、内容更真实、更具参考价值。

网络表达的便捷性、匿名性保障了网络民意的真实性及来源的广泛性。网络是一个开放的平台，没有身份、学历门槛，也没有态度倾向限制，甚至不问姓甚名谁，只要愿意表达，都可以就任何事情发表意见，可以长篇大论，也可以三言两语，只要主动上传，网络都提供充足的空间。网络的便捷性为网民广泛参与意见表达提供了便利，一起重大事件、一个热门话题都会吸引不同阶层、不同地区、不同职业、不同态度倾向的网民发表意见，无须他人代言；网络的匿名性消除了网民对表达意见后产生风险的担忧，激发了网民表达真实意见的积极性，又进一步扩大了网络民意的广泛性。

网民来源的广泛性保障了网络民意主体的多元化、情绪的理性化和内容的专业性。分布于各个领域、各个阶层、各个群体之中的网民，既有普通网民，也有各领域的专家学者，还有政府官员。普通网民经过网络发展初期的情绪化表达阶段之后，越来越理性地就热点问题发表自己的观点。研究表明，参与讨论的网民数量的增加使得理性的表达占据上风。学者和政府官员的加入进一步增强了网络民意表达的理性化。而意见的理性表达则提高了意见的针对性和建议的合理性。网络民意主体的多元化，使得对相关问题有切身体会者、有深入研究者都自主地表达意见，参与讨论，提出的意见和建议不乏真知灼见，具有高度的专业性和科学性。

与政府决策的官方智库由较为单一的专家学者和政府官员组成相比，一方面，"民间智库"中的专家比官方智库中的专家数量更多、来源更广，可供选择的方案也更丰富；另一方面，"民间智库"中有许多利益相关者参与讨论，他们的意见更具针对性，能直指要害，提出的建议也更具可行性。"公共政策是对全社会的价值作权威的分配","一项政策的实质在于通过那项政策不让一部分人享有某些东西而允许另一部分人占有它们"。① 任何政策都是利益的剥夺与给予,利益相关者的切身感受是任何其他人都无法体会和代言的,他们的表态对于政府决策具有特殊的参考价值。

二 从3000元到3500元:个税改革政策调整的网络民意表达实践

2011年个人所得税起征点从3000元提高到3500元,虽然只是上调了500元,幅度并不是很大,但一部法律草案一审通过后短短三天之内因为民意强烈而进行调整,不能不让网民精神为之一振。

2011年4月20日,当时提请全国人大常委会初次审议的草案,拟将个税起征点由2000元提高到3000元。会议未对草案进行表决,将汇总相关意见修改草案后,进入二审阶段。

4月25日,全国人大常委会办公厅公布了《中华人民共和国个人所得税法修正案(草案)》,向社会广泛征求意见。公众参与热情极高,截至5月31日,中国人大网共收到82707位网民提出的237684条意见,创下了我国人大单项立法征求意见数之最。其中83%的人要求修改或是反对3000元的起征点。

2011年6月27日,草案再度提请全国人大常委会审议,依然维持了一审时的3000元起征点。会上,常委会委员们进行了激烈讨论。很多委员的观点是,既然公开征求意见,公众的意见又这么集中,最终出台的方案就应让民意有所体现,如果还是原样通过,百姓会怀疑审议、公开征求意见就是走过场。在6月27日下午的审议结束时,委员们建议财政部等部门再回去研究,拿出最终方案。

6月30日上午9点,起征点增加为3500元的修正案草案再次提交给

---

① 〔美〕戴维·伊斯顿:《政治体系——政治学状况研究》,马清槐译,商务印书馆,1993,第23页。

委员们审议，并顺利通过。

全国人大常委会委员长吴邦国在此次常委会会议上讲话时表示，在通过网络发表意见的公众中，83%的人希望在原方案基础上适当上调工薪所得减除费用标准，这从一个侧面反映了老百姓的期待。"在这次会议上，我们本着认真负责的态度，综合考虑各方面意见，积极与国务院沟通协调，经过充分审议、反复研究，对草案作了进一步修改。"①

从全国人大公布的社会公众对《中华人民共和国个人所得税法修正案（草案）》的意见来看，网民及其意见表达具有如下特点。

1. 网民来源于不同地区、不同阶层

东部、中部、西部地区皆有网民发表意见，不同收入的群体皆有网民发表意见，其中有很多人提出应针对东、中、西部发展程度不同、收入不同、生活成本不同而设定不同的个税起征标准。网民有的是企事业单位的普通职工，有的是高校的专家学者。

2. 网民建言献策无时空限制，方便灵活

与咨询机构集中开会讨论不同，网民表达意见基本上做到了随时随地。只要在规定征集民意的时间段内，只要有表达意愿，有电脑或手机，就可以上传个人建言，确保可吸纳的民意民智的广泛性和丰富性。

3. 网民意见趋于理性，富有真知灼见

网民并非囿于一己私利表达意见，他们的意见与参与座谈的专家学者的观点不谋而合。在通过网络征集民意的同时，2011年5月10日和20日，全国人大法律委员会、财政经济委员会和全国人大常委会法制工作委员会联合召开座谈会，还分别听取11位专家和16位来自不同地区、不同职业、不同收入群体具有一定代表性的社会公众对草案的意见。网民意见与座谈会的意见保持较高的一致性。如在参加座谈会的社会公众代表和专家中，北京市烟草专卖局向兰提出，不同地区的生活成本不同，起征点不应全国一刀切，应当有所区别，建议将北京、上海等

---

① 《贯穿民生主线，倾听民众声音——十一届全国人大四次会议以来立法修法亮点纷呈》，中国人大网，http://www.npc.gov.cn/zgrdw/huiyi/lfzt/xsssfxg/2012-03/09/content-1707025.htm。

一线发达城市的起征点提高到 5000 元；清华大学中国与世界经济研究中心主任李稻葵教授建议，根据不同地区的生活成本，分别适用 5000、4000、3000 元的起征点。而上海、北京、广东的部分网民提出，发达地区收入水平与边远城镇相差很大，3000 元在发达地区，只能保证个人基本生活的开支，建议授权各省份根据本辖区收入的实际情况，在法律规定的基础上另行规定，例如东部省份 6000 元、中部省份 4000 元、西部省份 3000 元等。网上有些意见提出，制定起征点应考虑纳税人的家庭负担，建议按户籍的抚养人口确定起征点或者申请减免。有的意见则反对考虑纳税人的家庭负担，认为企业高管阶层，本来收入就高，再享受对家庭税收优惠，会加大社会的贫富差距。有些意见提出，应当建立月收入额减除费用形成的长效机制，使起征点与 GDP 和 CPI 挂钩，并授权国务院每年调整后发布，不要经常修改法律。这些意见的提出反映了网民意见富含真知灼见。而最后公布的政策虽然与网民提出的目标不甚一致，只是在初案中的起征点提高了 500 元，但网民非常理性地表达了对政策的理解。

近年来，公共政策决策前频频征集网络民意已成常态，有时甚至一项政策多次征集网络民意。《国有土地上房屋征收与补偿条例》就是如此。2010 年 1 月 29 日，国务院法制办首次公布《国有土地上房屋征收与补偿条例（征求意见稿）》，征求社会公众意见。截至 3 月 3 日，共收到意见和建议 65601 条。首次征求意见后，国务院法制办会同有关部门对反馈的意见和建议进行了逐条整理、分析，选取 40 多个典型城市就建设用地来源、房屋拆迁和土地征收等情况进行了专项调查统计。意见最为集中的是补偿问题，13000 多条意见，涉及市场价补偿、房地产市场评估、评估机构独立性、非住宅房屋停产停业损失的补偿标准、回迁、违法建筑不应一刀切等问题。对于这些在征求意见中提出的问题，国务院法制办在二次征求意见稿中给予了回应，对相应条款进行了修改。12 月 15 日，《国有土地上房屋征收与补偿条例（第二次公开征求意见稿）》在中国政府法制信息网公布，第二次向社会公开征求意见，共收到意见 37898 条。2011 年 1 月 21 日公布的《国有土地上房屋征收与补偿条例》，就是在充分尊重和吸纳网络民意和民智的基础上制定出来的。其中，改"拆迁"为"征收"、通过听证会的方式听取被征收人意见以确定征收是否正当、涉及旧城区改造等城市规划问题时引入公民代表的参与、征收房屋补偿不得低于市价、先补偿后搬迁、房价评估机构由被征收人选定、多数人不满补偿方案时应组织听证等条款的设立，充分体现了网络民意和民智。

三 从"偶尔想起"到"全程常设"：铺设收集网络民意的畅通渠道

网络民意自由而充分的表达使得网络充当了公共政策的"民间智库"，但"民间智库"作用的发挥空间有多大，则取决于决策者的态度。是"偶尔想起"通过网络征集民意还是公共政策过程"全程常设"网络民意通道，考验着决策者收集和听取民意的诚意、科学决策的水平，也检验着决策者收集网络民意的方法科学与否。

1. 从政策问题建构到政策评估及反馈：网络"民间智库"全程充当咨询师和信息员

公共政策从政策问题建构开始。政策问题指的是"引起社会上一部分人需求或不满足的条件和环境。那些受环境和条件影响的人可以直接也可以由别人以他们的名义寻求援助或补偿"。[①]"政策问题虽然是一种客观现象，但是必须有人发现和提出它才能有意义。"[②] 在前互联网时代，政府、政党、社会团体、企事业单位、新闻媒介和专业分析机构都充当着搜寻和发现政策问题的主体，而对政策问题感知最强烈的是普通民众。"在前互联网时代，尽管普通民众对遍布于社会各个角落的问题情境有着切身的体验和感悟，但他们通常只能向其周边数量极为有限且地位与其相当的人员进行诉说，而难以上达决策子系统。"[③] 互联网的普及给了普通民众自主表达意见的机会，每个人都可以将自己对问题的体验和感悟通过网络

---

① 〔美〕詹姆斯·E. 安德森：《公共决策》，唐亮译，华夏出版社，1990，第 65~66 页。
② 王骚：《政策原理与政策分析》，天津大学出版社，2003，第 113 页。
③ 朱水成、李正明：《网络民意在政策问题建构中的作用研究》，《上海行政学院学报》2012 年第 1 期。

平台传播出去。如果这个平台是面对公众的公共平台，经过网民讨论，会使问题聚焦和放大，若决策者主动收集，这些关于政策问题的意见可以直接进入决策子系统；如果这个平台是决策者搭建的"民意平台"，这些关于政策问题的意见更是直接抵达决策子系统。罗杰·柯比（Roger Cobb）和查尔斯·艾德（Charles Elder）把传媒发现社会问题使之诉诸公共议程的活动称为"唤醒"："拜传媒之赐，将（问题）传播到更广大的公众之中，使冲突的范围变得更广……'唤醒'本身是自足的，容易滚成雪球。当传媒对一个情况感兴趣时，它们通常盯住不放，使越来越多的重视和关注产生。"① 而进入互联网时代，"唤醒"社会问题的职责直接由分散的网民主动承担了。决策者可以从网民反映的社会问题中筛选适宜的问题进入政策议程。

一旦政策问题进入政策议程，决策者就政策动议征集民意民智即成为必要的环节。政府的政策动议是把政策问题提到政策议程，但并非都有明确的政策方案。政府通过媒介公布政策动议吸引公众参与，不仅使政府决策获得了充分的民意基础，而且公众通过媒介建言献策又使决策过程得到了民智支持。需要强调的是，第一，普通公众对政府的政策动议，即使是站在个人或群体利益立场上提出的建议，往往也蕴含着丰富的智慧，对于政策动议的完善也是必不可少的；第二，"受过良好教育、见识广博的精英"只要没有进入政策决策系统，就属于政府系统之外的公众，他们的意见同样属于公众的声音，集中了他们丰富智慧的意见和建议对于完善政府动议也必不可少。②

政策评估也不能缺少网民的意见。"公共政策过程的民意研究往往集中于政策制定之前，目的在于探讨公共政策在多大程度上体现了民意，而对于政策制定之后的民意，则往往很少关注。"③ 公共政策实施后的民意表达实际上是政策客体感受政策、评估政策、反馈政策效果的过程。在传统的观念里，政策评估是专门机构的事情，由制定政策的部门组织政策执

---

① 〔美〕拉雷·N. 格斯顿：《公共政策的制定——程序和原理》，朱子文译，重庆出版社，2001，第60页。
② 何志武：《大众媒介与公共政策》，武汉大学出版社，2008，第127页。
③ 何志武：《大众媒介与公共政策》，武汉大学出版社，2008，第239页。

行效果的评估。"政府主持'制作'的政策评估结果很难是实质性和有意义的"①，因为"政策机构都有着强烈的兴趣和愿望，以显示和证明它们的政策和工程项目产生了哪些积极的影响"，"政策机构不会喜欢显示自己的政策没有发挥作用的研究结果，更不愿看到说明自己的政策成本超出了政策效益的研究结果"。② 政府搭建的民意征集平台如果成为常设平台，就能将民意收集延伸到政策评估环节。网民从各个不同的领域、各个不同的视角评估政策效果，就能获得独立于官方评估的结论。这些结论对于向决策机构反馈政策执行信息、调整和完善政策，无疑是极其珍贵的。

2. 从常设民意平台到科学分析网络民意：决策者须主动发挥"民间智库"的作用

要科学而有效地发挥"民间智库"服务公共政策的功能，一方面，政府应改变时开时关的观念和做法，从"唤醒"政策问题、提出政策建议到评估政策效果，网络民意从来不应存在"需"与"不需"之时的划分，它应伴随着公共政策过程的始终；另一方面，对网络民意应进行科学分析，厘清网民的真实意见和科学建议，辅之以调研、座谈等手段。

政府主动搭建公共政策的民意平台，并使之成为常设平台，将分散的民意和民智汇集入"库"。虽然跟帖、公共论坛等都是网民发表意见的平台，但分散的平台不利于意见的有效聚合。政府机构作为决策主体，其网站设立网民意见平台，有利于将分散的民意和民智汇集于此，其聚合与扩散效应更为显著。同时，政府机构广泛搜集分散于各类空间的民意和民智表达，汇集于政府搭建的平台，进一步吸引网民意见和建议的聚合，使之成为真正的汇集民意和民智的信息库。

网络民意可采用数据挖掘技术及人工智能技术进行统计挖掘预测③，对网络民意进行数据化分析，以增强其价值效用。政府机构加强对网络民意的监测和分析，其着重点主要集中在这样几个方面：①社会问题的提出

---

① 〔美〕托马斯·R. 戴伊：《自上而下的政策制定》，鞠方安等译，中国人民大学出版社，2002，第210页。
② 〔美〕托马斯·R. 戴伊：《自上而下的政策制定》，鞠方安等译，中国人民大学出版社，2002，第212页。
③ 黎旺星、钟秀红、王会：《科学收集网络民意的探讨》，《电子政务》2010年第5期。

及评论数量;②各个环节的意见倾向分布状况;③意见倾向的依据;④政策建议的分类及科学性;⑤意见和建议提出者的身份,分析其意见的代表性,尤其要注意分析意见领袖的意见和建议。通过对这些要素及数据的分析,找准政策问题,梳理网络民意及民智,为政策制定和完善服务。

原载《现代传播》2012年第11期

科学主导型公共政策的公众参与：
逻辑、表征与机制

摘要：公众参与是确保公共政策科学性和权威性的基石，但对于不同类型的公共政策，公众参与决策的空间和方式也各有不同。科学主导型公共政策是一类指涉相关专业领域的公共政策，其决策过程依靠大量专业知识的吸纳与运用，科学性乃其核心诉求。在科学主导型公共政策的制定中，政府官员和官方智库专家构成决策主体，而公众中的一部分个体因具备相关领域的专业知识可以获得参与决策的话语空间，其意见和建议的专业性及普通公众价值诉求的多样性能够促进决策的科学性，凸显公众参与的必要性。本文揭示了公众参与科学主导型公共政策的逻辑、表征与机制，并以《核安全法》为例，深入分析了公众参与政策过程的实现路径。对于科学主导型公共政策而言，公众参与以公共利益为内在动力，以知识赋权为实践逻辑，以网络民意为表征形式，以辅助参与为行动机制，从而保障决策的科学性。

关键词：网络民意　公众参与　公共决策

民意是公共政策权威性的基石，民智是增强公共政策科学性的有力补充。自党的十五大以来，党的历次代表大会都强调要形成深入了解民情、充分反映民意、广泛集中民智的决策机制，推进决策科学化、民主化。党的十八届四中全会进一步提出，把公众参与、专家论证、风险评估、合法性审查、集体讨论决定确定为重大行政决策法定程序。然而，公共政策面向不同领域，具有不同类型，因此公众参与政策的空间和方式也有很大的差异。

关于公共政策的类型，有学者以公众接受度要求和专业技术性要求为基准维度，将公共政策分为自主决策型、价值主导型、科学（理性）主导型（本文统称科学主导型）和多元平衡型等四种类型。其中，自主决策型聚焦于政府体制内关系、利益调整等问题，如政府机构调整、体制改革、编制变动、管理制度的变化等；价值主导型聚焦于公众关注度极高、专业技术要求较低的公共问题，如城市停车管理、物业管理、养犬管理等；科学主导型聚焦于较为专业的领域，其内容具有强烈的专业色彩和科学属性，如能源、环境、通信、科技、知识产权等；多元平衡型聚焦于既契合公众关注热点，又涉及专业技术知识的公共问题，如个人所得税起征点的调整、核电站选址、磁悬浮列车专线的修建、垃圾焚烧项目选址等。[1]

近年来，学界已从多面向、多层次对公众参与公共政策问题进行了研究，然而，这些研究多是笼统地将公共政策视为价值主导型这一种类型，只是强调公共政策是对社会价值的权威性分配和公众的参与权利及能力，忽视了对不同类型公共政策中公众参与的空间、机制和方式等问题的差异化考察。特别是关于科学主导型公共政策的制定，有些学者认为："此类政策涉及专业领域，强调官员与专家在其中发挥作用。公众因专业知识匮乏而缺少参与的激情与能力。"[2] 正是基于这种认识，学界对科学主导型公共政策的公众参与问题研究较少。

本文重点关注科学主导型公共政策制定中的公众参与问题，主要探讨在科学主导型公共政策的制定过程中，是否存在公众参与的空间，公众参与的动因是什么，表征方式怎样，行动机制如何。厘清这些问题对于保障该类政策制定的科学性和民主性具有重要价值。

---

[1] 朱伟：《政策制定过程中官员、专家、公众的互动模式——基于政策"类型—过程"理论框架的分析》，《南京工业大学学报》（社会科学版）2013 年第 9 期。

[2] 朱伟：《民意、知识与权力——政策制定过程中公众、专家与政府的互动模式研究》，南京大学出版社，2014，第 174 页。

一 公共利益与知识赋权：公众参与科学主导型公共政策的逻辑

科学主导型公共政策制定过程中，政府官员和官方智库组成决策主体，支配决策过程；而受过良好教育、具备一定科学理论和专业技术知识的"库外专家"虽未能进入官方智库，但出于对公共利益的维护和追求，加之其拥有的专业知识作为文化资本为参与政策讨论赋权，使得他们获得政策讨论的话语空间，通过表达专业意见和建议为科学主导型公共政策的制定提供"场外援助"，推动政策科学性目标的实现。

（一）科学性：科学主导型公共政策的核心诉求

科学主导型公共政策一般涉及较为广泛的专业领域，决策问题主要由专业技术及专业标准所规定。在现实的政策实践中，相关的产业政策或行业政策均属于科学主导型公共政策，如《核安全法》《知识产权认证管理办法》《三网融合实施方案》《京津冀一体化可再生能源消纳实施方案》《交通运输信息化标准体系（2019年）》等。

科学性是科学主导型公共政策的核心诉求，意指通过决策主体的科学考察和专业论证，借助大量科学理论和专业技术知识对政策方案进行规划与设计，以保证政策方案遵循科学规律、契合专业标准、符合理性要求。科学性的核心诉求决定了此类政策的制定必须遵循专业优先的原则，以科学理性为先导，由政府官员主导，在官方智库中选择、邀请部分行业专家进入决策平台，充分发挥专家学者的学科优势，广泛收集政策信息和理性知识，审慎提出政策规划，精心论证政策方案。

（二）公共利益：公众参与科学主导型公共政策的内生动力

公共利益是一种真实的利益，它所反映的是在多元社会的治理过程中，政府与利益相关者在利益和利益分配问题上所达成的共识。① 对公共利益的维护和追求是公众参与科学主导型公共政策的内生动力。

虽然科学主导型公共政策面向专业领域，指涉的内容普遍带有强烈的

---

① 张成福、李丹婷：《公共利益与公共治理》，《中国人民大学学报》2012年第2期。

专业属性，但政策的实施会对公众的生产生活产生一定的影响。例如，《核安全法》规定了核安全管理的基本制度，为安全使用核能、避免核材料泄漏、核废料污染等提供了法律层面的顶层设计，既关系到国家层面的核安全，也关系到社会层面公众生产生活的核安全；《中国制造2025》提出实现制造强国的战略目标，加快实现中国由工业大国向工业强国的转变，既关系到国力强盛，也关系到人民生活水平的提高。虽然部分普通公众因相关科学知识储备不足而无力参与政策讨论，但事实上，科学主导型公共政策与每个人都直接或间接相关，既关系着个人利益，又关系着公共利益。正是这种与政策紧密关联的公共利益，直接推动了公众对科学主导型公共政策的关注，成为公众参与此类公共决策的内生动力。

（三）知识赋权：公众参与科学主导型公共政策的实践逻辑

首先，决策主体的"有限理性"为公众参与提供了空间。面对公共管理对象的日益复杂化，一些涉及专业领域的公共政策对科学理性的要求日益增强，政府的"有限理性"逐渐显露，具体表现为政府专业技术知识的不完备性和信息的不完全性。而与政府的"有限理性"一样，官方智库也具有一定的知识局限。这种局限就智库里的专家个体而言，源于专家学科旨趣差异而引起的知识结构单一；就专家智库群体而言，可能存在专家结构层次相对单薄、专家规模不尽完整的问题。"对于某一具体问题，如果参与论证的专家知识背景过于单一、结构失衡，专家意见就可能失去其合理性。"[①] 另外，在政策实践中，政府在进行官方智库的人员选拔时忽略或故意拒绝某些方面专家的参与，导致官方智库中缺乏某些相关领域的专家或持与政府官员明显不同意见的专家，致使官方智库知识结构与利益结构失衡，造成官方智库的知识局限与理性缺损，限制了专家智库科学理性能力的有效发挥，从而对决策的科学性造成威胁，但这也同时为公众的政策参与提供了空间。

其次，专业知识为公众参与赋权，并为公众参与提供文化资本，这使"民间智库"的专业性和多样性意见得以表达并发挥作用。"民间智库"，

---

① 胡肖华、龙亮：《行政决策专家论证制度的反思与重构》，《吉首大学学报》（社会科学版）2017年第9期。

是相对于官方智库或半官方智库以及高校智库而言的[①]，在本文中指的是由身处各地、各行各业的，具备相关领域专业知识的网民构成的"组合体"。"民间智库"能够输出专业性、多样性的网民意见。事实上，在官方智库外，活跃着一批民间专家，他们擅长于某一学科领域，具备相关的理论与技术知识，但又未被政府选拔或邀请到官方专家智库中。这些散布在各地的、有着不同学科背景的"库外专家"，因其专业背景而对相关的科学主导型公共政策有着强烈的兴趣、专业的经验和较高的热情。专业知识的储备为"民间智库"提供了充足的文化资本，同时为其进行政策参与赋权。在互联网通信技术的助力下，这些"库外专家"往往通过微博、微信、网络论坛、QQ群等表达自己的专业意见，参与决策过程并施加自己的影响，从而维护政策的科学性。

二 专业性与多样性：网络民意形塑公众参与的表征形式

在互联网上，"民间智库"的组成范围较为广泛，组成形式较为开放。"库外专家"基于不同学科、不同角度的多样而丰富的专业意见或通过官方指定的网络渠道（如意见征集平台、电子邮件等）上传至决策平台，或被政府官员通过舆情工具所收集，并被决策主体关注、分析、选择和采纳，由此保障科学主导型公共政策的科学性；同时，不可忽视的是，还有一部分公众虽然缺乏必要的专业知识，但通过表达价值偏好和情感诉求对决策施加影响，他们也理应是"民间智库"的一部分。"民间智库"通过互联网，以网络民意"封装"民间智慧、表征公众参与。而"多样性胜过专业能力"[②]，网络民意因其来源和视角的多样性、差异性和专业性而尤显珍贵。

（一）现实民意的网络映射：网络民意的含义

学界对民意的界定，大致有"公意"和"众意"两种内涵，但总体

---

① 金家厚：《民间智库发展：现状、逻辑与机制》，《行政论坛》2014年第1期。
② 〔美〕贝丝·西蒙·诺维克：《维基政府：运用互联网技术提高政府管理能力》，李忠军等译，新华出版社，2010，第13~14页。

来说，相关学者更倾向将其视为"公意"，即社会的主导意见、民众意愿表达的总趋势。如"民意是人民意识、精神、愿望和意志的总和，是社会的主导意见"①，是"社会上大多数成员对于其相关的公共对象或现象所持有的大体相近的意见、情感和行为倾向的总称"②，其"主体是社会大众，客体是社会问题或现象，形式特征是数量上的多数一致性和时间上的持续性"③。上述观点倾向于将民意定义为"多数人的意见"，个人或少数人的意见则被排除在外。然而，"多数人的意见"显然不能解释现实社会的意见多样性，将民意界定为"多数人的意见"只能算是一种狭义的民意。

而有的学者则将个体或特殊群体的不同意见考虑在内，认为："同一个社会中，民意并非一定是同质的、有共同取向的而应该是包容多元、容许冲突的。"④ "民意是公众对于自己、周遭生活环境、社区事务与更大范围内的公共空间中相关事物的知识、态度、行为预想的公开化与交流后形成的公众意见状况。"⑤ 这个定义体现了民意的多层次、全方位、公开化表达的特征，既尊重个人的不同意见，也强调扩大社会共识，是一种广义的民意。

本文所使用的"网络民意"指的是广义的民意，即不但包括多数网民的意见，而且包括少数网民的意见，意指公众依托互联网技术，通过网络与新媒体平台，针对社会热点事件或公共问题自由发表意见和建议，表达诉求和愿望，是现实生活中公众态度和意见在网络上的综合反映。

（二）专业意见与情感诉求：网络民意表征公众参与

表征（representation）的含义是"代表"、"再现"或"替代"，但表征绝不是简单地复制世界，它涉及对意义的生产。⑥ 如前所述，"民间智库"是科学主导型公共政策公众参与的主体，其结构包括各路"库外专

---

① 刘建明：《穿越舆论隧道：社会力学的若干定律》，中共中央党校出版社，2000，第170页。
② 喻国明：《解构民意：一个舆论学者的实证研究》，华夏出版社，2001，第9页。
③ 张淑华：《网络民意与公共决策：权利和权力的对话》，复旦大学出版社，2010，第36页。
④ 侯学勇：《传媒控制下的民意多元与失真及其对司法的影响》，《法律方法》2013年第2期。
⑤ 单之卉：《民意何来，民意何去——点击民意研究关键话题》，《数据》2006年第9期。
⑥ 赵毅衡：《"表征"还是"再现"？一个不能再"姑且"下去的重要概念区分》，《国际新闻界》2017年第8期。

家"和部分具备公共精神的普通公众。互联网是"民间智库"参与政策过程的主要场域,通过网络表达和观点汇流,网络民意逐渐浮现,其中既有丰富的专业意见,又有多样的情感诉求。这些多来源、多视角的专业意见和情感诉求凝结了"民间智库"的思想智慧,助力着决策科学性的实现。可见,网络民意是公众参与科学主导型公共政策的具体表征。

首先,"库外专家"通过表达专业意见实现公众参与,公共为决策的科学性提供智力支持。在科学主导型公共政策的公共场域中,"库外专家"频繁穿梭于论坛、贴吧等网络公共平台或QQ群、微信群等网络社群,他们当中有科学家、工程师、律师、医生、教师等,他们来自不同学科领域、具备相关专业技术知识,且对政策参与有着较高热情。各路专家一方面通过观点的交流交锋促进技术互补从而得出更为科学的专业意见;另一方面通过网络与决策主体进行理性沟通(如在官方意见征集平台发表意见),从而保障政策决策的科学性。

其次,部分普通公众通过表达多样情感诉求实现公众参与,为决策的科学性提供价值参考。"库外专家"参与政策讨论通过网络公共论坛以开放的形式进行,利用新媒体工具以网帖、评论等方式予以呈现,并通过网友的转发引起更大范围的关注与讨论,继而通过互联网呈现出更多来源、更广视角的价值判断和情感诉求。和专业意见、建议一样,多样化的情感诉求也是网络民意的重要内容。"公众心理的认同和主观幸福感同样是公共利益的重要组成部分。"[①] 多样化的情感诉求有利于理性、真实民意的形成,从而为决策的科学性和公共性提供价值参考。

三 围观讨论与理性交换:辅助参与建构 公众参与的行动机制

"库外专家"对政策问题的敏锐洞察和意见表达提升了政策议题的网络关注度,使政策议题受到更多普通公众的凝视与讨论。"民间智库"以围

---

① 王锡锌、章永乐:《我国行政决策模式之转型——从管理主义模式到参与式治理模式》,《法商研究》2010年第5期。

观讨论和理性交换的形式，辅助参与科学主导型公共政策的决策过程。

（一）关注讨论：政策议程设置阶段的间接推动

在目前的政策实践中，科学主导型公共政策议题一般由政府和官方智库动议。但无论是否进入官方智库，相关专家往往都会立足学科角度，以相关课题研究为支撑，通过考察与调研发现一些专业性较强的社会问题，并努力推动其进入政策议程，促进问题的解决。这些专业意见、建议的上传一般有两种方式：一是常规途径，即通过向政府部门递交报告、人大议案或政协提案、参加官方智库会议等路径予以上传；二是网络途径，即通过网络平台，使用通俗易懂的表达方式，将关系到公众生产生活的专业议题（如核安全、深海能源勘探）的网文展示在贴吧、微信公众号、微博等互联网平台上，通过网民的阅读、点赞、评论和转发引发关注，从而推动意见上传。网络途径与常规途径不同的是，即使是专业性较强的社会问题，一旦在互联网上受到关注就可能迅速发酵，首先在专家之间进行讨论或争辩，然后扩展到社会公众之中。一旦公众找到专业性问题与个人利益的相关性，便会积极关注并迅速扩散相关话题，使之成为"万众瞩目"的公共问题。在此过程中，部分意见完成了聚合，形成了优势意见；没有形成聚合的意见继续着彼此的辩论和交锋，不断加深着公众对科学主导型公共政策议题的认知和判断。这种广泛的社会关注不断积累着社会资本，这对于决策者而言，无疑是一种压力，一旦时机成熟，这些问题就可能成为政策问题，进入政策议程。

（二）智力支持：政策规划与设计阶段的理性互补与建言献计

政府官员和官方智库在科学主导型公共政策的规划与设计阶段仍起主导作用。政策方案的科学性诉求要求在政策规划和设计阶段引入理性交往机制，这个机制包含两个方面："库外专家"之间的互动交往，"民间智库"与决策主体之间的互动交往（见图1）。

"库外专家"之间的互动交往表现为理性互补。"库外专家"库中聚集了大量"不同领域的技术专家，（他们）具有不同的技术优势，互动过程带来了技术互补，而且通过技术集成能够产生技术创新"。[①] 这些专家

---

① 朱德米：《公共政策制定与公民参与研究》，同济大学出版社，2014，第50页。

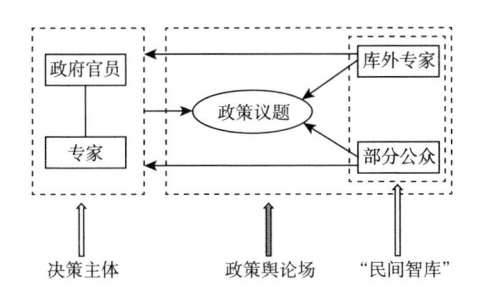

图 1　科学主导型公共政策制定中的理性交往

的专业性、多样性的意见并不是以一种静止的、散点化的形态存在的，而是持续地在网络公共平台中进行交流、讨论和对话，以此进行信息交换、技术互补，"信息的交锋和综合，解决了个人认知的有限理性"[①]，最终引起理性优势意见的浮现，并通过一定的方式（如网络撰文、转载、转发等）展现于网络公共平台或上传至决策机构内部，进而受到公众和决策主体的关注。

"民间智库"与决策主体的互动交往表现为建言献计与民意上传。科学意见的充分表达和政策方案的科学设计是公共利益的重要保障因素。在科学主导型公共政策规划与设计阶段，"民间智库"通过官方提供的渠道（如电子信箱、政策意见征询系统等）或利用其他网络技术工具（如网络论坛、微博等）上传专业意见及情感诉求，以网络民意的形式为政策方案的规划与设计建言献计，提供民智支持，由此实现"民间智库"与决策主体之间的交往与交互，从而完善政府动议，进行辅助参与。

（三）公众围观：决策过程的监督限权

公共选择理论认为，政治行为中的政府官员同样适用于"经济人"假设，其行为的出发点有可能是官僚机构和官僚自身的利益。[②] 另外，官方智库中的专家既有可能为利益集团所雇用，成为在知识论意义上"俘获管制者"的工具；也有可能被政府所雇用，提供"政府定制的专家意

---

① 陈家刚：《协商与协商民主》，中央文献出版社，2015，第 9~10 页。
② 胡肖华、龙亮：《行政决策专家论证制度的反思与重构》，《吉首大学学报》（社会科学版）2017 年第 9 期。

见",成为"论证"政府所欲求的决策方案的工具。① 所以,"民间智库"除了通过网络民意为政策决策提供民智之外,还对决策主体的行为及决策程序进行监督。

"民间智库"具备通过网络监督限权的资本和能力。"民间智库"中汇聚了身处各地、各行各业的大量"库外专家"及热心公众,他们有专业能力、公共精神及消息渠道,一方面对官方智库专家的组成、行为及其观点进行监督和检验,另一方面时刻保持应激反应,对不合理的官方智库结构及其行为,以及违反科学性的观点和方案及时发声、传播与扩散,引发普通公众的网络围观和转发评论,试图通过网络民意表达引起决策主体的关注和响应,促使其对相关问题进行纠偏和完善。

四 《核安全法》制定中的网络民意表达:公众参与的实现路径

核安全法于2013年被纳入第十二届全国人大常委会立法规划,其起草工作由全国人大环境与资源保护委员会牵头,联合国务院国防科技工业主管部门、生态环境部等各相关政府部门和官方智库进行。该部法律重点涵盖核设施安全、核材料和放射性废物安全、核事故应急等专业内容,它的制定需要大量核物理、核工程、核技术、辐射防护、环保、地质等专业科学知识,属于典型的科学主导型公共政策。从2013年纳入立法规划至2018年正式实施,在《核安全法》制定过程中,"民间智库"以政策的科学性为出发点,以互联网为行动场域,通过网络民意表达来"助攻"议程设置,"助力"政策规划与设计,"助推"决策过程公开、促进政策的后期完善,较好地实现了科学主导型公共政策的公众参与。

(一)助攻:网络民意促进"核安全"政策议题的适时浮现

发展核事业的首要条件是保障安全,而保障核安全必须在法律层面予以规范。政府以全局眼光,站在能源可持续发展的战略高度,结合官方智

---

① 王锡锌:《公共决策中的大众、专家与政府——以中国价格决策听证制度为个案的研究视角》,《中外法学》2006年第4期。

库专家的建议,将核安全法立法工作列入议程。显然,官方智库是核安全法进入议程的"主攻手"。

在公众层面,部分国家和地区核安全事故的发生以及由此带来的严重后果,使核安全议题进入公众视野,特别是 2011 年 3 月日本福岛核泄漏事故以来,公众对核安全的忧虑日益加剧,对核能利用的探讨热情也随之高涨。具备核能专业知识的"库外专家"和具备较强公共精神的普通公众在论坛、贴吧、微博、微信等新媒体平台撰文发表专业意见,并通过跟帖、转发、分享等手段实现信息的扩散,引发公众讨论。例如,天涯论坛的网帖《时事聚焦·日本福岛核电站事故爆炸原因》①对福岛核电站事故的原因进行了详细的分析,点击量 70 多万次,评论近 2000 条。相关网帖及讨论在一定程度上为公众普及了核能知识,促进了专业知识的互补和交流,同时也进一步表达了公众对核能开发安全性的忧虑。网络民意就此浮现:核电到底安不安全,如何预防和应对核事故,如何保障公众对核电建设项目充分知情,是否应该通过立法对核安全问题进行规范,等等。网络民意成为核安全法进入立法议程的"助攻手"。

(二)助力:网络民意参与核安全法方案的科学设计

核安全法的规划过程中,由政府官员和官方智库组成的决策主体分赴多个省份调研,同时组织有关科研单位、企业等召开座谈会和研讨会,研究相关的专业问题和法律问题,并开展了立法项目论证工作,形成了《中华人民共和国核安全法(草案)》。草案公布后,全国人大常委会分别于 2016 年 11 月 14 日至 2016 年 12 月 13 日,2017 年 5 月 16 日至 2017 年 6 月 14 日,两次在中国人大网公开征集各方面意见,共征集到各类意见和建议 3000 余条。这些意见和建议构成了网络民意,为核安全法相关条款的完善送去了"民智",从而助力核安全法方案的科学设计。

除了官方指定的意见征集平台外,相关新媒体平台上也出现了一些有关《中华人民共和国核安全法(草案)》的专业意见,内容涵盖核安全的方针原则、核设施营运单位资质要求、核设施的安全保卫、核废物的无

---

① 《日本福岛核电站事故爆炸原因》,天涯论坛,http://bbs.tianya.cn/m/post-worldlook-327406-1.shtml。

害处理、核材料的安全运输、核安全信息公开等，这些专业意见进一步保障了《中华人民共和国核安全法（草案）》的科学性，对其中相关条款的补充、完善及最终法律版本的出台，起到了重要的推动作用。例如，网帖《对全国人大〈核安全法（草案）〉征求意见稿的几点建议》指出，草案中缺少核事故赔偿的条款，容易造成不出事故企业自己赚钱，出了事故就推给政府的后果；草案中没有对核电站的选址问题做出规定，可能会导致核电企业任意选址，从而给国家安全增加风险。[①] 在2017年9月1日全国人大审议通过的《核安全法》中，增加了"核设施营运单位应当通过投保责任保险、参加互助机制等方式，做出适当的财务保证安排，确保能够及时、有效履行核损害赔偿责任"的规定，并增加了对核设施的选址及其要求的相关条款，细化了项目选址的决策程序。

（三）助推：网络民意敦促核安全法决策的公开及方案的后续完善

"民间智库"持续对核安全法决策过程保持凝视状态，关注决策的进展情况，表达专业意见和情感诉求。例如，网帖《对全国人大〈核安全法（草案）〉征求意见稿的几点建议》建议官方智库应"由法学专家、地质、地震、国土规划、运输、水利电力、核工业、农业、海洋、保险业、公安消防、军队、防恐、卫生防疫、医学、心理、应急救灾等专家组成"，以此最大限度地保证政策制定的科学性。而为了回应公众诉求，及时公布决策信息，决策主体在中国人大网开辟"核安全法立法"专题首页，设置"最新动态""常委会审议""图片报道"等栏目，对《核安全法》的审议及制定过程进行相关报道。虽然没有对官方智库组成、相关会议纪要等进行完整披露，但从一定程度上公开了《核安全法》的制定过程，回应了部分网络民意。

《核安全法》于2018年1月1日实施后，"民间智库"仍持续关注，并为政策的进一步完善建言献策。如2018年3月12日，网民王枫发表网文《日本福岛核事故七周年反思：中国〈核安全法〉关键责任缺失问题需引起重视》，指出该部法律中"核设施营运单位安全责任虚化、国务院

[①] 《对全国人大〈核安全法（草案）〉征求意见稿的几点建议》，天涯论坛，http：//bbs.tianya.cn/post-no110-15588727-1.shtml。

核安全监督管理部门责任弱化、国家层面核能主管部门的领导责任缺失",提出"我国《核安全法》必须遵循党依法治国的基本原则,围绕政府与企业之间多个责任主体,严格界定权责,清晰界定各个责任主体的法律责任"等建议。①

五 思考与启示:公众参与科学主导型公共政策的保障及拓展

由上观之,决策主体对网络民意的积极回应和对网络民意参与决策广度与深度的支持,对于公众参与科学主导型公共政策的可持续性有着重要意义。

(一)诚意的在场:决策主体对网络民意的积极回应

交往实践是网络民意与决策主体互动的实质,而反馈机制则是交往实践的重要保障和内在要求。在公众参与科学主导型公共政策的过程中,网络民意期待得到决策主体的回应。例如,天涯论坛网帖《对全国人大〈核安全法(草案)〉征求意见稿的几点建议》,就草案第十三条"国家加强对核设施、核材料的安全保卫工作"提出了"对核电站的保卫,必须有军队和国家安全部门参加"的建议。审议通过的《核安全法》中,增加了"防范和应对核恐怖主义威胁"的条款,强化对核设施和核材料的安全保卫。虽然无法考证政府是否因为网民的意见而修改和完善了相关条款,但至少这种修改在事实上与网民的意见一致,在客观上起到了回应网络民意的作用,"当公民发现他们的意见与建议被国家(政府)所接受,他们就与国家(政府)有着共同的价值背景,从而增强了他们对国家(政府)的信心,参与政治的意愿会更强烈"。②

决策主体与"民间智库"之间的双向互动既是科学主导型公共政策科学性诉求实现的保证,又是建立政府与公众信任关系的重要手段。在科

---

① 王枫:《日本福岛核事故七周年反思:中国〈核安全法〉关键责任缺失问题需引起重视》,和讯网,2018年3月12日,http://news.hexun.com/2018-03-12/192608491.html。
② 李建华:《公共政策程序正义及其价值》,《中国社会科学》2009年第1期。

学主导型公共政策制定过程中，应该发展政府与"民间智库"之间的双向协商、沟通机制，促使政府成为一个负责、透明、回应、民主的组织。① 具体而言，就是要求决策主体摒弃将公众当作"无知暴民"的偏见，积极回应"民间智库"的专业意见和价值诉求（即网络民意），并通过互联网将相关反馈意见展示出来，形成一种"可见的理性交往实践"。

（二）空间的拓展：网络民意参与广度与深度的探索

在科学主导型公共政策制定中，官方智库一般由政府官员在体制内"封闭"选拔而组建，官方智库与政府官员共同组成决策团队开展政策论证工作，进行政策规划与设计，继而形成政策草案，再通过网络对草案进行意见征集，最后实现政策的出台。可见，在政策实践中，政策草案的形成是"民间智库"及网络民意介入决策过程的一个关键节点：在草案形成之前，决策主体完全支配政策方案的规划设计；草案形成之后，决策主体将已结构化的政策方案（草案）通过互联网公开，以征询意见的方式获取公众对该政策方案的评价，形成一种"内输入"的决策模式和"告知—评价"的决策实践，这种决策实践显然不能充分发挥出公众参与的价值，"民间智库"参与的空间亟待进一步拓展。

首先，应拓展网络民意参与的广度，其核心是在决策过程中鼓励更为广泛和全面的理性讨论，即通过体制机制改革，激发更广范围、更多层次"库外专家"的踊跃参与及意见表达，促进多元专业意见的碰撞。决策主体应建立保障民意充分表达的制度，鼓励更广泛的网络民意表达，支持多样意见和异质诉求的形成。"以网民意见的丰富性扩大决策者认识问题的视野，以网民建议的科学性扩充公共政策的官方智库"②，以此提高科学主导型公共政策的科学性。

其次，应增加网络民意参与的深度，其核心是建立决策合作机制，即利用基于互联网的社会化网络，建立一种开放的外部参与机制，鼓励"民间智库"之间、"民间智库"与政府之间在政策过程各阶段和各环节

---

① 〔美〕约翰·托马斯：《公共决策中的公民参与》，孙柏瑛等译，中国人民大学出版社，2014，第1页。
② 何志武、宋炫霖：《话语赋权与资本博弈：公共政策场域的网络民粹主义》，《当代传播》2017年第3期。

分工合作，协同参与科学主导型公共政策的决策过程，使得"民间智库"和政府之间不只有协商，还有合作，不只有谈话，还有行动，从而将散点化、原子化的网络民意表达"联结"为集约化、模块化的网络公众参与，以此增加网络民意参与的深度，促进政府与"民间智库"之间的信任与决策协同，在保障科学主导型公共政策科学性的同时，最大限度地提高决策效率。

原载《华中师范大学学报》（人文社会科学版）2020年第4期

合作者：吕永峰（博士生）

聚散之间：网络民意的表达路径与收集机制研究

——基于政策议程设置的视角

摘要：网络民意影响政策议程和政策内容已成社会共识，而如何收集网络民意，让公共政策更充分地体现最广泛的民意则是亟待研究的问题。网络民意表达具有集聚和分散的双重特点：在政府动议的政策议程模式中，网络民意表达呈现出定向集聚的态势，短时间内集中于特定的网络平台之上；在公众动议的政策议程模式中，网络民意表达呈现出分散性和碎片化的特点，无固定的平台和时间点。与之相对应，网络民意收集可以从两个维度展开：一方面政府可主动设置网络平台，吸引网民通过制度性渠道集中反馈，这样可以方便、快捷、有针对性地收集网络民意；另一方面借助大数据技术进行全网式的广泛搜索，可以在全样本数据基础上展现民意全景。只有基于充分的民意收集和统计，才能实现准确的民意分析。

关键词：政策议程　网络民意表达　网络民意收集

一　问题的提出

听民意、汇民智已成为各级政府制定公共政策的重要依据，民意表达的路径和方式就成为一个重要的研究课题。随着媒介技术的发展，互联网成为新时代民意表达的主要渠道和平台,民意表达的方式也随之发生了根本变化。这种借助互联网表达的民意,被称为网络民意。网络民意作为一个集合概念,反映的是公众对于某一事件或社会问题的意见和态度,它不是单个网民的意见,也不是个体意见的简单相加,而是不同意见"在人数、强度和稳定性方面的比率"[1]。

决策者要利用和吸纳网络民意,其前置环节是对网络民意进行全面科学的分析,而分析的前提和基础则是对网络民意进行收集,只有收集到足够充分和翔实的民意信息,才能对其进行筛选和分析。与传统的民意表达方式不同,网络民意表达呈现出多样化和易变性,时而众声喧哗、沸沸扬扬,时而星飞云散、匿影藏形。而网络平台又是无处不在、没有边界的,网民的任何意见可能出现在任何一个或多个知名或不知名的网络空间。由此,就出现了分散且多变的网络民意能否完全收集、如何科学收集的问题。本文拟从政策议程设置的视角,结合网络民意表达的特点,探讨网络民意收集的机制。

二 政策议程中的网络民意表达:集中反馈与分散言说

詹姆斯·E.安德森在《公共决策》一书中指出,"在人们向政府提出的成千上万的要求中,只有其中的一小部分得到了公共决策者的密切关注","那些被决策者感到必须对之采取行动的要求构成了政策议程"[2]。我们可以将政策议程理解为决策者认为某些至关重要的问题到了非解决不可的程度,有了制订相关政策的计划。对于政策议程设置,政策科学研究者给出了总方向,即社会问题如何转化为政策问题。[3] "政策议程创建就是在多元利益相关者互动的基础上,公共权威(特别是执政党与政府)通过一定的选择与过滤机制确定社会问题的轻重缓急,并将其提上政府议事日程、纳入决策领域的过程。"[4]

---

[1] 何志武:《网络民意与公共政策的"民间智库"》,《现代传播》2012年第11期。
[2] 〔美〕詹姆斯·E.安德森:《公共决策》,唐亮译,华夏出版社,1990,第69页。
[3] 魏淑艳、孙峰:《多源流理论视阈下网络社会政策议程设置现代化——以出租车改革为例》,《公共管理学报》2016年第2期。
[4] 刘伟:《当代中国政策议程创建模式嬗变分析》,《公共管理学报》2008年第3期。

1972年，麦库姆斯和肖提出了议程设置理论，认为大众传播具有形成社会"议事日程"的功能，传播媒介以赋予各种议题不同程度"显著性"的方式，影响着公众瞩目的焦点和对社会环境的认知。① 议程设置理论很快发展成为大众传播效果研究的重要理论之一。Dearing 和 Rogers 在传统议程设置理论基础上做了扩展，将"媒体议程"（The Media Agenda）、"公众议程"（The Public Agenda）、"政策议程"（The Policy Agenda）纳入"议程设置过程"这一统一的框架中进行研究。② 媒体议程是指大众媒体频繁报道和讨论的事项，公众议程则是社会公众广泛关注的议题。

香港中文大学教授王绍光依据议程提出者的身份和民众参与程度的不同，区分了六种政策议程设置模式：关门模式、动员模式、内参模式、借力模式、上书模式、外压模式。关门模式、内参模式和上书模式中都没有公众参与，议程提出者分别是决策者、政府智囊团和具有一定社会地位及话语权的个人或小团体；借力模式中，政府智囊团希望与公众联手，借助舆论的压力来扫除决策者接受自己建议的障碍；动员模式中，议程虽是由决策者提出，但决策者会设法争取公众对该议程的支持，即先有政策议程，后有公众议程；外压模式中，议程发展的动力来自体制之外，更注重诉诸舆论、争取民意支持，从而对决策者形成强大的压力，迫使其改变已有议程，接受新的议程。③ 上述六种模式的划分较为全面地概括了中国政策议程形成的过程和类型。

随着社会政治生活的发展，政策议程设置越来越强调公众参与，传统的政策议程设置模式也发生了变化，网络民意成为影响政策议程设置的重要力量。托马斯·R.戴伊认为，在美国的政治生活中，存在两种政策议程设置模式，即自上而下的精英驱动型和自下而上的大众驱动型。④ 新媒体时代，我国政治生活中占主导地位的政策议程设置模式也可以概括为两

---

① M. E. McCombs, & D. L. Shaw, "The Agenda-Setting Function of Mass Media," *Public Opinion Quarterly*, 1972, pp.176-187.
② James W. Dearing, Everett M. Rogers, *Agenda-Setting*, Sage Pubications, Inc., 1996, pp.5-6.
③ 王绍光：《中国公共政策议程设置的模式》，《中国社会科学》2006 年第 5 期。
④ 〔美〕托马斯·R.戴伊：《理解公共政策》第 12 版，谢明译，中国人民大学出版社，2011，第 36 页。

种：由政府动议的自上而下的"动员模式"和由社会公众动议的自下而上的"外压模式"。当然,网络民意的出现也赋予了动员模式和外压模式新的内涵和表现形式。在上述两种模式中,网络民意表达的路径和方式也呈现出较大差异。

(一) 基于动员模式的网络民意表达：自主式的集中反馈

动员模式通常是由政府主动发起议程。在确定一项政策议程后,政府会借助媒体来进行宣传报道,试图通过媒体议程来影响公众议程,同时决策者也会通过各种体制性渠道和方式来传达政令,动员民众参与其中。"政府通过媒介公布政策动议吸引公众参与,不仅使政府决策获得了充分的民意基础,而且公众通过媒介建言献策又使决策过程得到了'民智'支持。"① 政府之所以想吸引公众参与政策议程,是出于政策合法化的需要。"政策合法化不仅要求政策制定主体、政策出台程序以及公共政策内容合乎法律规定,同时也要求将公共政策实施的过程内化为政策主客体的自觉行动,即获取社会的普遍认同。"② 政府决策获得社会认同的关键是要将公众参与纳入政策制定过程,从而将决策过程演绎为"自主式的公共意志表达活动",让社会公众在多元利益群体的互动协商中达成共识（见图1）。

图1　基于动员模式的网络民意表达

这种自主式的公共意志表达活动实质上是社会公众针对公共政策进行的有目的的主动反馈。民意表达的动力在于对政策议程的价值判断,包括对政策方案的意见和建议、对政策制定程序规范与否的评价。政策议程的

---

① 何志武：《网络民意与公共政策的"民间智库"》,《现代传播》2012年第11期。
② 张则行、陶庆：《论法治政府的价值内核渗透与实践机制重建——以公共政策过程为观察领域》,《广东行政学院学报》2016年第1期。

发布意味着政府将着手解决某一公共问题，无论是政府主动提出政策动议还是回应公众诉求而制定政策，公众都会表达对政策议程的期待、意见和建议。由于已有政策议程作为先导，公众的意见主要集中于政策内容是否公平和科学、政策程序是否规范和公正。虽然其中不乏站在自身立场考量政策内容与个人和群体利益的一致性的人，但其也必然以公共利益的面目实现意见的表达。网络民意的表达意在影响政策内容。若是政策议程尚处于政府提出动议征集民意阶段，民意表达的目标在于意见和建议能影响到即将出台的政策，最好能体现在政策方案之中；若是政策方案已定，人们则更关注政策是否满足了自身的利益需求，民意表达的目标在于意见和建议能影响到政策的修订和完善。

在动员模式中，网络民意表达主要是通过特定的制度性渠道进行的集中反馈，呈现出定向聚集的趋势。一方面，政府主动征集民意往往会选择一两个公开的政府网络平台作为定向的民意收集渠道，这些网络平台包括政府网站、网络问政平台、政务微博、政务微信等体制性政民互动渠道。有些传统主流媒体网站的评论版块和网络论坛也会设置相关主题的专栏，吸引多元意见的表达。另一方面，政府主动征集民意的时段较为集中，往往会设定一个时限，短的十几天，长的一两个月，网民的建言献策都将集中于官方公布的时限内。这种集中时间和集中平台的动员和征集，有利于民意的集中表达与迅速汇集。

（二）基于外压模式的网络民意表达：自发式的民意狂欢

外压模式是由体制外的力量主动发起的，先民间启动后政府确认，是一种自下而上的议程设置模式，公众参与成为推动政策议程形成的重要力量，也就是先有公众议程，后有政策议程。在这一过程中，公众议程的形成通常由两个方面的因素决定：一是由"微议程"持续发酵而形成公众议程；二是媒体议程影响公众议程。不论公众议程是如何形成的，一旦形成，指向都是政策议程，目标在于推动政府制定公共政策解决相关问题。进入新媒体时代，尽管许多政策议程仍由政府主导，但网民主动讨论公共问题，通过网络民意施压"倒逼"政府将其列入政策议程的可能性大大增加（见图2）。

公众议程首先会受到网络"微议程"的影响。"微议程"可以理解为

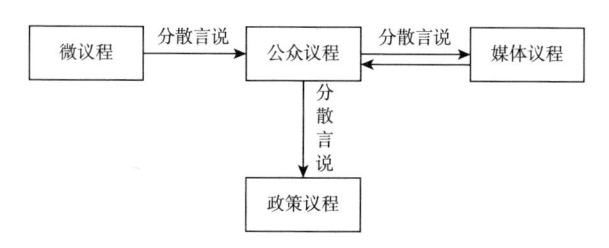

```
微议程 →分散言说→ 公众议程 ←分散言说→ 媒体议程
                    ↓
                  分散言说
                    ↓
                  政策议程
```

图 2　基于外压模式的网络民意表达

公众议程的萌芽状态，是指"特定个体和社群通过新媒介技术平台传播、扩散形成的对特定事件、人物等较为一致的意见倾向，这种个体和社群互动过程中形成的倾向体现出其内在的特征，它是新媒介嵌入到人们日常生活后产生的融合了虚拟和真实个体及社群混合意见倾向的议程"。[①] 微议程往往是特定个体和群体的立场、态度和利益的表达，其形成也会受到个体情感和社会群体心理的影响。网民个体通过上传信息就可能会直接激发微议程，或者是信息在特定网络社群里经过加工整合后再形成微议程。微议程还只是小范围内网民关注的事件和焦点，尚没有引起大范围的网络围观，而要想使"一个国家里有大批的民众沿着某些共同的路线思考"，还必须满足一个重要的前提，即"该事件能迅速有效、恰到好处地激起作为普通民众的网民的情感共鸣和共同体验，挑拨他们脆弱敏感的神经和心智，并将隐藏于他们内心深处的社会记忆和集体意识唤醒和提取起来"。[②] 如此，原本小范围的微议程很快就会以星火燎原之势发展成广受关注的公众议程，社会公众的共同体验被激活，社会情绪被调动。

此外，媒体议程对公众也具有"渗透性"的影响力。大众媒体深谙公众的兴趣议题，常常把那些重要的、迫切需要解决的社会问题以能够引起公众兴趣的方式报道出来，进而引导公众关注和讨论这些重要的社会问题。这就是罗杰·柯比（Roger Cobb）和查尔斯·艾德（Charles Elder）

[①] 高宪春：《微议程、媒体议程与公众议程——论新媒介环境下议程设置理论研究重点的转向》，《南京社会科学》2013 年第 1 期。

[②] 费久浩：《政策议程设置中网民触发模式的基本要素分析》，《四川师范大学学报》（社会科学版）2015 年第 5 期。

所说的"唤醒":"拜传媒之赐,将(问题)传播到更广大的公众之中,使冲突的范围变得更广……'唤醒'本身是自足的,容易滚成雪球。当传媒对一个情况感兴趣时,它们通常盯住不放,使越来越多的重视和关注产生。"① 媒体发现和报道社会问题,引起公众讨论,公众的意见表达又成为媒体报道的内容。公众对媒体报道的议题处于持续不断的互动中,形成"你中有我,我中有你"的互嵌格局,媒体议程与公众议程的边界开始模糊。尤其是网络新媒体广泛使用之后,公众参与公共话题讨论的平台大大拓宽,网络民意表达的充分性和丰富性为媒体议程的设置和推进、媒体议程与公众议程的互动,提供了强有力的支撑。

一般来说,外压模式中的网络民意表达往往呈现出分散性和碎片化的特点。网民关注的议题不仅包括大众传媒经常报道的重大社会事务、国家事务,还包括琐碎的民生话题、个体的具体遭遇等。网络空间的无限性与延伸性增强了网络议题的选择性,"公众更倾向于自发参与以生活经验为表达基础的议程"。② 网民通常会以日常生活中的个人经历和切身体验为基础,就一些关乎民生的社会问题发表看法和意见,比如医疗改革、收入分配、食品药品安全、教育公平、环保问题、司法公正、就业问题等。除了博客和论坛等传统互联网平台之外,大量的网络民意分散在微博、微信以及各种短视频社交媒体平台上。由于身处其中,对一些社会问题的感受更深,网民的意见和建议也就更有针对性。这些包罗万象、散落于互联网各个角落的言论,其背后都可能涉及某项公共政策的重要命题。

三 网络民意收集的双重维度:定向收集与全网搜集

传统的民意收集方式可以被称为"打捞民意",官方主导了话语权,政府官员、人大代表、政协委员、专家学者等主持或参加的民意调研和座谈会成为政府收集民意的主要渠道。对于公众而言,这种民意收集方式既

---

① 〔美〕拉雷·N. 格斯顿:《公共政策的制定——程序和原理》,朱子文译,重庆出版社,2001,第60页。
② 万方:《自媒体议程设置的行动特征与政府角色定位——基于整体性视角的分析》,《中国行政管理》2017年第10期。

不便捷，又不能全面、真实地反映民意，公众的观点多数只能停留在街头巷尾的议论之中。

在新媒体时代，网络技术改变了民意主体的地位，民意主体成了民意表达的主体。在动员模式和外压模式中，网络民意表达分别呈现出集聚和分散的双重特征，网络民意的内容指向、表达渠道以及呈现密度都有所不同。与之相应，网络民意的收集可以从两个维度展开：一是集中式的定点定向收集，二是分散式的全网广泛搜集。

（一）定向收集：设置平台"广开言路，请进门来"

定向收集网络民意适合由政府主动发起、动员公众积极参与的政策议程模式。在这一过程中，网络民意表达通常较为集中，有明确的目标和议题，政府可以主动设置网络平台，通过制度化的信息传输渠道来收集网民对公共政策的意见和建议。定向收集具有针对性强、方便快捷的优点，政府首先要提供公众参与的网络平台和渠道，并且做好平台管理和运营，如此才能广开言路，发动网民建言献策，真正将网络民意"请进门来"。政府主动设置的网络平台大致可以分为两个层级：一是全国性的网络民意收集平台，主要负责发起短期的大范围专项网络民意征集和调查；二是地方性的常设网络参与平台，动员公众进行日常参与，为地方治理建言献策。

1. 全国性的网络民意收集平台：不定期发起专项民意征集

当一项公共政策或政治活动涉及社会上大多数人的利益时，决策者就需要了解大部分民众的意见和态度，并将其合理吸纳进决策过程和政策内容。大范围的专项网络民意征集活动通常是由国家层面组织发起的，比如全国人大经常就各项法律草案的修订面向社会公开征集意见，全国"两会"召开期间向网民征集议题和建言。这类民意收集平台往往只在短期内向全社会开放，主要是通过互联网在线收集，具有方便、快捷、针对性强、效率高的特点，但对组织和资源的依赖性较高，无法长时间开展。

2018年个人所得税法迎来第七次修改。6月19日，个人所得税法修正案草案提交全国人大常委会会议审议。草案一审稿拟将个税起征点由每月3500元提至每月5000元，首次增加子女教育等专项附加扣除。6月22日的全国人大常委会会议上，委员们进行了激烈讨论，未对草案进行表决，建议汇总意见修改后再审。6月29日个税修正案草案在中国人大网公布，面向社会征求意见，为期一个月。截至7月28日，中国人大网显示，共收到征求意见超过13万条。① 网民意见集中在个税基本减除费用标准和首次增加的专项扣除标准，主要意见包括起征点偏低、应考虑赡养老人和照顾婴幼儿、专项扣除操作难度大等。综合网民及各方意见，8月27日草案二审稿再次提请全国人大常委会会议审议，并顺利通过。二审稿新增了多项内容，包括将赡养老人支出纳入专项附加扣除；稿酬、报酬、特许权等三类收入拟享受双重减征优惠；专项附加扣除实施标准具体化。二审稿中个税起征点仍然维持了5000元的全国标准，但考虑到网民的意见建议，还是新增了不少内容。政府开门立法是收集民意、发挥民智的好办法，也是尊重民意的体现。

一年一度的全国"两会"也是政府集中收集民意的好时机。2018年12月20日开始，中国政府网联合人民网、新华网等20家网络媒体平台，共同发起了2019"我向总理说句话"网络民意征集活动，活动一直持续到2019年全国"两会"结束。截至3月4日，共收到33万多条建言，网民关注最多的五类话题包括：经济政策、营商环境、办事服务、教育、社会保障。中国政府网经过梳理和筛选，精选出了700多条最有代表性的建言，并逐条分析、整理。《政府工作报告》起草组负责人指出，在网民反映的这些问题中，有些已经有了相关政策，下一步就是要抓好落实。除此之外，网民的建议90%以上都在《政府工作报告》中得到了体现，真正将这些问题纳入了政策议程范围内。②

由政府主动发起的大范围网络民意征集活动往往是集中在特定的时段针对特定议题面向全社会进行，需要政府做好充分的准备工作。首先，要做好前期的宣传造势，借助新闻媒体等各类传播平台告知公众即将进行的民意征集活动，并做好政策讲解工作，让公众对相关议题有充分的了解和认知。其次，要联合多家有影响力的网络平台，做好网络民意收集工作，

---

① 《个税草案关注度高 收到意见超13万条》，全国人大网，http://www.npc.gov.cn/npc/lfzt/rlyw/2018-07/30/content_2059952.htm。
② 黄守宏：《梳理后的网民建议90%以上在〈政府工作报告〉中都得到了体现》，中国政府网，http://www.gov.cn/xinwen/2019-03/06/content_5371102.htm。

力求网民反馈渠道的多元化、便捷化和快速化。最后,面对短时间内网络民意迸发之势,政府决策部门要做好收集、分类和整理工作,梳理出最具代表性和建设性的网民意见,以供后续决策参考。

2. 地方性的网络民意收集平台:动员公众日常参与

地方性的网络民意收集平台可以作为官民沟通的常设机制,通过动员公众的日常政治参与来实现多元主体的共同治理。在民主社会,日常生活与政治生活是密切联系的。日常生活不仅仅是百姓的衣食住行、鸡零狗碎,它还是与政权合法性相关联的存在,政府管理者必须重视民众的日常生活感受,并将其作为衡量执政能力的重要标准。政治沟通的日常化应当成为政治生活的常态。"政治沟通日常化是宏观政治主体(政府)在日常生活形态下与客体(公众)进行相对微观、直接的交流的一种趋势或状态,或是政治信息传播重视日常生活表达与公共领域对话的某种动态的策略手段。"[①] 地方政府与公众进行日常政治沟通的网络平台主要包括政府网站、网络问政平台、政务新媒体等,这些网络平台也是政府日常收集网络民意的重要渠道。

政府网站是各级政府机关履行职能、面向社会提供服务的官方网站,也是政府机关实现政务信息公开、与公众互动交流的重要渠道。政府网站的首要功能是公开政务信息,确保公众可以及时获取最新最权威的政策信息。知情权是一切公民权利的基础和前提,只有公众充分知情,才可能进行有效的表达。政府网站要开设多样化的民意征集栏目和民意反馈通道,比如开设网上民意调查、公开领导电子信箱、公示项目决策、开通网上投诉平台等,确保公众可以随时向政府表意建言。

网络问政平台一般是由政府行政机构直接主持创建或联合管理的网络公共论坛。与一般网络论坛不同,它由政府通过行政手段推动日常运营和维护,网络问政平台的栏目和主题基本都是关涉地方民生和地区发展的。与政府网站相比,论坛形式更加活泼和随意,网民互动讨论的积极性更高、参与的人数更多、讨论的议题更广泛,也更加关注地区性和地方性的议题。网络论坛的栏目形式和议题内容应立足于日常生活,贴近百姓生活

---

① 何震:《交往行为视角下政治沟通日常化研究》,《国际新闻界》2016年第7期。

实践，让公众有感而发。日常生活中的真情流露往往更能反映真实的民意态度和倾向，政府要善于通过网络公共论坛来洞察社会百态，收集真实民情民意。

政务微博与政务微信是政务新媒体的两大公共服务手段，也是政府借助新媒体收集民意的主要渠道和方式。政务新媒体具有大众传播的特征和优势，在网络民意收集方面，可以充分发挥媒体的议程设置功能，积极引导网络议题讨论，将公众的注意力转移到社会问题和公共议题上来。政务新媒体是政府职能机构进行社会治理的重要手段，在内容发布上要特别注意与其所属部门的职能定位相匹配。与政府网站和网络问政平台相比，政务新媒体的互动性和即时性特征更突出，政府应利用好这一优势，及时更新信息、增强与网民互动、增加粉丝黏性。

地方性的网络民意收集建立在官方主导的常设网络参与平台基础上。这一收集方式能否发挥作用，关键在于能否确保平台的实际运作落到实处。首先，回应公众诉求要及时，这样才能聚集人气，吸引网民积极参与。其次，确保回应有质量，对于公众反映的情况要给出具体的处理意见，对于不能及时处理的问题也需要有详细的解释和说明，如此才能得到公众的信任，平台才会有影响力。

（二）全网搜集：借力大数据"千淘万漉，吹沙见金"

自下而上的外压模式中相对分散的网络民意需要借助大数据技术进行广泛的全网搜集。这里之所以说"搜集"而不是"收集"，是因为"搜集"更强调到处寻找，将分散的、隐匿的言论意见聚集起来，比"收集"更加复杂和费时费力。自发式的网络民意表达通常没有固定的平台和渠道，网民往往是随时随感而发，以碎片化的形式散落在互联网的各个角落。在外压模式中，政策议程形成的主要推动力是由网络民意聚合而成的公众议程，什么样的网络民意能够聚合形成公众议程是决策者需要考虑的。散布于网络海洋的民意碎片太过庞杂，很多有价值的民意被湮没在众多无效信息之中，通过人工收集显然是不可能的，而大数据技术可以很好地解决这一难题。大数据技术具备信息整合和数据挖掘的功能，可以将碎片化的民意信息整合成系统性、动态化和可视化的整体民意图像，同时还可以对数据进行深度挖掘和提炼，揭示隐含的网络民意深层结构，预测民意发展的趋势，为科学决策提供充分的民意基础。

1. 大数据环境下的网络民意认知转向

大数据环境下，网络民意表达的形式更加多样化，除了文本形式，还有图片、音频、视频、网络表情等多种非结构化的数据形态。传统的网络民意调查方式往往局限于对结构化数据的收集和分析，而很少采集和利用数量更大更具价值的非结构化数据，不足以展现整体性的网络民意形态，可能会造成决策者对民意评估出现偏差。"大数据时代背景下民意形态悄然发生了三重变迁：民意结构由原子化转向合成化；民意测量由样本民意转向总体民意；民意分析由小数据分析转向大数据分析与可视化。"① 大数据环境改变了人们对待数据的传统思维模式，数据统计和分析不再依赖小样本而强调全体样本，放弃追求数据的精准性和事物之间的因果关系，转而关注数据之间的相关关系和最终结果。

大数据技术虽然兴起不久，却很快进入了应用市场，形成了数据生产、数据采集和数据分析等各个环节的产业链。中国网络舆情市场在短短数年间形成了政府、媒体、教育科研、商业应用并行而立的行业格局。② 专业的网络舆情监测机构相继成立，如人民舆情监测室、新华网网络舆情监测分析中心、清博大数据舆情系统、山东大学的舆情研究中心等。此外，还有一些市场化的网络舆情监测平台，如新浪舆情通、红麦舆情监测系统等。政府部门虽然握有大量的公共数据信息，但是缺少对网民日常上网活动和网络行为数据的实时记录储存。运用大数据技术搜集网络民意的前提就是拥有全面真实的数据源，政府可以和市场上各类舆情服务机构合作，从而实现对多种信息源的实时监测和信息搜集，及时了解网络民意动态。

2. 显性网络民意搜集：基于主题内容的数据采集与挖掘，立体呈现民意全景

有学者曾将网络舆情划分为"显性舆情"和"隐性舆情"，前者是指网民在网络上发表的言论信息，后者是指可以从侧面客观反映网民关注点

---

① 汪波：《大数据、民意形态变迁与数字协商民主》，《浙江社会科学》2015年第11期。
② 李黄村：《网络舆情服务前景几何》，《人民日报》2012年1月31日。

和舆情主体之间关系的舆情数据。① 根据呈现形式，网络民意也可以分为显性网络民意和隐性网络民意。以文字、图片、音频、视频、表情符号等形象直观的方式呈现网民意见态度的信息，可称之为显性网络民意。网民在上网活动中，除了发表言论，还会留下阅读、搜索、分享等其他痕迹，这些痕迹虽然没有以文字、图片等形式显现出来，却是真实存在并能够反映网民的兴趣和行为趋向，可称之为隐性网络民意。对于显性网络民意的搜集，可以基于主题内容进行数据采集与挖掘。

基于主题内容的数据挖掘方法主要包括信息采集、信息预处理和语义分析三个层次。目前信息采集主要是利用网络爬虫软件对门户网站、论坛、社交媒体等网络平台上的言论信息进行抓取。网络爬虫又称网页蜘蛛，是一种按照一定规则自动抓取网络信息的程序或者脚本，它可以遍历互联网以抓取用户需要的数据信息，进而实现数据分析功能。技术人员可以根据主题内容自定义搜索"关键词"，然后依需要设定搜索范围，可以进行全网爬虫搜索，也可以定点爬梳言论较为集中的网络社区，比如天涯、知乎、猫扑等知名网络论坛。对于微博、微信等社交媒体平台的信息搜集，可以与相关数据运营商合作，共享数据信息。比如，以新浪微博数据为支撑的新浪舆情通，借助微博爬虫程序，可以抓取用户发布的微博内容、评论信息、转发情况及传播路径等数据，并且已经为3000多家政府机构提供过网络舆情服务。此外，对于新闻类和博客类网站等更具结构性的数据源，也可以利用 RSS 抓取数据信息。② RSS 的全称是简易内容聚合，是一种消息来源格式规范，用以聚合订阅网站的更新数据，包括标题和部分内容。通过对与某一主题内容相关的多个 RSS 种子进行聚合，能第一时间、全方位地了解相关主题的发展动态。

利用大数据抓取大量的原始数据信息后，需要对数据进行清洗和处理。首先是对数据进行过滤和消重，去除无效和重复信息，然后再对数据进行分类和聚类处理。聚类是按照相似性将集中的数据划分为多个子

---

① 唐涛：《基于大数据的网络舆情分析方法研究》，《现代情报》2014 年第 3 期。
② 刘峰、施水才、肖诗斌：《基于 RSS 的分布式新闻博客搜索引擎设计》，《现代图书情报技术》2007 年第 1 期。

集，每个子集之间互斥不相交，子集内部高度相似。比如可以根据网民对某个公共话题的观点进行聚类，把相同或相似的网民言论汇集起来，这样就可以呈现出整体网络民意的观点分布情况。分类是按照给定的分类体系，根据文本内容特征划分到指定的类别中去，比如将网络民意划分为教育、医疗、养老、就业等若干个类别，然后对各类别的信息进行数据挖掘。

利用大数据技术获取网络民意的关键是数据挖掘，即从海量的、零碎的网络民意数据中拼凑出系统的网络民意图像，主要技术手段包括话题识别、意见挖掘和情感分析。话题识别和意见挖掘是对目标文本进行主题和观点提取，分析网民言论的语义指向和观点分布。目前常用的话题识别技术主要有两种：基于 LDA（Latent Dirichlet Allocation）算法的主题词挖掘和基于 K-means 算法的主题词聚类技术。[1] 情感分析是基于语义分析技术展开的，常用的方法也有两种：一种是建构情感倾向词典，通过提取关键词与词典进行对比，得出关键词的情感倾向；另一种是建立语义模式库，语义模式库一般包含若干个丰富完备的情感词库，不仅包括已有的基础情感词典，还包括研究者根据不同主题设计的情感词库，比如建构表情符词典和网络用语情感词典。[2]

大数据思维中，每个数据都是一个节点，可以向外延伸，与其他数据节点发生关联，最终形成一个整体数据链。网民发表的每一个言论和观点也都是一个数据节点，大数据技术可以抓取和储存这些海量数据，并对其进行结构化处理和重新组合，从多重维度描画网络民意图景。大数据既可以精准定位个体网民言论及言论主体间的社会关系图像，也可以分析挖掘网民整体的意见分布、情感倾向以及群体之间的界限和勾连，点线面结合立体呈现网络民意全景。这里有两点需要注意：一是关于主题内容的描述与定义要准确，它是制定具体算法策略的基础，主题描述和关键词定义要能够准确反映搜索目标要求；二是要加强语义分析技术的改进和运用，对

---

[1] 黄薇、张耀之、李瑞：《网络舆情信息语义识别关键技术分析》，《图书情报工作》2015年第21期。

[2] 杨佳能、阳爱民、周咏梅：《基于语义分析的中文微博情感分类方法》，《山东大学学报》（理学版）2014年第11期。

于一些复杂的语言表达和不断更新的网络流行语，现有语义分析技术的处理能力较弱，需要进一步优化升级语义分析技术以及语义资源建设。

3. 隐性网络民意搜集：基于相关关系的数据采集与挖掘，精准预测民意走向

网民在日常上网活动中留下的各种痕迹都被网站日志完整地记录下来了，网站日志又称服务器日志，是记录 web 服务器接受处理请求以及运行时各种原始数据的文件，通过网站日志可以查到用户访问某网站的 IP 地址、访问时间、浏览时长等信息。这些隐藏的网络痕迹可以反映网民个体和群体的行为习惯、兴趣喜好以及潜在的心理和行为状态。网站日志和网络民意是具有相关关系的，可以借助网站日志技术来搜集网民行为数据并分析网络民意的趋势和走向。比如，可以通过网民的阅读内容和分享链接来评估其对某项议题的观点和态度倾向。

大数据预测的关键就是相关性分析。相关关系的核心是量化两个数据值之间的数理关系。相关关系强是指当一个数据值增加时，另一个数据值很有可能也会随之增加。反之，相关关系弱就意味着当一个数据值增加时，另一个数据值几乎不会发生变化。① 搜索引擎后台的网站日志，通过统计某一时段内网民搜索关键词和搜索频率的变化，可以发现网民关注点和话题热度的变化。目前主流的日志分析系统是 ELK，它是由三个开源软件组成的一个实时日志分析平台，包括 Elasticsearch（日志检索）、Logstash（日志收集、过滤、格式化）和 Kibana（统计查询、可视化展示）。② 网站日志分析一般是先利用网站日志获取网民的访问资源信息，根据用户行为特征指标对数据进行分析，发现网民行为规律。然后，在此基础上进行深层次的推断性分析，也就是相关性分析，比如数据的探索性分析、二维相关、秩相关、偏相关、因子分析等。③ 目前，已经有一

---

① 〔英〕维克托·迈尔-舍恩伯格、肯尼思·库克耶：《大数据时代》，盛杨燕等译，浙江人民出版社，2013，第 71 页。
② 陈楠、陈东辉、邓莉：《基于 ELK 的用户访问行为分析技术》，《气象科技进展》2018 年第 1 期。
③ 陆和建、李祝启：《基于网络舆情日志挖掘的政府公众信息行为研究》，《图书情报知识》2014 年第 5 期。

些互联网公司开始研发网站日志挖掘技术，比如谷歌公司开发的"谷歌趋势"，能统计某个关键词在一定时段内在某个地区被搜索的次数，将其与谷歌上的搜索总量和当地的搜索总量相比较，就可以得出该关键词的"相对搜索指数"，从而预测未来发展趋势。

大数据的重要功能之一是挖掘数据中隐含的关联性，以相关性高低来预测事物的发展变化。网站日志分析技术可以捕捉某段网络内产生的所有信息，然后对数据信息进行相关性分析处理，预测某一事件或话题未来发展趋势。当前网络民意搜集工作主要还停留在对显性网民言论的量化描述上，缺乏对网民其他网络行为信息的搜集和分析，而这些隐性的数据背后其实蕴含着巨大的信息价值。我们在利用大数据搜集网络民意时，要加强对网民的访问、阅读、分享等行为数据的搜集和深度挖掘，从而描画出网民群体的社会心理地图，预测网络民意发展趋势。

四　结语

网络民意收集可以从"定向收集"和"全网搜集"两个维度展开，同时需要注意不同政策议程模式下网络民意表达的特点，合理应用和调整网络民意的收集方法和策略。对于网络参与平台，政府必须提供制度性保障，确保这些收集网络民意的途径成为制度化的长效机制。对于大数据技术的应用，要重点发挥其强大的信息搜索和整合功能，实现网络民意的全网搜集，同时要加强对隐性网络民意的搜集，预测网络民意发展趋势。

利用大数据技术搜集网络民意时，要注意扩大信息源，包括物联网、传感设备、购物平台等非传统数据源的信息采集，尽可能搜集异质性、异构性以及异源性的数据。大数据在抓取包含复杂情感和价值取向的意见时，仍有很大的困难，还得依赖于人工处理。同时，也要看到大数据技术的局限，即数据结果与现实世界之间存在差距。数据只能向我们呈现网络民意的结果，而无法描绘网络民意形成的缘由。在后续对网络民意进行分析的过程中，研究者"必须更进一步强化量化数据与生活世界背景的结合，关注公众如何从情境互动中习得、修正行动模式，进而深入探讨舆情形成的结构动因"。① 由此衍生出一些值得思考的问题：在公共决策过程中应如何利用收集到的网络民意，也就是如何分析吸纳网络民意，比如网民的建议是否具有可行性、判断的标准是什么、公共决策应当在多大程度上吸纳网民的意见等。

原载《中州学刊》2019年第11期

合作者：陈呈（博士生）

---

① 邵培仁、王昀：《触碰隐匿之声：舆情认知、大数据治理及经验反思》，《编辑之友》2016年第12期，第8页。

公共决策视域下的网络民意分析：
主体性、科学性与倾向性

摘要：网络民意已成为公共决策的重要参考。如何分析和吸纳网络民意，将其与公共决策进行合理对接就成为一个重要的研究问题。解决这一问题可以运用评价理论，将网络民意视为评价对象和评价客体，分析其对决策主体的价值和意义。公共决策本质上是一种价值评价活动，有其内在的评价体系，包括对决策公共性、决策质量和决策可接受性等方面的要求。网络民意分析就是决策者从决策评价体系出发，来分析和判断网络民意的价值。与决策评价体系相对应，网络民意分析可以从主体性、科学性和倾向性三个维度进行，具体评价标准需要根据决策情境的不同而变化和调整。

关键词：公共决策　网络民意　决策评价体系　倾向性

一　引言

网络民意是目前最广泛的民意聚合体，集合了最多样化的利益诉求，也蕴含了最丰富的民间智慧，是政府部门进行公共决策最有参考价值的宝库。决策者要利用和吸纳网络民意，其前置环节是对网络民意进行分析。哪些网络民意的诉求是合理的，判断的标准是什么？网民的意见建议是否具有可行性，能不能运用到具体的公共决策实践中？应当在多大程度上吸纳网络民意，依据是什么？这些问题归结起来就是如何分析网络民意的问题。

在对网络民意进行分析之前,我们先要明确网络民意的概念内涵。与网络民意相关的表述有:民意、舆论、舆情以及网络舆论、网络舆情等。民意、舆论、舆情对应的是同一个英文单词"public opinion",中文中这三个概念经常互通互用,学界目前对民意、舆论、舆情的概念及其相互关系还没有形成高度统一的界定和认识。网络民意、网络舆论与网络舆情是民意、舆论、舆情与新的传播技术手段——互联网相结合的产物,从概念上来说继承了民意、舆论和舆情概念的本质,可以视作民意、舆论和舆情通过新传播技术和渠道在网络空间上的新的表达形式。

民意与舆论在概念界定上相互交叠的部分较多,其主体都是社会公众,都是多数人对某个问题发表意见并形成某种一致性进而产生一定的社会影响。二者又有一定的区别。首先,二者的外延不同,社会民众中三分之二的人群达到了意见一致才是民意,三分之一的人群达成一致就可以称为舆论了,即民意是更大范围的社会合意。① 其次,民意与舆论的客体也不尽相同,舆论主要是社会公众就社会热点问题或者突发性事件发表的意见看法,而民意的对象更有针对性,是社会公众针对重要社会议题和政府公共政策发表的意见和建议。

舆论与舆情虽一字之差,但区别明显。舆情是多种不同意见的简单集合,是人们对某一问题的认知、态度、情感等的最初表现形式,是一种零散的、碎片化的意见集合。舆论是多数人形成的较为一致的意见,某种意见必须得到多数人的认可,达到一定的量才能成为舆论。"舆情形成在先,与此相对应的舆论形成在后。"② 民意、舆论、舆情三个概念中,舆情的外延最广,是多种意见、观点的集合;舆论次之,是具有一定相似性的观点的集合;而民意的外延最窄。

基于此,我们进一步厘清网络民意、网络舆论、网络舆情三个概念的内涵和外延。网络舆情是以互联网为载体,广大网民针对特定关注对象所产生的所有看法、认知、态度、意见、情感、观点等的网络表达、互动、

---

① 喻国明、李彪:《社交网络时代的舆情管理》,江苏人民出版社,2015,第6页。
② 丁柏铨:《略论舆情——兼及它与舆论、新闻的关系》,《新闻记者》2007年第6期。

传播和演化等活动的集合。① 网络舆情的关注对象已经从传统的公共事件领域的新闻及其评论扩展到电子商务领域的产品、商品、服务评论及用户隐私数据等。网络舆论是网民在互联网上传播的对某一焦点所表现出的有一定影响力的、带倾向性的意见或言论②，这里公众关注的焦点主要集中在社会热点事件和媒体的新闻报道领域。网络民意是网民依托互联网技术，通过各种网络平台，针对社会公共事务和政府公共决策所发表的意见和建议，并在一定范围内达成一致，其实质是公众的诉求和利益表达。网络民意中包含很多具有重要价值的信息，可以成为政府管理者制定公共政策的重要参考因素。

目前学界关于网络民意与公共决策之间关系的研究多集中在论述网络民意对公共决策的影响和作用，以及网络民意与公共决策之间的矛盾和冲突方面，对于如何化解网络民意与公共决策之间的矛盾和冲突，如何将网络民意与公共决策合理对接等现实问题的研究比较缺乏。本文拟从公共决策的视角出发，以评价理论为依据系统研究网络民意的分析维度和标准，试图为网络民意与公共决策的合理对接提供一种可操作性强的实践路径。我们将公共决策视为一个评价过程，对网络民意的分析和研究实际上就是决策者依据决策需要对网络民意的价值进行评判和取舍。

二 网络民意分析：一种价值评价的活动

对网络民意进行分析，就是要揭示网络民意表达对公共决策的意义，本质上是对网络民意的价值进行评价和判断。评价不是简单的陈述，而是包含分析、权衡、预测和判断在内的一种主体认识性活动。"评价活动是认识活动，评价活动就是主体对于主客体之间一定信息的获取、存贮、加工和重组的过程。"③ 网络民意表达本质是网络群体以无机方式表达意志的一种民众评价活动，公共决策则是决策主体以有机方式表达意志的一种权威

---

① 王连喜：《网络舆情领域相关概念分布及其关系辨析》，《现代情报》2019年第6期。
② 谭伟：《网络舆论概念及特征》，《湖南社会科学》2003年第5期。
③ 陈新汉：《权威评价论》，上海人民出版社，2006，第77页。

评价活动。① 网络民意表达是网民在不自觉状态下进行的自在式的评价活动,公共决策是决策者在自觉状态下进行的有组织有目标的自为式评价活动。

公共决策是一种权威评价活动,决策者从社会群体的整体需要出发,以社会群体的整体利益为评价标准,力求公共决策能兼顾最广泛的社会群体利益和需求。决策的公共性成为决策者进行评价活动首要考虑的方面。公共决策是行政管理机构、社会团体等公共组织在管理社会公共事务中所做出的决策。"决策的过程就是形成决心的过程,作出断定的过程。决策在时间上不是指向过去,而是指向未来的;在内容上以优化为原则来实现对诸种方案的选择,不追求优化的决策是没有的;在宗旨上以可实施为目的,即从来不空泛而论,而是注重付诸实施,决策具有实践倾向。"② 公共决策是决策者对未来可能出现情况的提前预测和谋断,最终目的是付诸实践,因此,决策的可行性和决策的可接受性也是决策者必须考虑的重要因素。

评价活动就是主体对主客体之间价值关系的反映,是主体根据自己的内在需要来评判客体对自身的价值和意义。决策者对网络民意进行分析,是为了吸纳网络民意中有价值的内容为公共决策服务,因而,对网络民意的分析评价应以公共决策的内在需要为标准和依据。公共决策是决策者站在社会群体整体利益的立场上所做的判断,决策的公共性要求兼顾社会各个群体的利益诉求,分析网络民意首先要判断网络民意主体的代表性。不同社会群体是否都有意见表达主体的参与?参与表达的网络民意主体是谁,代表谁的利益发言?公共决策的可行性要求决策方案具有现实可操作性,满足决策质量的要求,决策者需要对网络民意的内容进行科学性分析,筛选出其中符合决策质量要求的网民意见和建议。公共决策的可接受性直接关系到决策的有效执行,这就需要考察网络民意的倾向性。网络民意对公共决策持何种态度指向?赞成还是反对,或是在何种程度上赞成/反对?根据上述分析,我们可以从主体性、倾向性和科学性三个维度来分析和评判网络民意。

---

① 刘波亚、陈新汉:《公共决策视域下的网络民意表达》,《贵州社会科学》2015年第9期。
② 陈新汉:《权威评价论》,上海人民出版社,2006,第186~187页。

三 决策公共性对网络民意主体的审视

任何公共政策的制定都是始于政策议程的创建,"某些问题和议程先于其他问题和议程出现正是特定主体推动的结果"。① 网民群体已成为推动政策议程创建的重要主体,对网络民意主体进行分析,可以更好地把握不同主体的话语表达和行动逻辑,为决策者进行公共资源分配提供参考和依据。分析网络民意主体,首先要理解不同网络民意主体的行动逻辑,其次要判断参与表达的主体的结构及其代表性,分析谁在发言,代表谁的利益发言,是"为己"还是"为公",抑或兼而有之。

(一) 网络民意主体的行动逻辑:目的、价值与情感

网络民意主体一般指所有通过网络发表言论的社会成员,从这个层面上看,在网络上发表意见的体制内权力精英也可被称为网络民意主体。在本研究中,我们讨论的网络民意主体是相对于决策者而言的,所以指涉的对象主要是通过发表网络言论直接或间接地参与影响公共决策活动的非官方的个体和组织。网络民意主体大致可以分为三种类型:普通公众、利益集团和公共知识分子。马克斯·韦伯认为,社会现象是不同行动个体之间的互动结果,而个体的社会行动是社会学分析的最基本单位。② 对网络民意主体的分析研究,其落脚点应是网络民意主体的行为。

如何分析个体的社会行动?韦伯提出了社会行动理论,通过设计一个"理想类型",来解释个体社会行动这个微观基础如何对宏观的社会结构、社会制度以及政治秩序等产生影响。韦伯将社会行动的类型分为四类:目的合乎理性的,价值合乎理性的,情感式的,传统式的。③ 目的合乎理性行动又称工具合乎理性行动,是一种功利主义的行动。行动者通过对目标

---

① 刘伟:《当代中国政策议程创建模式发展研究——探寻一种政治社会学的分析框架》,国家行政学院出版社,2012,第13页。
② 〔德〕马克斯·韦伯:《社会学的基本概念:经济行动与社会团体》,顾中华译,广西师范大学出版社,2011,第20页。
③ 〔德〕马克斯·韦伯:《社会学的基本概念:经济行动与社会团体》,顾中华译,广西师范大学出版社,2011,第51页。

的精确计算和充分考虑，进而在诸多可能选项中选择一种最有益的方法和手段，这是一种精心算计的结果。价值合乎理性行动的目标是先于行动者而存在的，不是基于行动者的特殊利益和个性偏好，是去功利化和不考虑现实成效的。情感式行动是因现实的情感状态而引发的行动，通常行动者无法理性地计算情感对行动的影响。传统式行动是借助习惯而进行的行动，这些习惯往往源自已有的实践和代代相传的习俗，传统式行动沿袭历史，超越功利考量。

网络民意主体也是社会行动主体，我们可以参照韦伯的"理想类型"来分析其网络意见表达和网络行动逻辑。网络民意主体在对社会问题或公共政策发表意见时，主要有以下几种情况。一是出于自身利益的考虑，表达意见和利益诉求，以期实现自身利益的最大化，这是目的合乎理性行动。二是受某种价值理念的驱使，比如追求社会公平、正义，对公共议题积极建言、为推动某项政策议程而奔走行动，此一类属于价值合乎理性行动。三是由于情感因素而进行的话语表达，比如，因同情心理而产生对弱势群体的关怀，因社会贫富分化和官员腐败而产生的仇富仇官心理等，这些都属于情感式行动。网络空间对于现实社会来说，是一个截然不同的社会行动空间，不具有传统社会实践的延续性，在虚拟网络世界里基本不存在传统的行动方式。

1. 普通公众：多元行动主体并存

网络民意主体中占比最大的是作为个体行动者存在的普通社会公众。根据公众在网络参与中的积极性程度可以将其划分为"积极参与者"、"看门人"和"搭便车者"三种类型。在网络参与中发挥主要作用的是公众中的"积极参与者"，他们关心社会问题、积极参与公共议题的讨论，是高质量的公共管理活动合作伙伴，虽然人数较少，但参与质量高。"看门人"一般只关注与他们特殊利益相关的公共事务，他们的网络意见表达是出于保护既得利益不受损，属于防御性的网络参与行为。"搭便车者"在网络参与中基本上处于"潜水"状态，对公共议题漠不关心，但是面对网络上的争议性话题和焦点事件又很容易被情绪化的观点影响，成为网络口水战的主力军（见图1）。

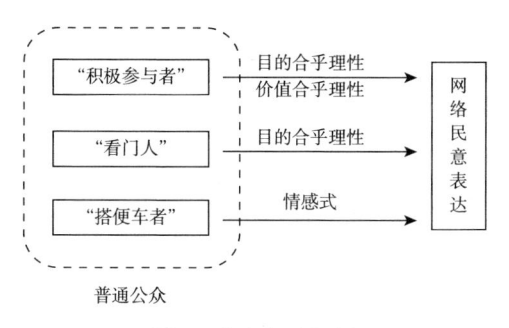

公共决策视域下的网络民意分析：主体性、科学性与倾向性

图 1　公众行动逻辑

2. 利益集团：整合群体利益

在众多的意见表达主体中，利益集团一直是影响政策议程的重要力量。"利益集团是指为实现和维护特定目标或共同利益，在政治过程中采取集体行动的组织化群体，他们利用自身的资源最大限度地参与政治过程，影响政府公共决策，以实现团体成员的最大利益。"[①] 根据组织目标指向和受益对象，可以将利益集团划分为特殊利益集团和公益型利益集团。特殊利益集团追求的是其群体成员的特殊利益要求，可分为两种：一是为表达特定群体的利益诉求而组织起来的团体，像各种行业协会、经济团体等；二是一些垄断性企业和商业帝国，其行动目标是维护既得利益及特权。公益型利益团体追求的是公共利益，也包括两种：一是完全以公共性为行动目标，考虑社会的长远发展，比如环境保护组织、未成年人保护组织、消费者协会等；二是为社会弱势群体和边缘群体表达权益诉求，像艾滋病防治协会、乙肝公益组织、同性恋组织等。特殊利益集团一般具有雄厚的经济实力和资源优势，能为决策者提供技术、资金、人力等多方面的支持，对相关政策问题有明确的立场和态度，在网络空间具有话语优势。公益型利益集团除了一些为特定弱势群体发声的民间组织之外，大多是为了践行某种具有社会普遍意义的价值理念而设立（见图2）。

[①] 陈水生：《中国公共政策模式的变迁——基于利益集团的分析视角》，《社会科学》2012年第8期。

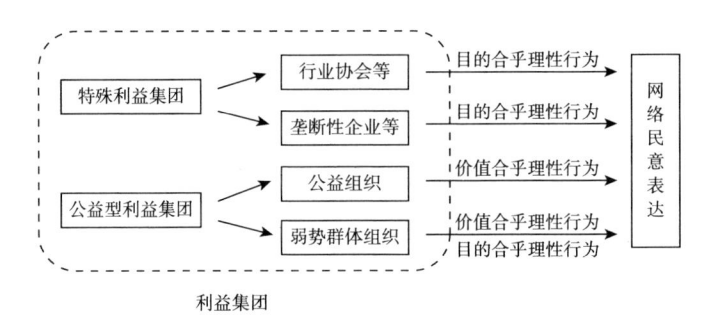

图 2　利益集团行动逻辑

3. 公共知识分子：价值与理想的守望者

在过去的十几年里，中国的公众参与呈现出一个特殊的现象，公共知识分子作为网络参与主体在推动政策议程设置和影响公共决策方面发挥了重要作用，引起了社会和政府的广泛关注。"公共知识分子"这一概念，最早是由美国学者拉塞尔·雅各比在《最后的知识分子》一书中提出的，他强调公共知识分子应当立足专业、放眼天下，用自己的言行和创作参与社会运转。① 公共知识分子首先必须具备相关领域的专业知识和素养，积极参与公共事务，具有独立的批判精神和对理想信念的追求。近些年活跃在互联网上的公共知识分子主要包括三大类：媒体型公共知识分子、学者型公共知识分子和公益律师群体。媒体型公共知识分子大部分有过传统媒体从业经历，在社交媒体上的认证标签往往是资深记者、报纸编辑、知名主持人等。他们关注社会问题，新闻敏感性强，善于运用媒体传播技巧和规律，成为许多公众议程的发起者和推动者。学者型公共知识分子主要是一些比较活跃的人文社科类学者，他们不仅在报纸、杂志上发表随笔和时评，还经常在博客、微博上就热点议题发表意见和看法，发挥着一般社会监督和传播知识的功能。公共知识分子中还有一类是公益律师群体，他们关注民生问题，维护公民权利，并积极参与一些有影响力的个案或代理公益诉讼（见图3）。

---

① 〔美〕拉塞尔·雅各比：《最后的知识分子》，洪洁译，江苏人民出版社，2006，第2~5页。

```
┌─────────────────────────┐
│  ┌─────────────────┐    │
│  │ 媒体型公共知识分子 │    │
│  └─────────────────┘    │                     ┌───┐
│  ┌─────────────────┐    │   价值合乎理性行为    │网络│
│  │ 学者型公共知识分子 │    │ ─────────────────→ │民意│
│  └─────────────────┘    │                     │表达│
│  ┌─────────────────┐    │                     └───┘
│  │   公益律师群体    │    │
│  └─────────────────┘    │
└─────────────────────────┘
        公共知识分子
```

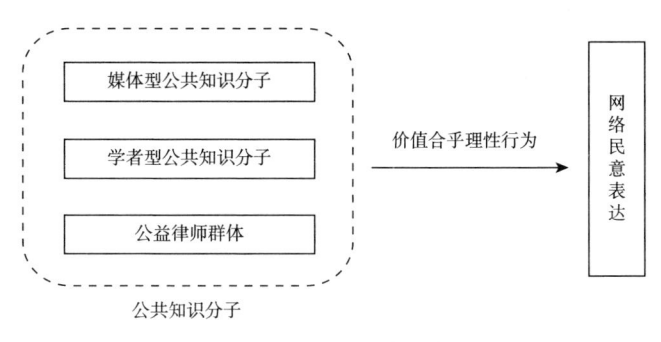

图 3　公共知识分子的行动逻辑

（二）决策公共性考验网络民意主体的代表性："公""私"之辨

决策的公共性要求公共决策在制定和执行过程中应保持广泛的公众参与，吸纳大多数人的意见和建议，兼顾绝大多数社会群体的利益和诉求。网络民意表达主体是否具有普遍性和代表性决定了网络民意的真实性及其对公共决策的影响力。互联网虽然赋予了人们充分的表达自由，但是具体到网民个体，能否清晰完整地表达自己对政策问题的判断和偏好在很大程度上取决于其话语表达的能力和策略。"公众言说能力差异往往导致：言说能力强的人或群体能够通过重复的表达行为强化自己的诉求，让政策主体感知并及时回应；言说能力较弱的个人或群体因其无力和无声的表达则逐渐在公共声音中被忽略，并逐渐被排斥在主流民意之外。"① 网民中具有较强言说能力的人群，通常是具有较高学历和社会地位的精英人士，他们虽然在数量上不占据优势，但是在现实社会和网络空间都具有一定的话语权。在网络空间，也不乏少数个体或小团体企图通过高声呐喊来表达诉求，但可能仅仅代表少数孤立的意见；同样也有因为呼声不够大或沉默不语而没有被听到的声音，但可能代表的是大多数人的想法。对于网络民意主体，决策者需要分析他们是代表公众利益在发言，还是出于其自身及所在群体的特殊利益考量，同时还需要考虑应该怎样对待这些言论和诉求以及如何兼顾那些言说能力较弱的群体。

---

① 张宇：《公共政策制定视域中民意有效聚合探究》，《贵州社会科学》2013 年第 9 期。

普通公众通常以无组织的形式进行网络表达，其中"积极参与者"的网络表达既有对自身利益的诉求也有对公共性、公平性等价值理念的追求；"看门人"只顾自己得失，其余一概不问；"搭便车者"属于"不劳而获者"，既不愿为"私利"奔走也不愿为"公利"费口舌，只想坐享其成。决策者对"积极参与者"要持续关注，并与其互动；对"看门人"和"搭便车者"要鼓励其网络参与，引导其网络表达的理性化。利益集团整合了大量特定阶层和团体的利益，为决策者提供了一种意见整合和表达机制，同时还可以在众多的利益表达中起到多元平衡的作用。但是利益集团尤其是特殊利益集团的政治参与活动也可能会绑架政府，使决策偏向于某些利益团体。决策部门要警惕来自利益集团的压力和影响，确保决策的公共性。公共知识分子作为网络民意主体，在网络民意表达上有其独特之处，他们可以将环境中的"个体困扰"上升为社会结构中的"公众议题"。美国学者米尔斯将这种能力称为"社会学的想象力"，并认为这是为少数公共知识分子所掌握的心智品质，是一种思考能力，是知识分子为公众服务的智力工具。[①]公共知识分子作为网络意见领袖对网络民意表达起到重要的引导与调节作用，决策者应予以特别重视，与其建立良好的互动与交流系统。

决策部门不仅要考虑那些大声疾呼者，也要照顾到那些喁喁细语者，以及在政策问题上有利害关系的沉默人群。这些网络表达的弱势群体往往不具备基本的上网技能或是缺乏一定的表达能力，只能通过被代言的方式来表达诉求。主动代言者除了政府管理者以外，主要是一些媒体记者、公益律师以及其他有言说能力的社会群体。这种代言方式，在一定程度上协助弱势群体发声，为其争取相关权益，有利于公共性在政策议程中的体现。但由于代言人群体与当事群体的亲历不同，代言人往往会以自身的价值判断对信息进行加工，所以网络代言人的表达有可能偏离被代言人的实际情况和真实想法。在涉及特定群体的公共决策中，决策者不仅要认真分析代言主体的话语表达，考察其意见是否能或是在何种程度上代表了被代言群体的真实诉求，还要进行线下的实地探访，接触关键群体获取一手的可靠信息。

---

① 时立荣、王安岩：《米尔斯的公共知识分子问题研究》，《社会科学战线》2011年第3期。

四 决策质量对网络民意科学性的辨析

在公共决策过程中,管理者在考虑公众的网络参与时,其首要任务就是识别某个政策问题的质量要求。所有的公共决策都伴随着一定的决策质量要求,包括科学界认定的标准、专业技术性要求、财务预算限制等,这将决定公共决策可以花多少钱以及能够做什么事。一些公共决策问题更多地需要满足决策质量要求,即维持决策的专业化标准。对于这些政策问题,决策者首先需要明确决策的质量约束是什么,然后再根据这些质量标准筛选出网络民意中科学合理的意见,辅助政府决策,提高决策质量。

(一) 网络民意科学性:考察网络民意的内容指向

普通网民对一些决策质量标准中包含的知识并不熟悉,比如核能源管理、交通工程建设、医疗体制改革等,网络民意时常会表现出对专业领域或科学界认定的决策质量标准的质疑。倘若政府管理者在分析吸纳网络民意时,忽略了这些质量标准,就可能会影响最终的决策质量。正是看到了公众参与可能对决策质量的干扰,一些科学家呼吁:"科学和医学是专业化程度极高的领域,因此,只有科学家才有资格和能力做出相应的判断和决定。"① 因此,对决策质量要求高的政策领域,决策者必须对网络民意的内容进行分析甄别,判断其中哪些意见建议是符合决策质量约束的。

决策质量约束主要包括哪些方面?美国著名公共政策学者托马斯指出,"质量要求"是指任何与最终决策本质相关的政策或管理上的约束,如技术约束、规章约束、预算约束。② 我国学者范柏乃等认为,公共政策质量是指公共政策的合理程度,具体包括政策是否合情合法、是否具有可行性以及是否体现了利益相关者的利益诉求三个方面。③ 综合来看,决策质量约束

---

① D. Dutton, "The Impact of Public Participation in Biomedical Policy: Evidence from Four Case Studies," In J. C. Petersen (ed.), *Citizen Participation in Science Policy* (147 – 181), Amherst: University of Massachusetts Press, 1984, p.170.
② 〔美〕约翰·托马斯:《公共决策中的公民参与》,孙柏瑛等译,中国人民大学出版社,2014,第34~35页。
③ 范柏乃、张茜蓉:《公共政策质量的概念构思、测量指标与实际测量》,《北京行政学院学报》2014年第6期。

应包括以下三个方面：一是必须符合一定的法律法规，公共决策必须在现有法律允许的范围和决策涉及的法定程序内进行；二是要能解决特定的社会问题，体现目标群体的利益诉求，同时兼顾社会群体整体利益的最大化；三是决策方案要具有可行性和可实践性，即满足专业技术性标准。

根据上述决策质量的约束条件，我们可以从以下三个方面来考察网络民意科学性的内涵。首先，要分析网民言论是否合法合规，网民言论如果触犯法律、违背伦理，或是情绪化的宣泄，那么必然是不科学、不理性的。其次，要分析网民言论是否反映了特定的社会问题和相关群体的利益诉求，这些问题是不是政府职能范围内的事务，网民诉求是相关群体的利益表达还是关涉公共利益的言说。最后，要考察网络民意关于决策方案的意见建议是否具有可行性，即是否满足一定的技术约束，比如特定政策议题所需要的专业素养、解决相关问题的预算花费等。网络民意的科学性内涵可以概括为，公共决策质量约束下的网络民意内容表达的合理性和科学性，具体包括网络民意表达要符合现有的法律法规，能够反映一定的社会问题和现象，并且提出的意见方案符合特定的技术约束（见图4）。

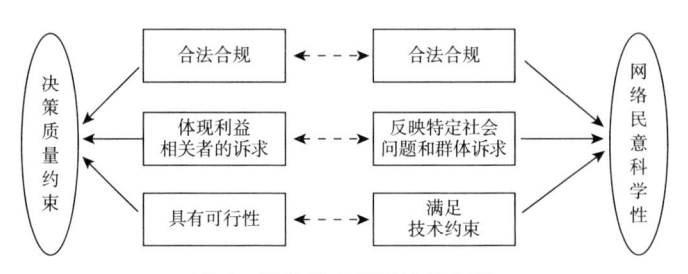

图 4 网络民意科学性的内涵

（二）网络民意科学性辨析：决策过程中的质量标准

分析网络民意的科学性应将其置于公共决策过程的各个环节中进行考察。美国著名政策科学家约翰·W. 金登对政策过程核心环节进行深入研究提出了多源流理论模型，即公共政策由问题源流、政策源流和政治源流三个独立的方面构成。[①] 问题源流考察政府管理者为什么会关注这些问题

---

① 〔美〕约翰·W. 金登：《议程、备选方案与公共政策》，丁煌等译，中国人民大学出版社，2017，第107页。

而不关注另外一些问题。政策源流主要涉及决策方案的规划和设计,某一政策问题的产生总会伴随诸多解决方案和意见主张,这些意见和想法要想"幸存",必须满足一定的质量标准。政治源流主要是指政治机会之窗的开启,诸如利益集团间的竞争、选举结果、政府变更等因素造成的政治力量格局的改变。多源流理论模型中的问题源流和政策源流是网络民意可以直接产生影响的两个方面。

在公共政策制定过程中,问题源流关注的是政府如何确定公共问题,以及选择将哪些问题纳入政策议程的范围。"利益表达的无限性与利益选择的有限性决定了公共政策问题的稀缺性。"[1] 公共问题的选择是公共决策的第一步,因此分析网络民意的科学性首先应从网民关注的问题入手,考察问题的界定是否清晰准确。网民关注的问题往往来自个人经验和经历,比如在日常就医中遇到看病难看病贵等情况,便会关注卫生医疗领域的问题,提出一些医疗改革的意见建议。一些社会热点事件和突发性危机事件也会引发公众关注,比如校车事故频发引起人们关注农村儿童教育和安全问题。此外,一些专业领域的科研人员还可以根据一些数据指标和研究成果来判断某些问题的变化程度和重要性,进而提出一些有价值的问题。对于网民关注的问题,政府管理者先要分析这些问题可能源于哪种途径,是专业领域的问题还是普通公众日常接触的问题;再判断其是否具有代表性;最后给问题的重要性进行排序,等待进入政策议程。

政策源流关注的是如何从众多意见和备选方案中选出最终的决策方案。决策质量约束会直接影响决策方案的选择,其中技术可行性要求是最重要的因素。分析网络民意必须考虑其具体内容的可行性。技术可行性关注的不是原则性的报告和总的建议是否可行,它强调的是真正详细的政策建议需要的所有技术性工作是否可行,包括所涉及的专业技术知识和水平能否达到规划要求,现有的政府预算能否支持方案的实施等。此外,金登还指出决策方案中体现的价值观要符合那些专业决策者的价值观,比如

---

[1] 刘倩:《公共政策问题确认中政府行为研究的前在预设》,《西北农林科技大学学报》(社会科学版)2011年第1期。

"公平"与"效率"等。① "公平"是公共决策的永恒主题,一项决策方案的设计理念应当考虑到社会公平和消除不平衡等问题,科学合理的网络民意应当既能体现利益相关者的诉求也能兼顾社会其他群体的利益,平衡好个体性与公共性之间的关系。"效率"原则注重政策成本投入和效益产出的合理性,致力于以更低的成本来获得更多的收益。对网络民意的科学性进行分析,一方面要分析其意见方案在实际的技术操作上是否可行;另一方面也要分析其意见方案中的价值理念是否符合决策制定者的价值观。

五 决策可接受性对网络民意倾向性的考量

一些专业领域的公共决策对决策质量的要求较高,更多关注技术可行性等决策质量约束,而其他一些领域的公共决策对公众的可接受性有较大的需求,即更看重公众对决策的可接受性或执行程度。决策可接受性要求在公共决策过程中积极吸纳公众参与,考虑公众对相关问题和决策方案的态度倾向,增强公众对决策的可接受程度。

(一) 网络民意倾向性:考察网络民意的态度指向

很多公共决策和政府改革措施,比如下岗职工培训、社区养老建设、鼓励生育政策等,如果只考虑技术标准,便很难实施和推行。公众接受是这些政策推行的先决条件,决策者不能以"闭门造车"的决策方式来对待这类政策问题,而是要关注和分析公众对相关问题的态度倾向,再做出进一步决策。对公众接受度要求高的政策问题一般都是与公众衣食住行等密切相关的民生问题,这些问题贴近普通百姓生活,不存在技术和认知方面的盲点,适合发动公众进行网络参与,表达意见态度。此外,还有一些涉及专业技术领域同时也需要公众接受的政策议题,比如道路交通规划调整、核电站建设、化工项目选址等。这类议题公众既陌生又熟悉,虽然政策涉及的相关专业知识和技术普通公众并不熟悉,但决策结果会直接影响

---

① 〔美〕约翰·W. 金登:《议程、备选方案与公共政策》,丁煌等译,中国人民大学出版社,2017,第125~126页。

到公众的日常生活和切身利益。这类项目,如果没有经过公众参与讨论和最后表态,很可能会在后续执行环节遭遇各种阻碍。反之,公众参与可以让许多潜在问题提前暴露,并在互动协商中不断达成共识。

网络民意的倾向性可以理解为网民对特定社会问题和公共决策的整体态度取向和分布状况。态度通常表达的是主体对客体的认知和情感倾向,是一种心理的准备状态,并且会对主体的行为产生影响。美国学者 Baron 等提出了态度的 ABC 模型,态度包含情感（Affective）、行为（Behavior）、认知（Congitive）三种成分,其中"行为"不是真的发生行为而是指行为的意图这种心理倾向。[①] 认知是态度形成的基础,是主体在直接或间接经验基础上形成的对态度客体的知觉、观念、判断。情感是指态度主体对态度客体的一种情绪反映,表现为情感体验的程度。行为主要指态度主体对态度客体的一种行为倾向,是一种潜在的行为准备状态。

态度的三种成分在影响主体的态度形成上,具有不同的作用方式。关于认知与态度,主体的丰富知识储备和对客体信息的充分掌握有助于增进主体对客体的判断。对政治议题的充分认知,能够帮助网民更好地整合相关政策议题,权衡利弊,形成明确的态度倾向。在主体认知和情感不一致的情况下,主体的行为更有可能受情感成分的影响。态度与行为的关系,一方面取决于态度的强度,强度越大越可能引发相应的行为反应,另一方面取决于社会情境的影响,当个体身处一个特定的社会情境并感受到来自周围群体的心理压力时,个体很可能会选择与感受到的群体态度相一致的行为,此时态度与行为的一致性可能会降低。

（二）网络民意倾向性分析：基于认知、情感与行为意向的判断

网络民意倾向性也就是网络民意对社会问题和公共决策所表现出的态度倾向,包括认知、情感和行为意向三要素。认知可以为主体对客体的判断提供知识和信息帮助,在不涉及情感因素的情况下,知识可以提高判断的效率和理性程度。而在认知因素和情感因素不一致的情况下,情感因素发挥的作用往往更大。认知、情感和行为意向三要素可以形成不同的组合

---

① R. A. Baron, D. Byrnt and J. Suls, *Exploring Social Psychology*, Boston: Ally and Bacon, 1988.

模式,也就是不同的态度倾向。考察网民对特定政策议题的态度倾向时,可以将网民的认知、情感和行为意向进行不同程度的赋值,然后组合排序,形成网络民意态度倾向的不同模式(见表1)。

表1　网络民意态度三要素赋值与界定

赋值	认知	情感	行为意向
1	掌握信息	喜欢	接受
0	缺乏信息	中立	中立
-1		反感	不接受

认知是态度形成的基础,这里我们将网民认知程度赋值为1和0两种情况,即掌握相关信息和缺乏相关信息,并分别探讨这两种情况下网络民意态度倾向的几种主要模式。

当认知=1时,表明网民对相关政策议题掌握充分的信息,对决策方案有较为全面的认知,此时,网民态度倾向主要表现为以下四种类型。中立倾向:情感=0,行为意向=0,网民虽然知悉相关政策议题,但既不反对也不支持,属于中立态度。倡议倾向:情感=1,行为意向=1,在了解相关信息的基础上,网民对政策议题持正面情感,在行为意向上接受决策方案,并积极推动决策的执行和落实。抵制倾向:情感=-1,行为意向=-1,在获知相关政策信息后,网民对政策议题持负面情感,并且对决策方案也不接受,可能会引发网民对相关决策的抵制行为。建言倾向:情感=1,行为意向=-1,基于对相关政策问题的了解,网民虽然对决策方案不接受,但是对问题被纳入政策议题范围内持正面情感,此时网民倾向于向政府建言献策,以期决策方案能够不断调整和完善。

认知=0,表明网民对政策议题缺乏了解,可能是网民自身政治素养不足,缺乏获取政治信息的能力和动力,也可能是政府在公开政务信息方面不够及时主动,此时,网民态度倾向主要表现为以下三种模式。政治冷漠:情感=0,行为意向=0,网民在认知缺乏的状态下最容易产生政治冷漠,既不知晓情况也不做出判断和评价,倾向于事不关己高高挂起的态度,完全置身事外。服从倾向:情感=1,行为意向=1,当网民政治认知水平较低又缺乏对政策议题的充分了解时,会倾向于选择盲目服从。群体极化：情感=-1，行为意向=-1，当网民对政策问题并不知情或是缺乏权威信息，一旦决策公示引起部分网民的反感和不接受，加之谣言和小道消息泛滥很容易演化成网络群体极化现象。

认知是态度形成的事实基础，在认知充分的基础上有利于形成参与型网络表达，网民也更有可能形成与政府合作的态度倾向，比如倡议模式和建言模式。虽然认知也可以引发不合作的抵制倾向，但网民的抵制行为是建立在充分的信息和事实基础上的，是一种理性的网络参与行为。在认知缺乏的情况下，网民倾向于非参与型的网络表达，比如对政治议题不感兴趣，表现出政治冷漠，抑或是盲目服从，没有互动和交流。认知的缺乏还很容易导致网民的不合作和排斥心理，比如网络群体极化现象。网络群体极化是网络民意态度倾向的一种极端表现。网络传播环境中，在认知缺乏和信息不透明的情况下，网民很容易被群体中其他成员的情绪所感染，加上网络中"沉默的螺旋"现象依然存在，网民个体往往也会迫于其所感知的情境压力而选择与群体趋同的态度，甚至发展成为极端偏狭的排外倾向。

六　结语

从公共决策的视角出发，网络民意分析的三个维度包括主体性、科学性和倾向性，判断的标准分别是决策公共性要求、决策质量约束和决策可接受性要求。在具体分析网络民意的评价活动中，我们还需考虑一点，即评价标准是不是唯一的和绝对的。古典价值哲学认为价值判断的标准必须是绝对的、先验的、固定的。杜威的实验经验主义价值哲学彻底否定了这一预设，摒弃了古典价值哲学对绝对确定性的追求，转而根据对现实情境的判断来寻找一条相对安全的道路。在杜威看来，价值判断的标准是与实践一起发展的，并且与判断一起不断调整和改善；价值判断必须置于具体的情境之中，脱离具体情境的判断对于实践毫无意义。① 决策者对网络民意进行分析判断，也应将其置于具体的公共决策环境中，根据决策的特

---

① 〔美〕约翰·杜威：《评价理论》，冯平等译，上海译文出版社，2007，译者序第1页。

点、需要不断调整和修改网络民意的评价标准。不同政策的目标群体不同，其对决策质量和决策可接受性的要求也不同，因此，对网络民意的分析评价应是一个不断变化的动态过程。

在对网络民意主体进行分析时，决策者需要预先界定相关公众是谁，然后考虑哪些是应当纳入政治参与过程的公众，哪些是应当重点关注的群体。关涉社会全体成员的公共决策，比如个税改革、养老保险等，其相关公众是全体社会成员，这就要求决策者对所有网络民意主体的结构分布及其代表性有准确的把握。一些特殊领域的公共决策，比如残疾人社会保障、扶贫、大学生就业等，只涉及一部分社会群体的利益，决策过程中应重点分析相关群体的意见和态度。不同的政策类型涉及的目标群体不同，决策者对网络民意主体的分析判断也应随之变化调整。

对网络民意内容和态度倾向的考察，决策者同样需要以一个动态变化的"随机性"观点来看待，网络民意的分析评价标准将取决于公共决策中决策质量要求和决策可接受性之间的相互限制。这种评价的"随机性"实质上是对网络民意分析更具实践操作性的价值判断标准。决策者首先要明确决策质量的要求，一旦决策质量的核心要素被确定，决策可接受性问题就随之而来。对于不同政策议题，决策者需要知晓决策要求的天平是往哪一端倾斜。如果对决策质量要求较高，那么对网络民意的分析应注重判断其内容的科学性与可行性；如果最终决策需要公众接受才能顺利推行，那么对网络民意的分析就需要重点考察态度指向。

原载《电子政务》2020年第2期
合作者：陈呈（博士生）

公共政策场域中网络民粹主义的
话语-权力转换机制

摘要： 本文借用福柯的话语理论和布尔迪厄的场域理论，从话语与权力的关系入手，考察公共政策场域内网络民粹主义的话语-权力转换机制，进而探讨政府在公共政策制定中规避网络民粹主义的合理路径。研究认为，网络民粹主义是社会底层借助网络技术赋权，以话语生产参与公共政策博弈的资本——社会舆论、社会运动等，聚合影响政策过程的权力。从长远看，搭建完善的民意表达机制，为不同意见的竞相涌流、激烈碰撞提供制度化保障，才能从根本上消解网络民粹主义的隐忧，使公共政策真正回归公共利益。

关键词： 公共政策　话语表达　网络民粹主义

中国的公共政策模式已经逐步由"单一决策模式"向"复合决策模式"转变，普通公众对公共政策的参与日益增加。[①] 自党的十五大以来，历次党的重要会议都强调了公民参与公共政策过程的重要性。如党的十八届四中全会提出"把公众参与、专家论证、风险评估、合法性审查、集体讨论决定确定为重大行政决策的法定程序"。公众参与公共政策的方式和程度因媒介环境变化而呈现根本区别。网络媒介的普及为公众参与开发

---

① 陈水生：《中国公共政策模式的变迁——基于利益集团的分析视角》，《社会科学》2012年第8期。

出新途径，其跨越时空的技术优势也拓展了公众参与的深度与广度。第38次《中国互联网络发展状况统计报告》显示，截至2016年7月，中国网民规模达到7.1亿，其中手机网民6.56亿，互联网普及率达到51.7%。从QQ、BBS、博客、政府网站到微博、微信，网络日益成为民意影响公共政策最重要的权力场域。这就要求作为决策者的政府以更加积极主动的姿态倾听民意，并将其作为公共政策的重要依据。然而，在政府决策重视网络民意的过程中，一些人担心网络民粹主义会挟持民意，最终影响公共政策的制定，因此，厘清网络民粹主义的话语机制、生发动因并有效规避其对公共政策制定的影响，对于公共政策顺应真实民意、回归科学理性至关重要。

一 话语权力：网络民粹主义意在影响公共政策

民粹主义概念呈现"以民为粹"或"民之精粹"的不确定性。前者流露出"对平民百姓、未受教育者、非智识分子之创造性和道德优越性的崇信"[①]，带有浓厚的反精英色彩。后者则被界定为视民众为工具的精英主义，比如在20世纪50年代中期拉美盛行的"庇隆主义"，就体现为中产阶级精英试图通过发动群众以撼动旧有的政治秩序。当中产阶级对现状的不满与社会底层的积怨形成共振时，民粹主义就可能爆发。在这种解释下，民粹主义是一种进行政治动员或统治的策略和工具。虽然民粹主义的概念有不同解释，但其基本表现形式则相对易于把握。阿伯茨和拉曼斯归纳说，民粹主义强调作为整体的人民的价值：一是在人民与精英之间构成敌对关系，认为政治应该是人民意志的表达；二是支持直接民主，拒绝代议制原则；三是人民被认为是一个同质化的整体，它只有一个声音，人民应当联合起来推翻既有的政治秩序。[②] 在互联网成为社会语境的条件

---

① 林红：《民粹主义：概念、理论与实证》，中央编译出版社，2007，第31页。
② Koen Abts and Stefan Rummens, "Populism Versus Democracy," *Political Studies*, Vol.55, No.2, 2007, pp.405-424.

下，网络传播草根化、去中心化的技术特质恰恰与民粹主义反制度、反权威、平民化的理念相契合，网络空间已经成为民粹主义者宣泄不满、表达诉求、动员公众对抗精英阶层、影响政策过程的权力场域。在热点公共事件中，网络民粹话语往往立场先行，呈现出强烈的仇官、仇富和反智情绪。有研究者总结说，"网络民粹主义的话语，经过近几年的发展，已经形成套路化、模式化的特点，即每有事件发生，都可以归结到某种特定的话语结构、话语逻辑"。①

在福柯（Michel Foucault）看来，"话语是由一组符号序列构成的，它们被加以陈述，被确定为特定的存在方式"。② 话语具有某种建构性力量，我们身处的世界、我们对社会和文化等方面的认知甚至于我们对自身的体认，都是话语实践的产物。正如文化研究学者霍尔（Stuart Hall）解释的，话语结构"规定了我们对特定主题和社会活动层面的述说，以及我们与特定主题和社会活动层面有关的实践，什么是合适的，什么是不合适的；它规定了在特定语境中什么知识是有用的、相关的和'真实的'；哪些类型的人或'主体'具体体现出其特征"。③ 于是，话语在确立一种"历史的先验的形式"④ 的过程中完成了表意实践对主体和直接经验的驱逐——经验不再构成任何东西的基础，人存在于话语之中，且只能通过话语来经历和体验自身的生存条件。福柯说，"不存在什么真实事物，存在的只是语言"。⑤

福柯的话语分析并非为了探究某种话语、知识的真理性，而是旨在揭示此种话语背后特定的生产策略、社会语境及其中包含的错综复杂的权力关系。从网络民粹主义与公共政策的关系角度看，网络民粹话语并不单纯是一种情绪的宣泄，而是具有鲜明的目的性，即参与公共政策博弈。据此，可以将网络民粹主义置于话语权力的理论视域中进行考察。当前，民

---

① 陈龙：《话语强占：网络民粹主义的传播实践》，《国际新闻界》2011年第10期。
② Michel Foucault, *The Archaeology of Knowledge*, London: Routledge, 2002, p.121.
③ Stuart Hall, *Representation: Cultural Representations and Signifying Practices*, London: Sage, 1997, p.6.
④ 黄颂杰：《福柯的话语理论述略》，《南京社会科学》1990年第6期。
⑤ 刘北成：《福柯思想肖像》，北京师范大学出版社，1995，第92页。

粹主义者借助网络赋予的技术便利，依托特定事件和策略生产某种话语，并极力促成该话语在网络空间的扩散。通常情况下，相关事件本身只是一个由头，核心话语早已预先生产，只需不断嵌入合适的事件中，在实践中不断被触发并反复操演，形成固定套路。在这个过程中，植入特定话语中的某种结构化的知识图谱逐渐被内化，成为接受该话语者理解社会关系甚至是个体身份的重要参照。民粹主义者通过话语生产的方式，将大量网民镶嵌在具有特定倾向的话语结构中，加以整合、操纵和动员。在他们认为时机成熟时，极具煽动性的话语被生产出来并迅速扩散，极易掀起强大的社会舆论甚至是群体性事件，强势介入公共政策过程，迫使公共政策向利己的方向倾斜，实现话语向权力的转换。

二　割裂社会：网络民粹主义的话语生产策略

民粹主义者试图营造割裂的社会图景，依托特定事件并嵌入特定的话语策略加以诠释，意在引导网民释放仇视精英的非理性情绪，裹挟民意介入公共政策。在实践中，民粹话语生产大多采取以下两种具体策略。

第一，身份界定：就是完成对涉事者身份、地域、阶层等社会属性的识别，以便区分敌我、选边站队。身份界定意味着标签化，只要当事人来自权力阶层（拥有财富、知识或政治权力），就可以贴上诸如"富二代""公知""官二代"的标签，就必定是遭受挞伐的对象；而来自社会底层的一方，则具有不证自明的道德优势，即便做出失范行为也必定情有可原。塔格特（Paul Taggart）解释说，"哪些是人民，哪些不是人民，在实践中民粹主义者更容易确定后者，对社会集团的妖魔化，特别是对精英的憎恶使民粹主义者树立了政敌，但这也是其建构自身的一个重要部分……民粹主义的言语中充满了对头脑敏锐的知识分子、官僚、雇佣文人、财主、强盗头领、披头士和财阀的诋毁"。[①] 标签化的身份界定能够为尚不知情的网民迅速介入事件预设认知模板，并为其潜在情感、态度的表达冲

---

① 〔英〕保罗·塔格特：《民粹主义》，袁明旭译，吉林人民出版社，2005，第127页。

动提供发力点。因而此种话语策略旨在通过创造一个舒适的主体位置来诱使网民占据，而一旦网民占据这个位置，则意味着其本身被建构为具有民粹倾向的个体。

第二，情节渲染：就是把较为复杂的事件简化为充满戏剧化色彩的典型情节。有研究者将民粹主义的叙事归纳为"英雄叙事"、"悲情叙事"和"复仇叙事"，指出这套叙事策略用二元对立框限了转型期中国社会的复杂关系，助长了社会仇恨。[①] 社会事件的产生，其背后往往是多重社会关系的深度交织，每一个涉事者也不是单面向的个体。脸谱化的形象设定和简单化的逻辑串联无疑包裹着特定的意识形态倾向，呈现出鲜明的指向性。网络民粹话语在完成对涉事者"非黑即白"的身份界定后，往往会站在小人物的一边，通过塑造作为弱势者的平民"在沉默中爆发"的悲怆与无奈，争取广泛的社会同情，将其本应背负的法律和道德责任全部排除，并一股脑儿地归罪于社会和体制。

通过上述策略，民粹主义者企图在话语生产中重塑网民心中的社会图景——割裂的社会，对立的阶级，水深火热的平民怀揣复仇的渴望，随时准备对权贵发起道德的审判。

三 强占民意：网络民粹主义的权力转换机制

实践的反复操演使网络民粹话语的使用日趋成熟。在公共政策领域，网络民粹主义通过特定话语的生产，强占网络民意以介入公共政策制定，实现话语向权力的转换。福柯认为，权力以话语的形式实现自身的再生产。在公共政策的网络民意表达中，民粹话语被生产出来，绝不是为了增添网络民意的多元性，而是为了实现话语霸权，对公共政策制定施加舆论压力。当前，征集民意、搜集民意成为公共政策制定过程的常态环节，表明民意表达成为影响公共政策的重要因素。民粹主义者深知，要使自身利益偏好在公共政策中充分呈现，就必须强占民意，以民粹话语整合和动员

---

① 汤景泰：《偏向与隐喻：论民粹主义舆论的原型叙事》，《国际新闻界》2015年第9期。

尽可能多的网民，挤占异质话语的生存空间。泛道德化、情绪化的民粹话语极富煽动效果。在民粹话语的"邀请"下，网民极易被畸变、割裂的社会图景所蒙蔽，坠入民粹话语预设的主体位置"陷阱"，丧失理性判断的能力，甚至是推波助澜，强化民粹主义的舆论声浪。比如在2014年广东茂名反对PX项目建设的过程中，网络民粹主义者一方面采用"情节渲染"策略，简化事实逻辑，将化工生产与"致癌致畸"直接画等号，无视环评论证的科学性，采用悲情叙事方式，对其他并不相关案例中化工污染受害者的悲惨处境予以特别关照，从而将PX项目妖魔化，鼓动更多的网民抵制政策实施；另一方面采用"身份界定"策略，为地方政府官员贴上"与民争利""视民如草芥"的标签，使紧张对立的干群关系被建构和凸显。由于民粹话语具有极强的排他性，往往缺乏对异质意见的包容态度，而更愿意采取扣帽子、造谣甚至侮辱谩骂的形式，试图迫使异见者噤声。在茂名事件中，网络民粹主义者在百度词条、微博、人人网等网络空间，就PX"低毒还是剧毒"问题与以清华化工系学子为代表的知识精英展开较量。值得注意的是，即便没有办法形成数量上的绝对多数，网络民粹主义者也会"虚张声势"，将自己的观点标榜为主流民意，营造民意假象。于是，网络上"沉默的大多数"无端被代表。有研究者质疑，"大众在哪？不难发现，所谓的大众最初就是网络好事者，在他们看来数量庞大就是大众。在大众的名义下，网络好事者的舆论就是大众的舆论。真正的民意却没有得到求证"。① 网络民粹主义通过特定的话语生产强占民意，攫取影响政策的强大权力。这种特殊的话语-权力转换机制，已经对地方公共政策吸纳民意造成严重妨害。

公共政策是对全社会价值的权威性分配，多元利益主体在政策场域内博弈、协商与妥协，以求得个人利益与公共利益的最大统一。公共政策的讨论理应使多元民意充分呈现、相互碰撞，网络民粹话语对民意的强占已经严重干扰公共政策的民意表达，在很大程度上剥夺了异质意见的表达自由。英国哲学家密尔（John Stuart Mill）曾指出，无论是用人民的名义还是用政府的名义来压制这种自由，这种权力都是不合法的。"如果全人类

---

① 陈龙：《Web2.0时代"草根传播"的民粹主义倾向》，《国际新闻界》2009年第8期。

对某一问题意见一致,只有一人持相反看法,那么,人类要这一人沉默并不比这一人要人类沉默更为正当"①,"迫使一个意见不能表达的具体的恶乃在于,它是对整个人类的掠夺"②。同时,不同观点的平等表达,是程序正义的标准,也是实现政策选择合理性的要件。在不存在民意强占的情况下,"不同的过去的经验在公共论坛中都得到了合理呈现,政府与公民也就可以根据所有过去的经验作出理性甄别,并检验其合理性"。③ 复旦大学发布的《中国网络社会心态报告(2014)》也从实证的角度印证了民粹话语对网络民意的遮蔽。调查认为,常见的网络舆情收集往往基于"事件/议题"的测量路径,而网络民粹主义爆发的周期性与事件性恰好契合这种测量路径,因而使此类报告容易呈现出虚假的民意生态。该调查尝试一种"人的路径"的测量方法,覆盖多元社会群体,从长期的、相对稳定的视角探讨网络用户的深层心态和实际意愿。结果显示,具有偏执倾向的极端派正成为少数派,成熟理性的大多数正成为净化网络的中坚力量。调查发现,伴随着网民数量不断攀升、网民结构不断优化,多元利益关系与多元意见交互碰撞,网络民意正从总体上走向成熟理性。然而转型期中国公共政策制定的特殊性在于其"政策吸纳政治"的任务。在具体的政策制定过程中,一些地方政府对政策可接受性的重视往往超出了对政策科学性的关注,为的是确保政治权力的合法性与稳定性。在此种思路指导下,网络民意的数量多寡而非质量优劣常常成为一些地方政府更加倚重的决策指标。于是,网络民粹话语通过强占民意掀起的虚假舆论声浪甚至是群体性运动,就能逼迫政府做出迎合民粹主义的政策决定。这无疑破坏了程序正义,损害了政府威信,也无助于提升公共政策质量。

四　资本博弈:网络民粹主义的生发动因

按照布尔迪厄(Pierre Bourdieu)的场域理论,公共政策就是一个多

---

① 〔英〕密尔:《论自由》,许宝骙译,商务印书馆,2015,第19页。
② 〔英〕密尔:《论自由》,许宝骙译,商务印书馆,2015,第19页。
③ 李建华:《公共政策程序正义及其价值》,《中国社会科学》2009年第1期。

方力量博弈的权力场域，其中资本是社会成员进入该场域的必要条件和竞争手段。资本多少意味着影响公共政策的能力和强度，资本类型意味着影响公共政策的程度和方式。每个参与者都致力于通过调动各种资本，使公共政策向有利于自身的方向倾斜，以提高自身各类资本的质量和水平，从而投入下一个场域的博弈。对于普通公众来说，要进入公共政策场域，也必须手握资本。在民主法治程度较高的社会，公众参与已经得到较为完善的制度保障，制度赋权成为公众进入公共政策场域的主要资本来源。制度给普通公众提供资本，包括信息资本、知识资本、技术资本等，而制度本身也是一种资本，公众合理运用保障自身参与的各种法律、规章、程序，能较为有效地抵御来自其他利益参与者的阻挠、干预和制约，在政策制定过程中充分表达自己的利益诉求。比如美国的"公共利益代理人"制度就为广泛而分散的利益提供代表，代表主要由私人律师和私营企业担任，有时行政机关也提供公共利益代表。① 这种使公众利益组织化的制度安排与实践使普通公众的意志能够得到较好的整合与输出，提高了公众参与政策博弈的能力。凡此种种，制度赋权成为理想情况下增强公众资本博弈能力的主要路径。

一方面，一般公众渴望自己微弱的声音被倾听、被采纳，他们急需某种参与公共政策场域博弈的强大资本，来引导公共政策更多向己方倾斜。另一方面，制度性的民意表达渠道尚不完善，虽然从中央到地方，公众参与公共政策不断获得程序性保障，但与公众强烈的参与与表达渴求相比，目前的制度建设仍显滞后。因此，制度赋权实质性缺位使其无法提供一般公众迫切需要的足够资本。于是，部分公众开始转而借由技术赋权，凭借网络媒介即时交互、匿名性、低门槛的技术优势表达利益诉求。他们发现，技术赋权能够为其提供介入公共政策的强大资本——网络舆论。而要获得这种资本，他们就必须生产某种话语，动员尽可能多的网民，以实现话语赋权，而民粹话语则是中国当前语境下最好的动员武器。

民粹话语的独特感召力是由历史和现实共同决定的。从历史来看，中

---

① 王锡锌、章永乐：《我国行政决策模式之转型——从管理主义模式到参与式治理模式》，《法商研究》2010年第5期。

国文化中一直蕴含着对底层民众的崇信、对公正平等的追求和对公权力朴素的期待，"民为贵、社稷次之、君为轻""当官不为民做主，不如回家卖红薯"等，就是对此的经典诠释。

五 制度保障：网络民粹主义的规避路径

既然公共政策是对全社会价值的权威性分配，就必须以公共利益为依归。网络在拓展公众参与深度与广度的同时，也成为民粹主义滋生的温床。网络民粹主义已经成为公共政策制定过程中的隐忧，必须寻找规避和消除这种隐忧的合理路径，避免公共政策的制定被网络民粹主义"绑架"。

首先，要形成理性分析网络民意的意识，从观念上摒弃公共政策吸纳民意以数量决定取舍的简单多数法则。网络民粹主义者之所以要大规模地、迅速地为某种意见"拉票"，就是想形成庞大的数量优势，以规模气势给政策制定施加压力。公共政策制定过程需要听取和吸纳民意，并非简单地看持某种意见的人数，而是看公众对某一政策问题有哪些意见，意见背后问题指向的针对性和准确性、建议的合理性等。网络意见的人数优势并不能天然地自证其价值。有些观点看似获得了支持人数的优势，也未必具有准确性和科学性，呈现的未必是网络民意的真实生态。网络上一些专家学者和普通网民的观点，往往蕴含丰富的智慧和独到的见解，但有可能被非理性的声浪湮没。因此，在具体的公共政策过程中，应通过不断完善舆情测量与收集技术，充分挖掘网络民意的价值效用，而不必因网络民粹主义者观点数量上的优势就妥协让步，放弃原本科学的决策思路。听取和吸纳民意的关键在于，决策部门要善于搜集、捕捉和甄别不同意见，在审慎研判的基础上，以网民意见的丰富性扩大决策者认识问题的视野，以网民建议的科学性扩充公共政策的官方智库，以提高决策的合理性。

其次，要建立和完善保障网络民意充分表达、搜集和研判的制度，让有价值的网络民意真正参与政策过程。第一，建立和完善保障民意充分表达的制度，让意见在充分交流中回归理性。网络民粹主义根植于底层弱势群体表达利益诉求的强烈渴望与滞后的民意表达制度建设之间的落差和冲突所形成的文化土壤，制度赋权长期实质性缺位累积了较多的社会负面情绪，这些情绪得不到有效的释放和缓解，不仅进一步加剧负面情绪的累积，而且易于导致思维方式的极端化与观点表达的片面化。而技术赋权和话语赋权让社会底层找到了情绪宣泄的出口，这种超乎想象的自由让累积的社会情绪喷薄而出且迅速集结，互相感染，显示出强大的量级优势。面对这种局面，制度化设计的目标不是限制意见表达，而是鼓励各种不同意见充分表达，让不同的情绪和意见都能得到释放和展现。经过一段时间的比较、交流和交锋，理性的、符合实际的意见终会赢得理解和支持，进而成为主流民意。有了制度化的保障，一些微弱的民间声音，也会得到公开呈现，成为政府设计政策方案的参考因素。第二，建立和完善搜集和研判网络民意的机制，避免有价值的民意流失，发挥其"民间智库"的作用。与传统的"打捞民意"方式不同，民意主动浮现为新媒体时代决策者了解民意提供了更为便捷的途径。但是，除了政府网站集中征集民意，民众的意见和建议更多地散见于各类新闻跟帖、论坛、微博、微信平台等，需要政府设立专门的部门，广泛搜集和捕捉意见，分析意见指向问题的真实性和代表性，研判建议的科学性，进而使政策方案更广泛地兼顾各种因素、更充分地平衡各方利益，提高公共政策的公平性、科学性、权威性。唯有如此，公共政策制定过程才可能规避网络民粹主义的绑架，回到听民意汇民智的轨道上来。

原载《当代传播》2017年第3期
合作者：宋炫霖（硕士生）

电视问政

电视访谈的政治传播价值

——以"省部级官员访谈"类节目为例

摘要：作为电视媒介传播政治文化的重要载体，"省部级官员访谈"节目的生存价值、提升空间理应受到学界的关注。本文从权力关系的明确与回归、受众政治参与意识的觉醒、媒介意见沟通功能的实现等方面探讨了"省部级官员访谈"类节目为现代政治生活搭建公共平台的生存价值。同时，本文分别从政府、公众和媒介三个方面探讨了此类节目的不足及提升空间。

关键词：电视 政治传播 "省部级官员访谈"类节目

"省部级官员访谈"类节目自亮相荧屏的那天起，就争议不断，最极端的莫过于有人称之为"政治作秀"。作为一种政治传播现象，简单地否定当然不是科学的态度，此类节目在传播政治文化方面的价值是显而易见的，它初步搭建了政府与公众沟通的平台。

一 从讲话到对话：权力关系的明确与回归

政治传播的第一要素是政府组织，这是政治传播的主体。

根据善治理论，现代社会管理的本质特征在于政府与公民对公共生活的合作管理，政府与公民之间积极而有成效的合作即为善治。其透明性的要素要求政治信息充分公开，要求政治信息能够及时通过各种传媒为公民所知，以便公民能够有效地参与公共决策过程。① 管理的科学化要求管理者主动听取民意、吸收民智，这构成政府管理者通过媒介主动与公众交流和沟通的内在驱动。"省部级官员访谈"类节目的诞生固然是媒介顺应受众收视需求的结果，但没有政府管理者亮相电视媒介的内在驱动，也不会有此类节目。

从形式上看，"省部级官员访谈"改变了以往政府官员高高在上的形象，初步形成了政府与公众面对面对话的新形象。从讲话到对话，虽只一字之差，却投射出权力关系的明确与回归。一切权力属于人民，意即人民是权力的所有者，政府官员因为管理的需要接受权力所有者的让渡而成为权力的使用者。权力使用者向权力所有者汇报重大的权力使用信息，听取所有者的意见，接受所有者的质询和监督，才是正常的权力关系。

1."省部级官员访谈"类节目的首要价值在于时政信息公开

时政信息的及时公开，既是公民民主参与权利实现的前提，也是电视媒介开办此类节目的初衷。这也是公众选择收看此类节目的首要原因。在民主政治制度下，公民有权要求政府官员及时全面地报告权力运行的一切信息，包括决策背景、决策内容、决策实施等内容，尤其是政府在一个时期某一方面的工作目标、重点、措施、成效等，是公众获知的重点。在大众传播时代，这些内容的公开获得了充分的技术支持。在"省部级官员访谈"类节目中，主持人就公众最关注，反映最集中、最强烈的问题向政府官员提问，政府官员在回答问题的过程中实现信息的公开。随着交谈的深入，公开的内容也会越来越多。

在此类节目中，时政信息公开的程度与三种因素相关：一是节目主持人能否突破表层信息，就核心问题向访谈对象发问，并有穷根究底的决心和勇气；二是能否设置公众参与交流的环节并实现平等交流；三是政府高官能否坦诚地参与交流，不设禁区。当然，即使尚未做到完全公开，与以往未曾通过电视实现信息交流相比，"省部级官员访谈"的信息公开价值还是值得肯定的。

---

① 俞可平：《权利政治与公益政治》，社会科学文献出版社，2002，第146~148页。

2."省部级官员访谈"类节目也是宣传和劝服的有效途径

我国的政府官员对于接受电视访谈并不热衷,节目组为寻找访谈对象而"经常给邀请的省部级官员做'思想工作',单是请人环节就几乎耗尽节目组所有人的精力"。① 但是,一旦看到其他一些负责人接受了访谈,也有官员主动要求上此类节目。他们看准的是此类节目的宣传和劝服功能。

任何公共政策的执行都必须得到目标受众的理解和支持,而决策者所要做的工作就是宣传和劝服。政府官员在访谈节目中介绍当前工作的重点、背景、困难,就是向公众宣传政策的内容、制定和推行政策的原因、落实政策面临的阻力等,希望得到公众的理解和支持。通过公开的、充满感情又富有理性的解释,政策的支持率往往会得到较大的提升。根据劝服理论,信息来源的权威性与劝服效果呈正相关。作为决策部门负责人的政府高官亮相于电视节目中,直接面对观众宣传政府主张,高度的权威性增强了劝服效果。

3."省部级官员访谈"类节目不是政府官员的独角戏

"省部级官员访谈"类节目以政府官员为核心和主角,但并不意味着由他们唱独角戏,应是有公众参与、由政府和公众共同演绎的民主管理的活剧。

政府施政信息的公开,并不意味着政府官员说什么就是什么,他们必须面对公众的信息需求,允许并接受观众质询。一方面,由政府官员单方面发布信息并不能保证信息的完整性和客观性,公众参与交流实现了与政府官员的共同传播;另一方面,交流意味着信息挖掘的深度、准确度的提升,双方对重要问题的交流越深入、越详细,相关信息的全面性、准确度就会越高。

政府官员进行政策宣传和劝服,并不意味着只能进行单方面的说教。劝服理论认为,对于受教育程度低的受众来说,单面消息的劝服效果更好;而对于受教育程度高的受众来说,正反两面消息则更为有效。"省部级官员访谈"类节目的严肃性和政治性,决定了其受众往往是文化程度

---

① 苏永通、吴天:《把省部级官员"推上"电视》,《南方周末》2006年1月26日。

高、参与意识强的人。仅仅由政府官员阐述其观点对于具有独立判断能力的受众来说，易形成某种抵触情绪。由公众提出一些不同的意见、事实，由政府官员进行解释，就能够在正反两面意见的交流和沟通中实现有效的劝服。

然而，时下的"省部级官员访谈"类节目在很大程度上仍然是省部级官员发表施政观点的舞台。虽然《决策者说》《小崔会客》等节目形式各异，但都是政府官员围绕各自近期主要工作，谈措施、谈背景、谈成效、谈未来。在访谈现场，还有各主要委、办、局的负责人，他们对高官的介绍进行补充或印证式说明。尽管主持人也通过志愿者实地调查、当地群众进入演播室等环节印证官员所言，使访谈貌似进入多对象交流的情境，但根本上都是以介绍官员的施政方略及其效果为中心，其他人的观点只是印证并使访谈气氛更活跃一些而已。

二　从顺从到参与：受众政治参与意识的觉醒

政治传播的第二要素是受众，这是政治传播的对象。不过，我们不能把受众视为纯粹接受政治信息的人，他们在接受政治信息的同时也主动参与了政治信息的制作和传播，如参与投票选举、与政府官员对话等。

1. 参与的需求催生越来越多的"异见"

随着社会的发展，人们参与公共事务管理的需求越来越强烈，最直接的表现便是对公共事务独立发表意见的要求越来越强烈。每一次重大的政策出台、每一次高层官员对某一问题发表意见，都会引来议论，其中一些直接通过报纸、网络的言论平台得以公开表达。正是公众言论表达的热情高涨，催生报纸言论专栏、专版从无到有、从一到多地急剧扩张，公民言论呈现繁荣景象。

笼统地谈论公民的表达权并没有什么实质的意义。无论是在何种制度下，无论在哪个国家，表达与政府主张一致的意见都不仅不会受限，相反还会得到很多的机会。真正意义的表达权主要是指公民在法律规定的范围内表达不同意见的权利，即表达"异见"的权利。这里的"异见"尤指与政府主张不同的意见。

收看"省部级官员访谈"类节目，本身就是一种参与。这种参与首先表现为对某一政策、热点问题及高层管理者态度的关注，其次表现为对相关政策、热点问题及管理者的态度发表意见。这些来源分散而广泛的意见指向是多元的，只要媒体提供平台，就能竞相公开表达。比如，2007年8月30日建设部副部长在国务院新闻办公室就解决城市低收入家庭住房困难的情况举行新闻发布会，会上称普通收入居民可以通过租赁房屋来解决暂时的住房问题。此说法一经报道，立即引来各种质疑。有许多网友明确指出建设部称普通收入居民可考虑租房是政府在推卸责任。[①] 网民的言论迅即成为报纸报道的新闻，得以更广泛地传播。此类对政府政策或官员言论"引发争议"的报道已成为新闻报道的常态。报纸、网络纷纷开设的"正方"VS"反方"言论专栏，正是公众强烈的"异见"表达愿望的产物。如果电视提供合适的土壤，这种表达愿望和需求也必然会反映到电视节目中。

2. 从"看客"到参与者

"省部级官员访谈"类节目的观众可以分为两类。一类是闲看者，他们把收看此类节目当作一种消遣，更多地关注高层官员谈话的风格，而对于内容则缺乏关注和思索。另一类是参与者，他们把此类节目视为实现民主参与权的重要组成部分，对节目内容的每一个环节都十分关注，并力求参与其中。他们更关注谈话内容，包括高官对社会热点问题的态度、政府拟制定或已制定的公共政策的解释等，从中寻找表达意见的目标点。参与的方式既可以是在节目现场就高层官员谈话内容发表意见，直接参与与高层官员的对话和交流，也可以通过网上提问的方式参与与高层官员的对话与交流，前提是此类节目设置了公众与高官对话的环节。

"看客"与参与者是"省部级官员访谈"类节目的两种迥异的观众，也反映了公众对待参与权利的不同态度，往往也反映了一个国家的民主政治文化状况。

3. 公众表达的内容至关重要

"省部级官员访谈"类节目并非都没有公众与官员的对话和交流，问

---

① 《建设部称普通收入居民可考虑租房被指推卸责任》，《东方早报》2007年8月31日。

题的关键在于双方对话和交流的话题和深度，这直接影响对话和交流的实质。

在"省部级官员访谈"类节目中，除了节目主持人或大胆或谨小慎微的提问外，现场或电视观众能够就什么样的内容提出问题呢？

从应然的层面上分析，公民有权对管理者所有决策和执行的相关信息做进一步追问。具体来说，可以包括这样几个方面的内容。一是对官员提供的信息进一步明确化的追问。对于官员讲述的一些不甚明确的信息，通过提问，让其在补充说明中进一步明确化。二是对官员的陈述提出怀疑。这些怀疑既表现为对政府在社会热点问题上所持意见和态度的怀疑，也表现为对政府决策动议或政策方案合理性的怀疑，还表现为对政策制定程序的规范性和合理性的怀疑等。

从实然的层面上分析，如果说第一个方面的内容还能够提问的话，第二个方面的内容则几乎是不可能的。而缺少这样的对话和交流环节，访谈的政治传播效果则大打折扣。一句话，缺少公众参与的民主无论从内容还是从形式上看，都与民主的本质有着天壤之别。

三　从讲台到交流平台：媒介意见沟通功能的实现

政治传播的第三个要素是媒介，这是政治传播的平台。

从为政府官员提供讲话的讲台到为政府和公众提供对话和交流的平台，电视作为意见沟通中介的功能越来越充分地得以实现。现代媒介的传播优势吸引着政府官员公开发布信息，也吸引公众参与讨论，从而为民主政治传播搭建了一个广阔的平台。现代媒介可以被"视为促进民主制度的传递信息和进行讨论的中介手段"，"最为重要的是，媒体可能搭建一个进行争辩的论坛"。① 电视的技术优势为讨论双方设置实时交流的空间，因而讨论可以更充分、更深入。

1. 直面公众需求，主动设置议程

"省部级官员访谈"类节目表面看起来是以政府官员为中心，但访谈

---

① 〔英〕詹姆斯·卡伦：《媒体与权力》，史安斌等译，清华大学出版社，2006，第287页。

对象及核心话题的选择还是应以公众的关注焦点为中心。公众关注和要求参与政府官员访谈节目,意在了解政府对社会热点、难点问题采取何种对策,即制定何种政策,也希望自己的意见能够对政策制定产生影响。正如美国政治学家亨廷顿和纳尔逊所言,政治参与就是"平民试图影响政府决策的活动"。①

传播学者罗杰斯和迪林对议程设置理论的研究进程进行梳理后,对政策议程的设置进行了总结:①公众议程一旦被传媒议程所设置或所反映,就影响了精英中决策制定者的政策议程,在一些情况下,影响了政策的贯彻执行;②传媒议程似乎对精英决策制定者的政治议程,有时对政策实施具有直接的、很强的影响。② 此结论明确地指出了公众议程影响传媒议程进而影响政策议程的关系链。电视媒介通过多种渠道收集公众意见,此为传媒关注公众议程;电视媒介就公众议题策划和组织"官员访谈",即是公众议程进入传媒议程;官员访谈节目中主持人向政府官员提问,反映公众意见,在一定程度上必然影响这些政策制定者的行为,加速政策问题进入政策议程的进程,此为传媒议程进入政策议程。

问题的关键在于,电视媒介能够敏锐地判断公众议程,发挥自身优势,将公众议程迅速转化为传媒议程,并及时有效地传递给具有决策权的政府官员,促使其重视公众意见,制定相关的公共政策。

2. 搭建意见平台,实现官民对话

对话是民主政治的重要内容,而平等是对话的前提。公开地发表言论是民主参与的重要方式,而能够实现与管理者直接对话则是发表言论的最佳形式。一方面,人们公开发表言论本身就意味着对话和交流,这种对话和交流既包括公众通过报纸、网络等媒介发表文章进行跨时空对话和交流,也包括通过"省部级官员访谈"类节目实现与政府官员的实时对话和交流。另一方面,人们公开发表言论的现实期待是影响政府决策,而与掌握决策权的政府官员之间的对话,增加了影响决策的可能性。"省部级

---

① 〔美〕塞缪尔·亨廷顿、琼·纳尔逊:《难以抉择》,汪晓寿等译,华夏出版社,1989,第5页。
② 常昌富、李依倩编选《大众传播学:影响研究范式》,中国社会科学出版社,2000,第97页。

官员访谈"类节目的直接价值就在于搭建官民意见交流的平台,节目的一切策划都应围绕搭建和完善这个平台进行。

在意见交流的平台上,每一个参与交流者都是平等的。这是交流的本质,也是实现交流的前提。在"省部级官员访谈"类节目中,主持人眼中的高官与观众都是来参与交流的,理应得到同样的尊重。无论他们的观点指向如何,都应为其提供充分的表达空间。审视《决策者说》,就会发现,不仅很少有场内外观众参与对话,而且即使偶尔设置了这种对话环节,交流者身份的不平等也是显而易见。以2006年9月1日的《重庆高温:三峡大坝惹的祸?》为例,在这期节目中,除了电话连线三峡办主任蒲海清外,被请上嘉宾席的有三峡办水库司副司长黄真理、中国气象局国家气候中心主任董文杰,他们对"三峡大坝与重庆高温无关"的阐释很充分,观点互为印证。而地理环境学者王红旗作为与官员们意见不同的"反方"坐在观众席上。应该说能够在节目中设置"正方"VS"反方"的对话环节是非常有价值的,但是"反方"说话的时间太短、强行打断其意见阐述,显示出这种对话是不平等的,因而也难言充分。

3. 实时直播访谈过程,实现意见信息的原态传播

直播是电视媒介的独特优势,这一优势不仅表现为信息传播快,更表现为信息传播完整和真实。

在访谈的现场,由主持人、官员和场内外参与者(场内观众发言或提问,场外观众通过电话、短信或网络留言等方式参与)营造的言论场,无论对哪一方都形成了强烈的刺激,激发了表达和参与讨论的冲动。其间的问与答、意见的一致与冲突、各方参与的热情与冷漠等,都通过实时直播原态地展现在观众面前。这种未加修饰的直播节目展现的正是交流的本来面目。一旦不能实时直播,"媒体的偏见"[①] 就会发挥作用,即按照媒体的意见对访谈的环节和交流的意见进行取舍,访谈中的原始信息就可能出现变形。

实时直播的政治传播价值主要体现在以下两方面。一是它真实地传播了由官员、公众与主持人共同生产的信息,受众借以判断政府态度和行为

---

① 〔英〕布赖恩·麦克奈尔:《政治传播学引论》,殷祺译,新华出版社,2005,第13页。

的信息依据是完整的。二是它扮演着公民教育者的角色，既及时传递各方的声音，引导公众从不同的视角关注社会热点问题，又在更广的范围内向公众传播政治参与的知识，引导他们形成"应该参与管理""可以这样参与"的观念。在现实条件下，这种政治参与意识教育尤为必要。

原载《现代传播》2008年第1期，题目有改动

小区治理中的公共传播：
意涵、载体与品质提升

——兼对《小区自治之路，如何前行》的审视

摘要：随着城市化的快速发展，密布的住宅小区成为城市的基本细胞，小区治理成为社会治理的重要组成部分，也成为多元主体参与对话协商的公共传播实践。本文通过审视电视问政节目《小区自治之路，如何前行》，对小区治理中公共传播的意涵、载体与品质提升进行探讨。研究认为，对话与协商作为沟通型电视问政的核心理念精准契合了公共传播的逻辑，沟通型电视问政可以作为公共传播的重要实践形式和载体，通过组织多元主体的理性沟通，建立对话规则与秩序，在探寻小区治理良策的同时建构多元主体间的团结协作关系，培育其公共精神，最终促进公共利益的实现和小区的善治。

关键词：公共传播　电视对话　小区治理

杭州电视台问政栏目《我们圆桌会》在2018年4月14日和15日连续推出了两期节目《小区自治之路，如何前行》，邀请了杭州市一些住宅小区的业委会主任、业主代表、市区住建局干部、业委会协会负责人、街道办事处负责人、公共管理学者、律师等，讨论了业主与业委会、业主与物业公司、业委会与物业公司、开发商之间的各种矛盾及化解之策。节目视频很快被其他一些城市的小区业主在业主群里推送。业主们推送这个视

频反映了这些矛盾存在的普遍性以及完善小区治理的共同诉求。

随着城市化的快速发展,小区成为城市的基本细胞,并且逐渐从纯粹的"居所"转变为容纳各种社会关系和矛盾的"生活空间",小区治理成为一种日常生活的政治。本质上讲,日常生活的政治"是一种关系政治,它以公共问题为导火索,注重多元主体之间的互动表达"。① 那么,多元主体之间的互动表达应该采取何种方式、在何处进行呢?沟通型电视问政能否成为一种有效的途径?能否构建良好的对话关系?是否真正实现了有效的公共传播和政治沟通?存在的问题有哪些?完善的路径在哪里?这些都是值得深入探讨的问题。

一 问题的提出:小区治理,一个公共传播的话题

根据《物权法》,业主有权选举和罢免业主委员会,然而,杭州市星洲花园的业主们用了七个多月才罢免了已失信于业主的业主委员会。据媒体报道,业主与业委会矛盾激化的顶峰,是用于改造小区消防设施的135万元物业维修金的使用。业主们质疑动用维修金之前业委会未召开业主大会,多数业主不知情,施工单位也未按小区议事规则招标。此外,业主们还发现有多笔物业维修金被业委会擅自动用。为了维护自身权益,业主们酝酿罢免业委会,重新选举。然而,罢免业委会并非易事,根据《物权法》《杭州市物业管理条例》的规定,只要"双过半"(物业管理区域内专有部分占建筑物总面积过半数的业主且占总人数过半数)业主同意,业主大会就可终止或更换业委会成员。但召开业主大会需20%以上业主签名同意,再申报至业委会进行筹备,且20%业主的身份有效性和真实性应由业委会审核。2017年6月,业主代表发动宣传,挨家挨户登记,一个月后,当支持"罢免业委会"的497户业主签名表送至业委会时,业委会却以"497户业主签名中仅23户符合业主条件,未到20%"为由,再次拒绝组织召开业主大会。业主们只好求助街道办事处和社区,在街道

---

① 何志武、吴丹:《"我的地盘我做主":社区、行动者与空间争夺》,《新闻与传播研究》2018年第2期。

办事处的协调下，2017年11月14日，星洲花园临时业主大会筹备工作组成立。2018年1月21日，在街道办事处和社区的监督下，星洲花园终于召开了临时业主大会，最终以928票赞成，满足"双过半"要求，通过了罢免星洲花园第四届业委会的决议。

星洲花园罢免业主委员会是城市小区治理的一个缩影，它反映的是小区业主与业主委员会之间的矛盾。国家统计部门数据显示，截至2017年末，我国城镇化率（城镇人口占总人口比重）已达到58.52%。① 城市化的不断深入让小区空间成为政府、市场、公众等多方力量基于公共利益、经济利益和个人利益博弈的对象及互动的容器，小区治理成为社会治理的重要组成部分。而小区治理当中存在街道、社区、开发商、物业公司、业主、业委会等多元利益主体，各主体之间存在着不同的利益诉求和矛盾。在治理理念的视野下，小区公共利益的确认和公共问题的解决，要求多元主体在公开和开放的场合，公平、公正地进行对话与协商。不同主体通过理性地发表看法，阐释理由，经过多轮协商，最终多方利益诉求得到调和，进而达成共识，推动小区公共问题的解决，这是小区治理的核心理念，这个理念精准契合了公共传播的逻辑。小区治理是一个典型的公共传播话题。

二 多元主体的理性沟通：公共传播与电视对话的理念

何为公共传播？在西方，公共传播更多的是指大众传播的公共性实践。近年来，随着社会转型的推进和数字媒体技术的变革，我国学术界对公共传播的研究热度逐渐升温，促使公共传播成为一个显概念。

（一）公共传播的意涵与价值

从广义上讲，公共传播是由公众广泛参与的基于公共利益的传播。潘忠党认为公共传播是"具有平等身份的公民在开放的场所，遵循公开、公正、相互尊重和容纳等原则展开的涉及共同关心议题或相关利益的交

---

① 陈炜伟：《我国城镇化率升至58.52%释放发展新动能》，新华网，http://www.xinhuanet.com/politics/2018-02/04/c_1122366246.htm。

往,它的指向是通过信息的交流、意见的交锋,以及关系的建立与维系而形成具有集合主体性和行动力的公众,并以此影响表达和实现其意愿的公共政策"。① 胡百精等指出公共传播是"以公共性为基础,多元主体依凭程序性、工具性的交往理性平等对话,以期达成实质性、规范性的认同、共识和承认"。② 冯建华则认为公共传播指的是"个体、组织等多元主体在由不同属性媒介构成的开放式传播网络中,围绕公共议题展开沟通对话而形成的知识、图像、符号和信息流"。③ 公共传播的本质在于促进理性对话,由此可以推进人类的权利平等、社会公正和民主参与社会治理④,优化政府与其他社会主体之间的交往渠道,并因此促进社会整合。⑤

既有研究对公共传播的含义和工具价值探讨较多,但从公共传播的视角将治理理念具体化、操作化的分析较为欠缺,对城市治理中公共传播实践案例还鲜有学者探讨,因而未能将公共传播真正贯穿和应用于社会治理之中。

多元主体、公共领域、公共议题的对话协商是公共传播的核心要件,公共利益是公共传播的本质指向。这几个要素相互关联、协同互动,在公共传播中形成了关系性网络:多元主体构成了公共传播的行动者;公共领域为公共传播的行动者提供结构化空间;基于公共议题的对话与协商是多元主体开展公共传播的动力机制和表征方式;而公共利益的实现是多元主体参与公共传播的价值指向和最终归宿。作为实现公共利益的核心途径,公共治理应当在公共传播的意涵中体现出来。

综上,我们认为,公共传播是多元主体在公开、平等和尊重差异的基础上,在由媒体建构的公共领域中,围绕公共事务的对话和交往,其目的是通过沟通与协商达成认同、共识或承认,进而形成共同体进行合作治理,促进公共利益的最大化。

---

① 潘忠党:《导言:媒介化时代的公共传播和传播的公共性》,《新闻与传播研究》2017年第10期。
② 胡百精、杨奕:《公共传播研究的基本问题与传播学范式创新》,《国际新闻界》2016年第3期。
③ 冯建华:《公共传播:在观念与实践之间》,《现代传播》2017年第7期。
④ 吴飞:《公共传播研究的社会价值与学术意义探析》,《南京社会科学》2012年第5期。
⑤ 闫文捷:《作为公共传播的民主商议及其意义——一项针对浙江基层商议实践的问卷调查》,《新闻与传播研究》2017年第11期。

(二) 电视对话的公共性及其实践

"公共"一词包含三层含义：公众、公开和公共领域。① 公共性是传媒的本质属性，指的是传媒"作为多元主体之一参与社会治理与国家治理，以平等、公平、公正、开放为圭臬，为多元社会中的各利益群体提供意见表达和沟通的平台，从而制造社会共识"。②

1. 电视媒体参与公共传播的优势

虽然公共性是传媒的本质属性，但这并不意味着在当前媒介场景下任何媒体都适合建构公共领域，参与公共传播。在新的媒介场景下，网络论坛、微博、微信、短视频与直播平台等社交媒体构成了一个庞大的网络矩阵，有力地推动了人与人之间的连接，"通过网络沟通，每个人都可以成为（观点的）发送者和接收者"③，由此为公共传播提供了平台和场所，让公众的即时参与获得了更大的自主性。但应该注意到，网络所具备的非同场性、隐蔽性、匿名性等特点往往催生一些极端的、非理性的情绪化表达，而且基于网络空间的讨论由于流程、规则和秩序的缺位容易造成"众声喧哗"或"自说自话"的局面，难以建立良好的对话关系，反而有可能导致立场极化，这些弊端极大地消解了公共传播的公共性与有效性。

电视所搭建的公共平台，实现了公众、公开和公共领域的高度结合。公众的参与不仅体现在直接进入电视节目现场参与对话和交流，而且也体现在观看对话节目并通过连线的方式加入讨论之中。公开的讨论和交流不仅体现在话题公开、对话过程公开，而且体现在参与对话者的身份公开，这些公开有利于确保话题的公共性水平和对话的理性、深度与质量。电视媒体所搭建的公共领域，是一个开放的领域，在选择现场参与者时虽然可能会遗漏一些利益群体的代表，但新媒体与电视的融合为每个人提供了场外参与的机会，使得这个公共领域不再有边界。移动网络直播技术的发

---

① James G. Stappers, "Mass Communication as Public Communication," *Journal of Communication* 33, 1983, pp. 141–145.
② 李良荣、张华：《参与社会治理：传媒公共性的实践逻辑》，《现代传播》2014 年第 4 期。
③ Ingrid Volkmer, *The Global Public Sphere: Public Communication in the Age of Reflective Interdependence*, Cambridge: Polity Press, 2014, p. 135.

展，能够满足演播室内外多元主体"面对面"的对话与互动，带给参与者和观众强烈的真实感、同场感和共时感，从而建构多元主体间频繁交流的"互嵌式"对话关系。摄像机、演播厅、灯光、主持人、现场观众营造的仪式感规定了参与对话者的表达方式，每一位参与者都公开身份，其一言一行都处于千万双眼睛的注视之下，由此，参与主体理性思考、审慎表达就成为必然选择。

2. 电视对话的公共传播探索

近年来，一种被称为"电视问政"的栏目在全国各地的各级电视台竞相推出。作为电视对话的一种重要表现形式，电视问政是"监察承诺的问责会、政府与民众沟通的交流会"①，它"具有实时和同场的媒介优势，同场多回合对话挖掘了问政的深度，实时全过程直播丰富了信息的真实"②，对于推进社会治理具有重要意义。

电视问政目前主流的表现形式主要有问责型和沟通型两种。其中，问责型电视问政主要起着舆论监督的作用，比如武汉电视台的《电视问政》；而沟通型电视问政主要起着多元治理主体平等沟通的作用，"通过平等沟通、交流、讨论，互相理解，达到包容，形成共识"③，是一种较为典型的公共传播实践，比如杭州电视台的《我们圆桌会》。但在实际操作中，电视问政存在持久性不足、效能不高、程序不规范等问题。④

公共传播既是一种研究范式，又是一种实践范式。电视对话可以成为公共传播的有效载体，利用公共传播的理念实现其公共协商的功能。而多数研究者主要就电视对话（电视问政）的作用、不足及改进方案进行了探讨，对一些典型的电视问政节目，特别是问责型电视问政进行了"品鉴"及经验总结，但从公共传播视角来审视电视对话的研究成果较少，对公共传播与电视对话之间的逻辑关系和互动机制也缺少整体把握和深入研究，尤其对电视对话的主体、场域、过程、目标的关系链条的厘定不清

---

① 赵振宇：《认识和参与电视问政》，《新闻战线》2013年第9期。
② 何志武：《对话与协商：电视问政的理念》，华中科技大学出版社，2018，第51~53页。
③ 俞春江：《"电视问政"的社会协商功能及其实现路径——以杭州电视台〈我们圆桌会〉为例》，《中共杭州市委党校学报》2017年第1期。
④ 耿相魁：《问政类电视节目长效机制建设研究》，《中国广播电视学刊》2014年第6期。

晰，亟待开展深入研究。

本文致力于将公共传播理念贯穿于小区治理的实践中，通过对沟通型电视问政这一载体的深入剖析，借以考察公共传播在小区治理中的实践逻辑和作用机制，并对其品质提升问题展开讨论。

三 沟通型电视问政：公共传播的载体与小区治理的对话场域

公共传播的意义在于组织和促进多元主体的理性沟通和合作治理。那么在从理念向实践的转化中，公共传播应该以何种方式落地到日常的社会生活与小区治理当中呢？我们认为，沟通型电视问政提供了恰当的实践形式和载体。

（一）多元主体：沟通型电视问政的参与者、小区治理和公共传播的行动者

小区治理存在着街道、社区、开发商、物业公司、业主、业委会等多元利益主体，他们共同构成小区治理的行动者。各主体之间利益诉求不同，因而存在着各种各样的矛盾和冲突，有效的小区治理需要"发挥政府（街道）、社区、社会组织、市场等多元主体各自的优势和作用，围绕治理目标塑造有效的沟通和信任机制"[①]，而沟通型电视问政召集小区治理的行动者并为其提供了有效沟通的条件。多元主体在电视问政建构的公共协商平台上，面对面地梳理小区矛盾冲突的类型、分析产生的原因、探讨解决的办法。在此过程中，多元主体通过对话达成共识，形成信任的伙伴关系，发起就小区公共问题的有效行动和合作治理。所以，多元主体构成基于小区治理的公共协商的参与者和公共传播的行动者。

在《小区自治之路，如何前行》节目中，小区治理的利益主体和行动主体，如业委会主任、第三方服务公司、住建局干部、街道办事处负责人构成电视问政的主要参与者，公共管理学者、人大代表、律师、业委会

[①] 张开云、叶浣儿、徐玉霞：《多元联动治理：逻辑、困境及其消解》，《中国行政管理》2017年第6期。

协会、媒体观察员作为"冷眼旁观"的"局外人",运用专业理论知识和技术经验帮助小区利益主体一起分析问题、解决问题,他们共同构成公共传播和小区治理的参与主体和行动者。

(二)公共领域:沟通型电视问政搭建小区治理公共传播的场域

"客观呈现、公正评判、开展自由讨论、达成共识是传媒作为治理主体的安身立命之本,也是其参与社会治理的独特价值所在"[1],问政的本意是就公共事务进行咨询和讨论,意在调动各方力量形成合作治理。而场域是一种社会交往结构,电视问政搭建了小区治理的公共传播场域,便可以召集和组织多元主体来到同一个空间,面对面地就小区公共问题展开对话,并通过电视直播的形式公开呈现其协商过程,为确认和分配公共利益、进行合作治理提供结构化空间。

《小区自治之路,如何前行》是房管局、街道、业主、业委会、专家学者、律师围绕"小区自治的最优方案"进行对话和协商的场域。在这个场域中,多元主体基于各自的立场展开不同的行动。如房管局和街道代表政府宣传和解释政策,在政策框架下参与对话,协商解决方案;业主从个人和公共利益的角度表达诉求和意见,在个人利益不受损害的前提下探讨小区治理的办法;业委会作为业主大会的执行机构交流业委会运作方式和议事规则等经验,同时表达管理中存在的问题,在协商小区治理科学方案的同时,赢得业主的理解和支持;专家学者和律师基于各自的专业知识和技术理性,分析、归纳小区治理中存在问题的实质原因,在法律规定的范围内提出小区治理理论框架和有效途径。整个过程在电视问政节目搭建的公共领域中进行,实现了多元主体的交往和互动。

(三)对话与协商:沟通型电视问政为小区治理的公共传播提供了动力

"传媒除了履行教育、动员职能之外,它更是一种社会关系建构的手段,(可以)重构人与人之间的交往关系和传播行为。"[2] 电视问政要实现动员多元主体共同参与社会治理的目标,必须构建良好的社会协商机制。

---

[1] 李良荣、张华:《参与社会治理:传媒公共性的实践逻辑》,《现代传播》2014年第4期。
[2] 张淑华:《2015年"新媒体公共传播"国际学术研讨会综述》,《现代传播》2015年第12期。

其中沟通型电视问政将不同的利益主体汇集在一起,围绕公共利益进行对话和沟通,主持人调控和节目流程设计为协商对话建立了有效的保障机制。多元主体的公开表达及其预期效果为基于小区治理的公共传播提供了动力,让公共传播得以高效地开展和运行,从而化解小区矛盾、回应公众诉求、推动小区治理。

1. 沟通型电视问政建立了良好的对话关系

第一,参与主体的相互承认和尊重是良好对话关系建立的基础。哈贝马斯认为,"任何对话都是在主体相互承认的基础上展开的"。[1] 电视问政在搭建公共协商平台后,召集、邀请并组织小区治理的多元主体参与对话和讨论。进入电视问政场域后,政府官员暂时脱去"公权力拥有者"的外衣,以多元治理主体的一方出现;公众也不只是代表个人,而是成为广大业主的"民意代表"来参与讨论,在这里,他们的知情权、参与权、表达权和监督权得到了充分尊重;专家学者脱去纯粹"科研工作者"的外衣,直接参与到小区治理公共协商中,成为公共问题的分析者和解释者。进入电视问政场域的多元主体成为具有平等身份、公平话语权的公共传播的行动者,他们之间相互承认和尊重保障着公共传播的有效开展和电视问政的正常进行。

《小区自治之路,如何前行》没有将官员、公众、学者分别置入不同的谈话区,形成不同的阵营,而是将对话空间布置为圆桌会议的形式,让多元主体在圆桌区域交叉就座,没有高低之分,也没有阵营之别,从形式上确保了多元主体之间的平等地位,促进了参与主体的相互承认和尊重。

第二,多元主体面对面的"相遇"是互嵌式对话关系形成的保障。在电子媒介迅猛发展和远距离交流盛行的今天,身体在场具备了一种仪式意义,成为确保交流成功的基本前提。[2] 沟通型电视问政将多元主体置于一个共同的场域(如电视演播厅),使得多元主体实现了彼此的"身体在场"及其"相遇",客观上建立了一种"我—你"关系,由此实现多元主体平等地、面对面地对话,消除了时差,让对话者之间能够相互融合、实

---

[1] 〔德〕尤尔根·哈贝马斯:《认识与兴趣》,郭官义等译,学林出版社,1999,第134页。
[2] 刘海龙:《传播中的身体问题与传播研究的未来》,《国际新闻界》2018年第2期。

时应答，从而增加了对话和交流的密度，激发了多元主体的对话热情和探讨的深度。这种互嵌式的对话关系，促进了对话者之间的理解。

《小区自治之路，如何前行》在演播室背景和圆形舞台上设置"我们"字样，且在电视播出时常常给"我们"以特写镜头，其实就是为了契合"我—你"的对话关系，让多元主体以"我们"这个共同体来进行互嵌式对话。另外，节目中业委会、街道、物业等治理主体面对面讨论各自的权责边界，有利于多元主体明确职责，进而分工协作，协同管理好小区的公共事务。

2. 沟通型电视问政中的"复调"可以激发创新

多元主体在沟通型电视问政的同一场域中，基于自我立场或对公共利益的理解进行观点表达，形成了"无数视点和方面的同时在场"①，而"对话是由向心话语与离心话语在辩证的、相互矛盾的交互过程中构成，意义来源于这一过程"。② 对话的向心力可以产生相同话语框架下对公共议题的讨论，而讨论引发的问答往往还会产生对话的离心力，表现为多元主体"观点各异""语言杂多"的复调现象。这些复调现象的产生能够使对话的内容产生新的意义，激发出创新的思路。如在小区治理的讨论中，对话的向心力可以让多元主体围绕小区治理的主题，在现有的法律框架内，探讨、细化落地方案；而对话的离心力能够产生复调，这些复调形成的创新力表现为对社区治理的新手段、新方法的大胆探寻。

《小区自治之路，如何前行》中，在关于如何落实业主大会权利的问题上，小区业委会主任代表、专家学者、媒体观察员、业主代表分别提出"建立网络业主大会""设立监委会""选举楼道代表，用代议制方式参加业主代表大会"等不同意见和建议，即使有的建议在目前的法律框架下未必能马上落地施行，但毕竟为问题的解决提供了思路、激发了创新。

---

① 〔美〕汉娜·阿伦特：《公共领域和私人领域》，载汪晖等主编《文化与公共性》，生活·读书·新知三联书店，2005，第88页。
② 徐开彬：《争议性媒体事件中对话的可能或不可能：从对话理论探讨汪辉与朱学勤事件》，《新闻大学》2013年第5期。

3. 沟通型电视问政的直播方式促进多元主体的有效对话

首先，电视直播的信息"零耗损"特质完整地记录并呈现了问政现场的真实过程。在问政现场，参与对话协商的官员、市民代表、学者，不管是提问、聆听还是回应，每个人的每一句话，甚至每一个表情都会被电视镜头记录并呈现出来。电视直播见证着公共传播和协商的过程和结果，确保协商过程中所有信息的真实性。

其次，电视直播的聚焦效应促使多元主体谨言慎行，确保事实信息和意见信息的科学性和准确性。电视镜头里参与主体讲述的每一个事实、表达的每一个观点，其真与假、对与错，都受到公众的监督和评判。鉴于此，电视问政现场的每一个人都会保持对对话的敬畏之心，都深深意识到必须对自己的每一句话负责，从而促使多元主体用通俗易懂的语言，更加理性、更加准确地阐释自己的观点主张。

（四）公共利益：沟通型电视问政促进小区的善治及合作关系的形成

公共治理的前提是公共精神的培育和确立。只有通过有效的公共传播，才能形成平等、参与、信任、协作的公共精神，最终达到良好的社会治理，实现公共利益的最大化。[1]

詹姆斯·博曼认为，"协商与其说是一种对话或辩论形式，不如说是一种共同的合作性活动"。[2] 沟通型电视问政作为公共传播的一种重要实践形式和载体，为小区治理中的多元主体搭建了对话协商的场域和平台，调动了他们参与小区治理的主动性和积极性，在共同治理中团结协作，从而建立了信任和宽容的合作关系，让共建共治共享的理念在小区治理中得到落实，推动了小区的善治和公共利益的实现。

在《小区自治之路，如何前行》中，房管局领导、业主代表、业委会代表、公共管理学者、律师等就"小区治理的可行方案"进行探讨，通过陈述经验、表达观点、质疑询问、解释政策法规等对话协商，最终得出小区自治在现阶段更多的含义是小区合作治理，小区治理离不开房管局、

---

[1] 石长顺、石永军：《论新兴媒体时代的公共传播》，《现代传播》2007 年第 4 期。
[2] 〔美〕詹姆斯·博曼：《公共协商：多元主义、复杂性与民主》，黄相怀译，中央编译出版社，2006，第 25 页。

街道、社区、业主、物业等多方面的合作等共识，推动了广大市民对小区治理合作关系的认同，为小区善治提供了思路。

对小区治理的讨论，不仅让参与节目的多元主体在小区治理问题上达成了共识，而且使更多的场外观众（业主）对小区治理有了进一步认识和理解。这不仅会推动小区的合作治理和小区的善治，而且为后续小区治理中新问题的解决提供了平台和协商对话模式。

四 对话规则与秩序：小区治理的理性对话与公共传播的品质提升

沟通型电视问政虽然为公共传播提供了实践形式和载体，但在组织和开展对话的过程中还存在一些亟待解决的问题，要通过建立对话规则与秩序，实现小区治理的理性对话和公共传播的品质提升。

（一）对话的公共性：主体的多元性与场域的开放性

多元主体参与是公共传播的核心要件之一，这里的"多元"强调的是参与主体的广泛性、代表性和差异性。不同的参与主体代表着不同的利益群体，有着不同的利益诉求，也意味着基于不同视角的意见和建议。只有承认差异、尊重差异、重视多元主体的意见交互，才能让公共传播成为各种不同声音互相交织的"交响乐"，为认同、共识和承认的达成创造良好的结构性条件。沟通型电视问政中，参与主体的多元性不足会影响意见表达的代表性，而对话场域的封闭性会限制意见表达的丰富性。

要保障参与主体的多元性和突破对话场域的封闭性，可从两方面入手：一是组织多元主体进入对话现场；二是利用技术手段拓展对话场域，让对话现场以外的利益主体及其观点能够进入对话空间。

首先，组织多元主体参与对话。在《小区自治之路，如何前行》这两期节目中，栏目组重点邀请了一些小区的业委会主任、业主代表、街道党工委书记、社区书记、市物业管理中心工作人员、市人大代表、律师、学者等，就"如何推进小区自治"进行电视对话。但是，作为小区治理多元主体的重要一方，物业公司并没有代表参与进来。物业公司代表着市场主体，它的缺位会使对话关系失去平衡。要改变这种状况，栏目组应全面分析对话主题所涉的利益相关方，利用自主报名、组织推荐、邀请等方式，将各方利益代表都请到节目录制现场，参与对话，保证参与主体的公共性。

其次，拓展电视对话场域。虽然《小区自治之路，如何前行》节目在前期通过微信对小区治理所涉的诸多问题做了意见收集和统计，但由于没有设置更为广阔的、开放的对话场域，它所呈现的仍然是一个封闭的对话空间。公共传播中，多元主体的对话应该是开放的，表现为参与主体、观点表达及对话场域的开放性。电视问政不应将对话限定于电视演播室这个封闭的空间，而应运用融媒体技术拓展协商场域，将相关利益主体都置于一个共同的对话情境中。比如设置二维码鼓励场外观众扫码参与电视对话，利用4G无线传输技术，通过手机APP连接直播现场，由融媒体工作人员收集场外意见，筛选出代表性的意见与对话现场实时连线，让场外观众进入对话场域。这就在促进意见多样性的同时，增强了节目的互动性和吸引力，激发了公众参与，保障了场域的开放性。

（二）对话的效率：主题的集中性与展开的层次性

《小区自治之路，如何前行》中还存在对话主题不集中、偏离主题的意见表达和讨论较多、对话效率低下的问题。节目本应对"小区自治是什么""谁是小区自治的主体""影响小区自治的因素有哪些""矛盾症结何在""应该采取哪些措施来推动小区自治"等几个问题分层讨论，但讨论过程并未体现出清晰的话题层次，而是时时被"业主与业委会的矛盾"话题所"拦截"，导致对话主题不集中、层次不清晰、效果不明显。

作为公共传播的重要载体，电视问政的核心内容是对话主题及其展开过程。每一期电视问政都应设立一个对话主题，对话过程都要围绕这一主题展开，力求通过充分地讨论实现有效的沟通和协商。然而，任何主题都包含丰富的内容和层次，加之对话主体的多元性，在对话过程中往往会出现"跑题"的情况。一旦发生"跑题"或延伸出过多"支线"，不仅对话主题分散游离，影响问题聚焦和沟通深入，而且在有限时间内对话效率受限。这就有赖于主持人对对话主题、层次和对话过程的有效把控。对话主题是社区治理中公共协商的议题，一次对话集中围绕一个主题展开，深入挖掘同一主题所涉问题、关系、矛盾等，实现充分交流。对于某一主题包含的主要层次要提前设计，围绕"是什么""为什么""怎么办"的逻辑设计对话交流的层次，在对话过程中依次展开。层次设计不应过多，抓住主要矛盾，让对话线索清晰明了，不仅有利于深化主题，也便于观众接受。

（三）对话的规则：说理的充分性与交互的包容性

文明对话是公共传播的内在要求和基本规则。文明对话指的是对话者以诚恳、理性的方式参与交流。

诚恳是一种参与对话的态度。诚恳的规则要求每一位参与者本着沟通协商的目的而来。基于这种目标，每一位对话者要充分表达自己真实的意见，也要对不同声音持尊重和包容的胸怀和态度。对话是一种交互实践，其前提是承认差异性，尊重、包容每一个对话主体和每一种意见，在相互理解中产生意义和共识。在对"如何推进小区自治"问题的探讨中，一些业主代表和业委会主任代表认为应该"由政府主管部门构建一个网络平台，推行和推广网络业主大会"，"通过选举楼层代表等方式进行代议制协商"，甚至有人提出"取消业委会，在小区自治中实行直接民主"。在此过程中，多元主体彼此没有打断，而是相互倾听、相互提问、彼此回应，推进了对话中意义的形成和共识的生产。

说话的方式也是文明对话的重要内容。它包括使用恰当的音调、语气、句式等。对话之中，双方的音调标志着讲者和听者各自的身份、位置、关系和态度。①音调会传达语言之外的信息，它代表了情感、态度和价值判断。在对话过程中，音调过于强硬会营造出一种紧张的对话关系，将对话双方置于对立的情境之中。而使用调侃、讽刺等表达方式也会激化对话者之间的矛盾，甚至引发人身攻击，恶化对话关系，致使对话中止或终结。比如，在《小区自治之路，如何前行》之前，杭州电视台在2017年8月5日播出了《小区自治，路在何方》，在这期节目中媒体评论员屡次使用强硬甚至激烈的音调对星洲花园原业委会主任进行连珠炮式的质问，将平等的对话与沟通变为了不平等的"批斗会"，致使原业委会主任

---

① 〔美〕刘康：《对话的喧声——巴赫金的文化转型理论》，北京大学出版社，2011，第92页。

要么不停地致歉，要么沉默不语，这样做无疑破坏了对话关系，阻滞了意见的充分交流。

（四）对话的秩序：说理的全面性与辩论的有序性

任何对话只有建立并遵循规范的秩序，才能具备可持续性和传播的可接受性。有序的对话让多元主体都能感受到对话的意义，刺激对话的欲望，在有效沟通中体会对话的价值，从而确保一次对话的有效推进和经常性对话的持续开展。同时，对话的有序性也便于受众收看。在《小区自治之路，如何前行》节目中，时时出现对话者之间随意打断，甚至相互争吵的现象，这不仅使表达的完整性受到挑战，而且还消解了辩论的有序性。对话秩序的缺损无法保证每位代表的观点充分阐释和不同观点之间的交流互动，导致协商达不成共识，让电视对话的效果大打折扣。

多元主体沟通协商的电视对话，一般由动议、附议、合议、决议等要件构成。动议即参与主体在对话现场提出的、交由多元主体审议的建议；附议是多元主体针对某项动议的支持与赞同；合议是多元主体围绕动议的阐释、询问、讨论和辩论；决议是经过多元主体协商而达成的共识结论。要实现对话的目标，就必须建立规范的对话秩序，确保要件的完整或环节的有序展开。

具体操作上，首先，电视对话的主办方要提前公布对话与协商的议题，并通过多种渠道和方式告知相关利益方，保证他们对议题的充分思考，从而提出较为理性和全面的动议；其次，要明确主持人的职责，主持人是中立的，应该遵循议事规则，分配发言权、提请表决、维持秩序、执行程序，而不是充当公众代表和仲裁者的角色，除了发言人跑题或超时外，不能随意打断；再次，发言者必须通过举手示意的方式向主持人申请发言权，不得无故打断别人发言；最后，应对发言人每次的发言时间和次数做出规定和限制[①]，从而保证各主体平等的发言权，敦促其提前思考和理性表达。

---

① 〔美〕亨利·罗伯特：《罗伯特议事规则》第11版，袁天鹏等译，上海人民出版社，2015，第32页。

五　结语

本文将公共传播应用于小区治理的场域中，细致分析和考察了其意涵、载体和品质提升等问题。研究发现，沟通型电视问政"对话与协商"的核心理念契合了公共传播的逻辑，可以作为小区治理中公共传播的实践形式和载体。电视媒体应拓展公众参与的渠道，创新观众参与的方式，不断探索和完善电视对话的流程和形式，设计出场域更加开放、流程更加清晰的对话节目。由此，一方面在组织多元主体理性对话的同时营造社会化协商的氛围；另一方面在探寻小区治理良策的同时建构多元主体间的团结协作关系，培育多元主体的公共精神，最终促进公共利益的实现和小区的善治。本研究对于发展公共传播理论、丰富公共传播实践、创新小区治理形式都是一次有益的探索，为今后开展公共传播与社会治理研究提供了基础。

需要指出的是，创设和搭建对话和协商的平台是电视媒体履行其公共职能的重要内容，在参与城市治理的过程中，媒体是汇聚多元主体的重要平台。这个平台不是普通的电视节目，它以对话协商的目标实现为指向，每一个公共议题都需要多期节目展开多回合的充分对话方能达成共识。主办方可根据共识达成的进度和程度，灵活安排节目的播出时长和频次，为同一主题的多轮、充分对话提供便利条件，促进共识的达成和问题的解决，从而将沟通型电视问政打造成社会治理和公共传播的有效方式和权威平台。这是今后电视媒体参与公共传播和社会治理应思考的问题和坚持的方向。

当然，本研究也存在一定的不足，如考察的内容集中于杭州电视台《小区自治之路，如何前行》《小区自治，路在何方》等几期节目，由此析出的问题及思考可能存在一定的局限性。对小区治理中公共传播的其他形式及实施效果尚未进行全面的考察和研究。未来的研究应扩大沟通型电视问政的考察范围，综合个案研究、深度访谈、问卷调查等方法，剖析基于公共传播的电视对话的价值、机制与路径问题，进一步考察其制造共识、编织认同、塑造共同体和促进协同治理的实践逻辑，建构基于公共传播的电视对话实践模型。另外，应对小区治理中公共传播的其他载体形式（如小区网络直播对话等）的空间建构、主体参与、主题设置、过程监控、目标实现等问题进行全面、细致的考察，建构评价指标体系，对其实施效果进行评价，并通过分析其实施过程及不足，提出完善的具体策略，借此丰富和完善小区治理中公共传播理论及实践形式，推动小区治理水平的提升。

未刊稿

合作者：吕永峰（博士生）

电视对话：公共政策的民意协商过程

摘要：大众媒介越来越多地介入公共政策过程，不同媒介的表现关系着其在构建政治文化中的功能问题。本文从协商民主的视角，分析了电视媒介参与公共政策过程的重要方式之一——电视对话，旨在探讨为何对话、谁来对话、对话什么、怎样对话等核心问题。本文提出，电视对话是公共政策权威性的民意协商过程，对话主体的选择事关多元利益主体间的话语权分配，对话主题的媒体预设引导公众充分有序的政治参与，对话者话语的均衡表达是电视对话的原则和效果保障。

关键词：公共政策　电视对话　民意协商

当前，无论是地方性政策还是全国性政策，大众媒介越来越频繁地参与公共政策过程的各个环节，影响着公共政策的过程和结果。然而，审视参与政策过程的媒介类型就会发现，电视处于失位的状态，是电视的特性不适合参与政策过程，还是电视观念的偏差？这是值得探讨的问题。

大众媒介参与公共政策过程是以表达意见信息为主，而"同时空对话"正是电视所独具的媒介优势，其构建的实时交流的谈话场能进行公共政策意见的同场协商、筛选和达成共识。无论是对政策问题的讨论和政策议程的呼唤，还是对政策制定程序的评价与期待，以及对政策内容的意见和建议，都可以在交流和协商中达成共识，构建政策民意。

探讨公共政策的电视对话问题，为何对话、谁来对话、对话什么、怎样对话等问题是其核心。

一　电视对话：公共政策权威性的民意协商过程

公共政策事关公共利益，民意表达及其影响政策过程的程序正义具有更突出的意义。然而，自由主义的意见表达因其杂乱而难以有序地影响公共政策，协商并达成共识就成为汇集、筛选众意以形成民意的有效过程。协商民主理论认为，公民与官员就共同关心的政策问题进行直接面对面的对话和讨论，是政治民主最基本的要素之一。

1. 政策权威性的民意内涵

按照美国政治学家戴维·伊斯顿（David Easton）对公共政策本质的阐述，"公共政策是对全社会的价值作权威性分配"。这里的"价值"相当于广义的利益，既包括物质利益，也包括权力、荣誉、地位等精神利益。而"全社会的价值"可理解为公共利益，任何公共政策都是对公共利益进行分配。公共政策的权威性体现在三个方面。一是公共性。虽然政策制定的过程是各方利益博弈的过程，但政府的任务是服务和增进公共利益。公共政策，无论是鼓励性政策还是限制性政策，都是以谋求和增进公共利益为出发点和归宿的，这是公共政策的灵魂。二是合法性。公共政策是公共权力机关的政治行为，由以政府为代表的公共权力机关制定政策，为政策提供了合法性基础。三是认同性。只有当公共政策得到广泛的理解和支持，即政策拥有广泛的民意基础时，才具权威性。这就需要建立完善的利益表达机制，促使政府制定政策时充分考虑各方利益，进行利益综合平衡。

2. 众意的交流、沟通与筛选

卢梭在《社会契约论》里将人们的意见区分为"公意"和"众意"：公意只着眼于公共的利益，而众意则着眼于私人的利益，众意只是个别意志的总和。但是，除掉这些个别意志间正负相抵消的部分外，则剩下的总和仍然是公意。① 也就是说，公意是所有私意中共同的、重叠的或交叉的部分。问题在于，怎样才能找到众意中的公共部分？唯有交流和沟通。虽然每个群体的代言人所表达的政策诉求都有其私利，但政策的公意性要求每个群体和个人都不能囿于自己的立场，必须站在社会公众的立场思考问题和表达意见。当然，即使人们尽量以公意的面目表达政策诉求，也难免带有一定的私利痕迹。正因为这样，交流的过程必然是争辩的过程。阐述意见也意味着说服他人、争取理解和支持，每个参与交流者尽量理解他人政策诉求的合理性，也会指出其诉求的非公意性。这样，众意就在交流和沟通中进行筛选，过滤掉那些带有明显的私利性的内容，进而在公意性的内容上尽可能多地达成共识。这就是公共政策的民意基础。

3. 电视对话场的协商示范

与报纸搭建的公众意见交流平台不同，电视对话场的特色和优势在于交流者处于同一时空，易于营造还原日常交流情形的谈话场，真正实现有交流和论辩的对话。报纸的言论平台虽然也可以预先发布论题，可以根据来稿设置"正方 VS 反方"的论辩形式，但由于发言者不处于同一时空，不了解他人的观点及其论据，难以有针对性地表达赞同或反对意见，因而交流的同步性和深度就打了折扣。电视对话场的形成，使得参与对话者不仅能表达自己的观点，也能适时地插入他人的发言，对他人的观点表达自己的看法。双方或多方你来我往的同步交流与论辩，每个人都会从他人的发言中得到启发，包括看问题的角度、依据、深度等，这会使认识问题的视角更丰富，分析更具深度，固执己见越来越少，共识越来越多，从而有效地实现民主协商。

电视对话对生活中谈话情境的还原，是一种有策划、有组织的还原。它还原的是同步交流和论辩的过程和环节，但组织一定数量、价值取向各异的人在同一现场进行交流，即是对人们在不同场合的谈话和论辩情境的高度浓缩。它的突出价值在于对节目受众的示范，引导政策制定者创造条件组织公共政策对话，引导公众积极参与公共政策的交流和协商。

---

① 〔法〕卢梭：《社会契约论》，何兆武译，商务印书馆，2003，第35页。

二 主体选择：多元利益主体间的话语权分配

公共政策的电视对话节目是一个交流与协商的平台，也是利益博弈的平台，谁来参与对话，事关利益主体的话语权，也关系到交流与协商的质量。

1. 政策主体都是利益主体

多数学者眼中的政策主体主要指制定政策的政府，而政策所要处理的社会问题和作用的社会成员都被界定为政策客体。这种解释把公众视为只能被动接受政策结果的对象，不能对政策制定发挥任何作用。随着民主政治的发展，公民越来越频繁、深入地影响公共政策进程，其政策主体地位日渐突出。因此，政府及其社会成员共同构成公共政策的主体。

虽然公共政策以服务和增进公共利益为出发点，但任何政策都是对公共利益的分配，本身就意味着不同群体的利益会出现"得到"或"失去"、多或少的差异，因此公共政策过程实则是不同利益主体相互博弈的过程。参与这场博弈的不只是各利益群体，还有政府部门。政府的自利性不仅表现在追求部门的物质利益，也表现在追求政绩、工作便利性等，还表现在政府工作人员个体的自利性。

2. 对话者选择与话语权分配

谁来参与对话，这不是一档电视节目是否好看的问题，而是这档节目尊重和分配了谁的话语权的问题。这是电视节目的政治文化理念问题。

公共政策要对公共利益作权威性分配，必须兼听各群体的利益诉求。完善的利益表达机制是其前提，有效的表达才能获得被关注的机会。媒体是公众表达政策诉求的重要通道。参与政策对话节目意味着有了借助媒体公开表达利益诉求的机会，而且在对话与交流中能进一步阐释其诉求。这种阐释对于说服他人非常重要。因此，政策对话节目的参与者应是一些主要的利益群体的代表，还有一些对政策拥有决定权的政府官员、对相关政策有充分研究的学者。由于对话节目不可能穷尽所有的利益群体代表，因此节目主持人就应事先搜集其他群体的利益诉求，在对话中替他们表达，以避免有些群体的声音无处表达，任何政策都不能无视某一群体的声音。

一些电视对话节目热衷于邀请擅于表达的学者或政府官员，以为他们更能站在公共利益的高度认识和分析政策，实则是忽视了利益主体的话语权。学者表面上更超脱于某一具体的利益群体束缚，实际上有些学者往往成为某一利益群体的代言人，只不过表现得隐蔽一些，同时，他们也未必真正了解各利益主体真实的政策诉求。政府的自利性也决定了他们只能成为对话者的一方，不能被等同为公共利益的代言人。

3. 利益相关者博弈的平台

所有关于政策的协商对话说到底是利益相关者博弈的平台。每个参与对话的人都希望自己的主张得到更多的支持，以便能更多地影响到公共政策的制定，能在利益分配的政策中争取到更多的份额。同样，在有关政策的电视对话节目中，电视所搭建的平台也是利益相关者博弈的平台。只不过此时的博弈变成了公开面对观众进行讨论的平台。每个发言者就政策问题发表意见时所持立场、依据、对他人观点的反驳都在电视观众的视线之内，因此利益主体在博弈的过程中既充分表达所在群体的利益诉求，也尽可能站在公共利益的立场，将群体利益置于公共利益的框架中去审视和阐释，如此才能获得更多的理解和支持。

三 话题预设：引导政策主体充分有序参与

电视对话是一类诉诸理性的表达意见的节目，虽然观点的阐释和交流、论辩也具有一定的观赏性，但它更注重民主政治文化的传播和公民参与对公共政策的影响。因此，电视对话必须研究有关政策话题的对话时机、提前预告对话选题，以使讨论协商更为有效。

1. 传媒议程、公众议程与政策议程的互动

罗杰斯和迪林通过对议程设置理论的梳理发现，研究政策议程设置的政治学家们讨论的中心问题是"一项公众议程是如何列上政策议程的"，而不是"大众传媒如何把一项议程列上公众议程"。[1] 他们提出了一个颇

---

[1] 常昌富、李依倩编选《大众传播学：影响研究范式》，中国社会科学出版社，2000，第71页。

具影响的议程设置模式：传媒议程—公众议程—政策议程。① 按照他们的总结，①公众议程一旦被传媒议程所设置或所反映，就影响了决策制定者的政策议程；②传媒议程似乎对决策制定者的政治议程，有时对政策实施具有直接的、很强的影响；③对一些问题，政策议程似乎对传媒议程具有直接的、很强的影响。② 传媒议程、公众议程与政策议程为互动关系，传媒可以反映公众的焦点话题和意见，可以反映政策内容及制定程序的问题，也可以发现和反映社会问题，引导公众讨论，进而推动政策议程。这里的政策议程既可以是制定某项政策，也可以是针对不合理、不完善的政策进行调整。

对于公共政策的电视对话节目，要实现对公众议程的引导，理应通过多种方式预告对话节目的选题、播出时间，以便人们有充足的时间准备参与对话，如自荐参与电视现场政策对话或通过网络留言参与对话，或者有目的地选择收看。只有当公众关注传媒议程才可能受其影响和引导，这是引导政策主体有序参与政策过程的前提。

2. 政策对话渗透于公共政策的各个环节

关于公共政策的讨论并非限于政策过程的某一个阶段或环节，而是贯穿其全过程。按照戴维·伊斯顿的政治系统理论，公共政策过程包括政策输入、政策转化和政策输出三个环节。政策输入指的是社会问题进入政策议程的阶段，其触发机制包括：大众传媒对政策问题强烈反应、政策问题已经相当广泛地成为共识、受政策问题影响的利益群体产生诉求、政治精英和专家学者产生预测性发动等。③ 这些触发机制有些是通过新闻报道予以传播，有些则通过媒体讨论获得意见扩散。比如媒体发现并"唤醒"社会问题，在报道的同时组织公众讨论，在讨论和对话中利益群体表达诉求、政治精英和专家学者对政策问题进行分析预测，进而推动政策问题进入政策议程。政策转化是公共政策的制定过程，对于以对公共利益进行权

---

① 常昌富、李依倩编选《大众传播学：影响研究范式》，中国社会科学出版社，2000，第67页。
② 常昌富、李依倩编选《大众传播学：影响研究范式》，中国社会科学出版社，2000，第97页。
③ 胡宁生：《现代公共政策研究》，中国社会科学出版社，2000，第138~139页。

威性分配为本质的公共政策而言，公开化、规范化的程序正义具有更突出的价值。民主是规定多数人参与政治活动的制度，它不仅把多数人参与政治活动作为制度目标，也规定多数人如何有序地参与政治活动。政策过程的程序正义必须遵循这样一些原则，即多方参与、平等对待、信息公开等。当政策制定的程序出现问题，如决策过程不公开，犹如置于一个封闭的黑箱，或重大决策听证程序不规范等，电视对话传达的是公众对决策程序的意见，也是对决策程序的监督。政策输出是指政策内容向社会传达、执行等整个过程。这一过程包括公布和告知政策内容、执行政策、评估政策、向政策制定系统反馈政策执行情况和公众意见等环节。在这一阶段，电视对话的空间主要在于对政策内容的合理性、政策执行情况、政策效果等进行评价，形成较为一致的看法，向政策制定系统反馈，为新一轮的政策调整和制定提供信息保障。

3. 意见和建议贯穿对话的始终

贯穿于公共政策过程的电话对话，承担着搜集公众意见和建议的重要职责。公众参与政策对话，无论在哪一个环节，都是表达其政策意见和建议，即政策要求和支持。"要求"表现为人们对政策制定和调整的期待、对不合理的现行政策的失望和批评、对政策制定程序不规范问题的指证、对新制定政策内容不妥当之处的议论等，这些都表现为人们对政策问题、内容和程序等方面的希冀及意见；"支持"则表现为人们对政策过程所涉上述问题的赞许或否定的态度，也表现为人们对公共政策科学化、民主化、规范化的建议。无论是提出批评性意见还是建设性意见，都是公民有序参与公共政策过程，行使表达权、监督权的重要内容，公共政策的电视对话理应让这些意见和建议贯穿全过程。

四 话语均衡：电视对话的原则与效果保障

怎样对话不仅仅是一个具体操作层面的技术问题，也是如何对待和保障利益主体话语权和电视对话原则的理论问题。既为对话，就必然出现不甚一致的意见和主张。参与对话的主体越多，观点的指向就越丰富。如何让多元的政策主张得到充分表达，事关对话的真实性与有效性问题。公共政策的电视对话作为公众观点的集中展示，理应还原其多元指向的言论特征，让多元主张在交流与交锋中增进共识，减少分歧。这种还原和交流即为对话的真实与有效。

1. 宽容与理性对待多元主张

宽容不同意见是实现协商对话的最基本前提。这不仅是指对话参与者，也指对话主持者。异质观点的表达是电视对话节目的典型特征。要让这些观点能在电视对话节目营造的对话场里自由表达，无论是参与者还是主持者都必须对异质意见持宽容的态度。无论是一些囿于某个群众利益而提出的偏私性主张，还是一些存在不科学、缺乏可操作性的观点，抑或是与多数人意见存在明显分歧甚至完全对立的观点，都应以宽容的态度给各种观点以表达的机会。宽容才有协商。舍弃宽容，剩下的只有唯我独尊。即使某些观点不尽合理，其中仍可能含有一些合理的成分，对达成共识有所贡献。如若对某些意见投以轻视目光，就可能失去审视政策问题的另一种或几种视角，不利于政策完善。

理性对待多元主张同样是协商对话的内涵。公共政策的电视对话不是诉诸情感的表演，而是诉诸理性的分析和交流，因此，即使是不同意见的论辩，也不能变成偏激的争吵。协商对话是一种心平气和的分析和探讨，每个人理应认真倾听他人的观点，有理有据地分析其得失，然后充分阐述自己的主张。只有这样，双方或多方才可能随着交流的深入而越来越多地取得共识，达到协商的目的。偏激的争吵只能激化矛盾，加大分歧，远离协商目标。

2. 保障参与者的话语均衡

协商民主的内涵之一是协商主体完全平等。参与公共政策的电视对话，意味着不同群体的利益博弈。每一位参与者理应完全平等，不应因财富、知识、地位等因素的不同而呈现出表达权的落差。这就涉及利益主体在电视营造的对话场中的话语均衡问题。话语均衡意味着每一位参与者都能在对话中平等地表达利益诉求，平等地在协商的舆论综合中求得份额，这才是平等的博弈机制。在这一过程中，尤其应保障弱势群体的意见表达。

要实现电视对话者的话语均衡，一方面在嘉宾座位的安排上不要有主次之分，因为座位的台上台下之分、前排后排之分往往暗示着身份的高低主次之分，因而也暗示着话语表达权的主次之分；另一方面在发言时间、交流方式等程序上统一规则，以免出现强势者充分表达而弱势者发言时间不足的局面。

3. 对话引导以搜集民意和民智为最高准则

公共政策的电视对话是有主持人参与的谈话类节目，主持人对于谈话的走向、深度以及交流意见的梳理都发挥着至关重要的作用。因此，主持人对此类节目价值理念的理解和把握直接决定着节目的走向。公共政策的电视对话以搜集民意和民智为主旨，以传播公民政治文化为己任，目的在于引导全社会对公共政策过程的关注和参与。以此为定位，公共政策的电视对话节目主持人对于对话过程的引导就应从完善公共话语场的规则着手，容纳并鼓励异质性意见，让观众（包括政府）听到不同群体、不同阶层的真实话语，让不同意见进行争辩、论证，为政策制定和完善提供民意和民智支持。引导并不在于对不同意见的控制，而在于营造一种言论氛围，让真实的意见尽可能得到充分的表达；控制则主要针对那些违法的言论。唯有如此，才能搜集真实的民意和民智。

原载《当代传播》2010年第2期，本文有删改

电视"理政连线"节目的传播价值

摘要：政府官员走进电视直播间与百姓连线对话与交流，不只是一档普通的电视节目，也是传媒时代政府理政的途径和方式。本文探讨了协商民主视域下"理政连线"节目的传播价值与运作规范。本文认为，"理政连线"构建了新型的"政府—百姓"话语场，营造了新型的协商民主模式。针对其存在的问题，本文提出了固定栏目周期、确保政府负责人参与连线、设置可讨论议题、尊重公众话语权等栏目运作规范。

关键词：协商民主 "理政连线" 话语场

近年来，一种连接政府与百姓的连线类节目在各地电视台竞相播出，受到广泛关注。从《一把手上电视》到《政务访谈》，政府官员纷纷走进电视直播间，接受主持人的访谈，也通过连线与百姓进行对话和交流，既在接受质询和答疑中宣传相关政策和主张，也在听取观众意见中了解民意、收集民智。表面上看，这只是电视台开设的一档节目，意在适应和满足受众的收视需求，实际上它也是传媒时代政府理政的一种途径和方式。这类电视"理政连线"节目自诞生之日起，就引起了激烈的观点碰撞。一些学者称这类"电视办公"节目把政府行为和媒介行为结合在一起，是政府借助现代传媒工具推进政治管理的有效方式；而评论界有人视之为政治作秀，认为没有什么实质的意义。当这种电视节目经过最初的喧闹发展成为政治生活中的一种常态时，我们有必要对其进行认真的审视。也只有经过一段时间的沉淀，我们才能够冷静客观地审视其传播价值，分析其存在的问题，探寻科学有效的传播策略。

一 "理政连线"构建新型的"政府—百姓"话语场

"场域"是法国社会学家皮埃尔·布尔迪厄研究的核心概念。他指出："从分析的角度看，一个场域可以被定义为在各种位置之间存在的客观关系的一个网络（network），或一个构型（configuration）。"[①] 高度分化的社会里，社会世界分化成大量具有相对自主性的社会小世界，这些社会小世界就是具有自身逻辑和必然性的客观关系的空间，从而形成不同的场域。"每一个场域都拥有各自特定的利益形式和特定的幻象，场域创造并维持它们。"[②] 场域的内涵很丰富，但说到底指的是一种关系范畴。基于不同的权力、地位和利益共同性，人们从属于不同的群体，这个群体虽然是无形的，却具有并保持着独立性和稳定性。也就是说，人们总是处于不同的场域，其思维习惯、行为方式包括话语方式都受到场域的限制而具有共同的特征。正是场域的存在，形成了人们交往中的"话语场"。这是指人们言语交流的网络关系，既包括人们言语交流的空间范围，也包括人们言语交流的对象类型。

客观地讲，政府官员与普通百姓分属不同的话语场。尽管因为管理的需要，政府官员有时也会走进百姓生活，与他们进行交流，但总体来看，这种交流和沟通的次数还很少，他们各自交流的内容很少为对方知晓，毕竟身处不同的场域。比如，政府官员讨论和制定公共政策的过程信息不为普通百姓所知晓，政府即将就某一社会问题制定政策的决策动议也不一定为普通百姓所知晓，百姓知晓政策信息往往是在政策结果公布之时。而百姓对政策内容尤其是政策制定程序的意见，虽然群体内有频繁交流，但也不一定能传到政府官员耳中。

---

① 〔法〕皮埃尔·布尔迪厄、〔美〕华康德：《实践与反思》，李猛等译，中央编译出版社，1998，第133页。
② 〔法〕皮埃尔·布尔迪厄、〔美〕华康德：《实践与反思》，李猛等译，中央编译出版社，1998，第159页。

政治传播的实践面向

虽然政府与百姓的社会角色存在差异、身处不同的场域，但根本利益的一致性和相关性，为他们突破话语场限制、营造新的话语场奠定了基础。百姓利益的实现和维护需要政府出台相应的政策并予以落实，公共政策的制定和执行也需要百姓的意见、智慧支持和行动支持，为他们搭建新型话语场的责任就落在大众媒介的肩上。大众媒介是一种传递各类信息的平台，其中既包括已经或正在发生的事实信息，也包括政府或百姓表达观点的意见信息。当各方观点在这个平台上交汇，就构建了一个实现意见交流的话语场。

在各类媒介中，电视的实时传播特性赋予了其"同时空交流"的优势，因而其话语场的特点更为显著。报纸虽然也能将政府和百姓的意见刊登于同一版面，在同一主题下各方人士发表意见，实现形式上的对话与交流，但由于不是同一时空的对话，不是提问与回答，属于典型的"自说自话"，无法实现真正意义上的互动式交流。而电视的声像同步传输技术使政府官员与普通百姓的交流无论是同时空还是异时空，都能形成共时的话语场。电视节目现场可以邀请政府官员与普通百姓面对面交流，这些平时很难共处同一话语场的人因为电视媒介搭建的平台而坐在一起进行对话，不仅实现话题的同一，而且随着节目主持人的引导越来越深入地进行交流；电视节目现场也可以邀请政府官员接受节目主持人的采访，其间接受普通百姓（电视观众）的电话提问，实现了百姓参与的"官民"跨越空间的交流。虽然不处于同一空间，但电话参与提问及政府官员对相关问题的现场回答，都构成完整的节目内容直接向受众传播，受众获得的仍是"官民"对话的完整信息，因而他们仍处于同一话语场中。此外，在他们对话交流的过程中，网民的在线留言被主持人适时插入，政府官员对网上留言进行答复实现了网民与官员的对话和交流。电视媒介的这一传播特点和优势，令其他媒介纷纷借鉴。报纸也开设"百姓问政""互动广场""社区对话"等栏目，或邀请政府官员与百姓坐在一起交流，或邀请政府官员到编辑部接听群众电话，实现政府与百姓的对话和交流，然后将对话和交流的过程刊登于报纸。

在电视搭建的政府与百姓实时交流的话语场中，由于双方存在利益的重合和交叉点，事先预告了交流的主题，便为双方找到了交流的共同话题。由于对话双方本着沟通和达成共识的目的参与对话，因而都能以积极的态度寻找问题的根源，一般都能找到解决问题的方法。"理政连线"类节目所涉话题大都是百姓生活和工作中经常遇到的带有一定普遍性的问题，既可能是政府职能部门办事作风问题，也可能是现行政策、管理体制的问题。无论是哪一类问题，政府和百姓都有共同的话语空间，因而能够处于同一话语场。这也是"理政连线"类节目得以存在的基础。

二 "理政连线"创造新的协商模式

新型的"政府—百姓"话语场的构建，激发了人们对协商民主发展的期待。

1980年，约瑟夫·比塞特（Joseph. M. Bessette）在《协商民主：共和政府的多数原则》一文中首次在学术意义上使用"协商民主"一词。简单地说，协商民主就是公民通过自由而平等的对话、讨论等方式，参与公共决策和政治生活。"协商民主理论通常被看做是一种阐释政治决策合法性的理论。它表达这样一种思想，即民主决策是合理、公开讨论支持和反对某些建议的各种观点的过程，目的是实现普遍接受的判断。"[①]

"理政连线"从本质上看也是政府与普通百姓进行协商的过程。在连线的过程中，政府官员阐明政府的态度和主张，百姓反映自己的意见和要求，双方在交流中达成理解和共识，共同促成问题的解决。百姓在与政府协商中充分实现了知情权、表达权和参与权，从而创造出新的协商模式。

首先，电视"理政连线"节目是一个公开政府施政信息和宣传政府主张的平台。协商的前提是政府施政信息的公开。"理政连线"是政府部门答复百姓疑问、帮助他们排忧解难的窗口，也是政府部门为满足公众知情需要，公开施政信息、宣传公共政策的公共平台。对于政府部门来说，"理政连线"不只是接受百姓投诉的地方，公众利用此类连线节目反映某

---

① 〔南非〕M.P.登特里维斯主编《作为公共协商的民主：新的视角》，王英津等译，中央编译出版社，2006，第41页。

个（类）社会问题、某些政府管理中存在的问题，也为政府部门适时地宣传政府政策、争取群众的理解和支持提供了很好的契机。公众反映问题，有些是对政策不理解，需要政府通过媒介对政策进行解释和宣传，基于具体问题和意见而进行的政策解释和宣传无疑能产生比纯粹的政策宣传更好的效果；而公众反映的问题更多的是职能部门工作的失误或政策不完善造成的，政府部门负责人接受公众投诉并公开表态，意味着政府对相关问题的态度和主张通过电视得到了公开表达。此外，"理政连线"还可以公开政府拟制定的公共政策方案，为实现决策的公共协商提供信息基础。

其次，电视"理政连线"节目是一个百姓表达意见、要求的平台。"理政连线"的重要内容之一是有百姓参与，由百姓发出自己的声音。它既可以是百姓打电话进电视直播间由政府官员对其问题进行解答，也可以是记者到百姓中间搜集他们遭遇的问题、传递他们的声音，代替百姓向政府官员提出问题并寻求答复。无论是哪一种途径和方式，百姓的意见都有了表达的平台。如果说由记者作为代言人在信息整合的过程中可能出现传递百姓意见不完整、不准确的情况，那么由百姓直接与政府官员连线的问答环节，意见信息的充分性、完整性和准确性就能得到较好的保证。在这种由电视媒介搭建的交流平台上，百姓可以就某一具体事实对政府工作提出意见和建议，也可以对某一项具体的公共政策方案发表不同意见，都是通过大众媒介行使自己表达和参与政治生活的权利。百姓通过媒介公开表达意见和要求也是实现政府与百姓沟通的前提之一。

再次，电视"理政连线"节目是一个政府与百姓沟通和协商的平台。"当政策通过公共商讨和辩论的途径制定出来，且参与其中的公民和公民代表超越了单纯的自利和有局限的观点，反映的是公共利益或共同利益的时候，政治决策才是合法的"。[1] 政府与百姓沟通的过程就是协商的过程。公共协商是一种带有特定目标的对话，它通过信息交换和视角交换使对问题的认识趋于一致，并最终寻求解决问题的方法。政府与百姓对话的过程

---

[1] 〔美〕詹姆斯·博曼：《公共协商：多元主义、复杂性与民主》，黄相怀译，中央编译出版社，2006，第4页。

是一个信息交换的过程，其前提是对话双方存在一定的信息不对称。政府官员对于"原子化"的公众所掌握的事实信息及想要表达的意见信息不可能了如指掌，同样，政府部门的政策信息并非事无巨细地为普通百姓所熟知，对一些具体问题的政府意见也需要通过具体问题才能为百姓所知晓，因此，"理政连线"就为双方搭建了交流信息的平台。充足的信息是认识问题的基础，信息越充分，认识主体离事实真相越近，离理解对方并共同寻找解决问题的途径越近。同时，交流信息的过程也是交换看问题的立场和视角的过程。对话和协商本身就包含转变和交换视角，"一些对话性机制运用的是隐含在交流中的视角采取（perspective taking）和角色承担（role taking）的能力——站在其他任何人的立场上进行考虑的能力"。① 在政府官员与百姓的对话中，互相换位认识问题就能进一步加深对共同面对的问题的理解，促使双方在完善公共政策方面达成共识。

三 "理政连线"的价值实现途径

"理政连线"节目的创办虽搭建了发展协商民主的电视媒体平台，但离真正实现其传播价值，还存在相当大的距离。要提高"理政连线"节目的质量，增强此类节目的关注度和影响力，必须从节目的价值观念到具体的操作技巧都着力进行调整。

首先，将"理政连线"固定为常设性节目（栏目），培养观众的收视习惯和参与期待。观众的收视习惯固然需要靠优秀的节目内容培养，但栏目的固定播出周期则从信息刺激的频率上促使观众养成收视习惯。收视习惯一旦养成，便可能产生参与节目、参与沟通和交流的期待。虽然许多电视台都曾创办过"理政连线"栏目，但大都是不固定的临时性栏目，长的几十期，短的只有几期，间隔时间也不固定。如果政府官员愿意走进电视直播间，参与对话和交流，栏目就能延续；如果没有邀请到政府官员，栏目就被搁置。这种非固定的栏目设置模式，对于观众来说，就失去了收

---

① 〔美〕詹姆斯·博曼：《公共协商：多元主义、复杂性与民主》，黄相怀译，中央编译出版社，2006，第57页。

视依托和期待。固定的电视栏目能引导和培养观众的收视习惯，进而引导和培养观众的参与热情。当"理政连线"每日或每周固定播出，观众就能定期定时收看，摸准节目定位和风格，并决定自己是否参与。而不固定的播出方式显示出此类节目的随意性和临时性，对于观众而言，能否"碰到"有政府与百姓对话环节的节目就具有很大的偶然性。这种偶然性减弱了观众的收视和参与热情，进而导致节目生存价值和发展空间的萎缩。当社会处于变革的转型时期，各种社会问题、社会矛盾层出不穷，这种问题和矛盾的认识和解决，都急需加强政府与百姓之间的交流和沟通。因此，将"理政连线"固定为常设性栏目，搭建政府与百姓保持经常沟通的桥梁十分必要。

其次，邀请并确保政府主要负责人参与连线，提高政府信息发布的权威性，增强受众的信任感。信息发布者的权威性是提高受众对相关信息信任度的重要因素。电视台开设"理政连线"节目，意在解决百姓反映的问题、解释百姓的疑惑、宣传政府的主张、引导人们的认识，其效果与政府发言人身份的权威性有着密切的关系。政府部门的一个普通工作人员与该部门主要负责人的表态，对于收看此类电视节目和参与对话的观众而言，权威性是不一样的。这种信息传播效果的差异源于传播者身份权威性的差异。为了增强公众的信任感和参与热情，"理政连线"在邀请嘉宾时应尽可能邀请政府部门的主要负责人，而不应在邀请政府发言人上出现随意性。

再次，设置可供讨论的议题，增强参与的广泛性。目前的"理政连线"节目大多设置在电视民生类节目中，讨论的话题存在着较为明显的"特例+零碎化"倾向，缺乏普遍的关注度。由于给电视节目打进电话参与对话的观众所提问题多是自己生活中遭遇的个例，如刚欠电费就被卸了电表、下水道堵了几天仍无人修、某个小区有安全隐患、某个路段的交通状况对孩子上下学有影响等，很难吸引当事人以外的其他人参与讨论，发表意见，这在一定程度上反映出节目主持人的缺位。要增强"理政连线"节目的参与性，主持人可提前预告对话的议题。议题的选择应具有一定的公共性，比如水电涨价的合理性及决策程序的规范性等问题，每一次对话可集中在某一类问题上，汇集民众的意见和建议，并力求达成共识。这样，连线的公共讨论平台功能才能得以显现。

最后，尊重公众的话语权，为公众提供充足的表达空间。协商的前提条件是参与协商的各方身份地位平等。参与"理政连线"的政府与百姓享有平等的话语权，理应得到同样的尊重。在与政府官员对话的普通百姓中，既有理性的表达者，也有情绪的宣泄者，无论哪一种对于厘清认识、达成共识都是有益的。节目主持人可以巧妙地引导谈话，但不能打断百姓的意见表达，剥夺其表达权。只有充分尊重各种不同意见，让持各种观点的人都能参与到与政府官员的对话之中，才能吸引更多的人参与进来，体现"理政连线"的初衷和实质。

随着栏目开办时间的延续，对话涉及的问题越来越多、讨论越来越深入，政府与百姓之间达成共识的话题也会越来越多，这对形成和谐的政民关系无疑是一种贡献。

原载《电视时代》2010年第4期，
合作者：王悦（硕士生），本文有修改

电视问政十年：文化效应与反思

摘要：电视问政十年的发展历程可以分为三个较为明显的阶段：初创期、发展期、繁荣期。作为一种特殊的电视现象，电视问政一方面作为政务公开平台，推进了政治文化的发展；另一方面作为一档特殊的真人秀节目，重构了当前泛娱乐化的电视节目文化生态。但是，电视问政的政治价值也很容易受到政治消费主义文化的消解，必须从节目形态、选题以及播出常态化三个方面来进行反思，方能有效规避这种消解。

关键词：电视问政　文化效应　政治消费主义文化

从2005年兰州电视台开播国内第一档电视问政节目《"一把手"上电视》开始，经过了10年的发展，电视问政已经形成了较为固定的节目模式和覆盖全国多地电视频道的收视格局，产生了广泛而深刻的社会影响。从传播效果来看，电视问政既有真人秀节目的叫座，又有政务公开平台的叫好。那么，作为一种独特的电视现象，电视问政在中国当下的政治文化生态和电视节目文化生态中产生了哪些积极的效应呢？回顾这10年来的发展，电视问政应该如何反思才能有助于深入发展？本文尝试对这些问题做出初步的回答。

一　电视问政的十年发展历程

"问政"一词出自《礼记·中庸》："哀公问政，子曰：'文武之政，布在方策。'"意指咨询或讨论为政之道。演化到今天,问政之意发生了较大的转变,除了有咨询、讨论之意外,更倾向于监督、问责等内涵。因此,所谓电视问政,就是指执政者、社会公众借助于电视媒体对公共事物展开咨询、讨论和协商,并以监督、问责为取向的政治传播活动。

电视问政起源于美国20世纪90年代的公共新闻(public journalism)运动。公共新闻运动学术领袖罗森(Jay Rosen)教授倡导,"新闻记者应该致力于提高社会公众在获得新闻信息的基础上的行动能力,关注公众之间对话和交流的质量,帮助人们积极地寻求解决问题的途径,告诉社会公众如何去应对社会问题"。[1] 公共新闻强调传播者在报道新闻的同时,还应该以组织者的身份介入公共事物中去,发起讨论、组织各种活动,以寻求社会公共问题的解决策略。相比之下,电视问政虽然也强调公民的积极参与和讨论,但它不是由记者而是由政府发起并推动的,政府在整个过程中起到决定性作用。所以,电视问政被称为"中国式的公共新闻"。电视问政在中国10年的发展变化,大致可以分为以下三个阶段。

(一)电视问政的初创期(2005年):党的政治活动的推动

2004年11月7日,中共中央决定从2005年1月到2006年6月在全党开展以实践"三个代表"重要思想为主要内容的保持共产党员先进性教育活动。这次教育活动是中国共产党在新的历史条件下加强党的执政能力建设和先进性建设的一次实践,受到全国各级党政机关的广泛重视。在这样的政治背景下,2005年5月,兰州市委书记、市人大常委会主任陈宝生在一次兰州市领导干部大会上,结合全市党员先进性教育活动整改阶段有关工作,提出要在电视台开办一个"服务创业"栏目,让市委、市政府和市直机关等30余个部门的"一把手"走进演播室,与群众面对面地沟通,解答群众的问题。在市委文件的推动下,《"一把手"上电视》于2005年6月20日首播,并迅速成为兰州政坛的一个品牌。

虽然这一阶段的电视问政是特殊时期的政治产物,并受地方领导的影响,但是其具有重要的开创意义:不仅确定了电视问政的基本价值取向,

---

[1] 蔡雯:《美国"公共新闻"的历史与现状(上)——对美国"公共新闻"的实地观察与分析》,《国际新闻界》2005年第1期。

还大致确立了电视问政的基本形式：官民直接对话。

(二) 电视问政的发展期（2006~2010年）：政府与媒体的博弈

2005年，《"一把手"上电视》在兰州的热播引起了全国部分城市的效仿。例如，2006年，武汉广播电视台与武汉市纠风办合办的广播节目《行风连线》实现了电视化；2007年，西宁电视台开办了《夏都面对面》；2008年，安徽电视台开办了《对话江淮》；2009年，广东电视台开办了《广东民生热线》《沟通无界限》；2010年，长沙电视台开办了《对话长沙》。

从以上节目的形态和功能可以看出，这一时期的电视问政以谈话为主，民众的参与度较低，还未真正上升到官民对话、民众问责、媒体问政的层次。与此同时，节目播出的稳定性也较差，有的节目举办一年便停止了，也未引起媒体及社会的普遍关注。究其原因，主要是政府官员的观念还没有转变，不愿被媒体监督，这便构成了电视问政发展的阻碍力量。所以说，电视问政发展的过程也是政府公权力与媒体监督权利博弈的过程。

(三) 电视问政的繁荣期（2011~2014年）：电视传播规律起作用

2011年，武汉电视台推出大型电视问政直播节目，《电视问政》正式被确定为栏目名称并被社会普遍认可，每一次问政，都引得全国各类媒体争相报道。武汉的《电视问政》激发了各地的问政热情，一时间，从省级电视台到省会城市电视台再到地市级电视台，电视问政如雨后春笋，迅即成为一种新的电视现象。例如，2012年湖北荆州电视台开办了直播版的《电视问政》；2013年，湖南经视开办了辐射全省的《电视问政》；2013年5月，安庆广播电视台开播《百姓问政》；2013年7月，浙江丽水电视台开办了直播版的《电视问政》；2014年5月，芜湖广播电视台开播了《问政芜湖》。加上之前各省份、地市电视台开办的各类电视问政节目，此时的电视问政形成了覆盖全国多地电视频道的收视格局，电视问政进入了繁荣期。

这一时期的电视问政具有鲜明的特点，那就是完全按照电视传播的规律来进行策划和运行。首先是直播常态化，电视问政成为政府重要的政务公开平台，解决了许多悬而未决、难以解决的民生问题；其次是采用真人秀的节目模式，电视问政以"亮相"的形式对官员进行问责和监督，其过程常常表现出激烈、紧张、冲突并伴有戏剧性的特征，具有较高的收视率。从传播效果来看，这一时期的电视问政既叫好又叫座。

二 电视问政产生的文化效应

作为一种独特的电视现象，电视问政在当前的电视文化生态中产生了积极的效应。

美国传播学者查尔斯·赖特早在1959年在《大众传播：功能探讨》一文中就指出，"电视较之其他媒介似乎更富娱乐性，从传播内容到形态都具有一种与生俱来的娱乐潜质"。因此，进入21世纪以后，随着传媒产业的发展，泛娱乐化成为一个崭新的电视审美文化问题。泛娱乐化作为当下电视节目文化生态的一种表征，揭示出电视媒介作为大众媒介之首不但没能很好地发挥文化传承、监督社会、教育大众的职能作用，而且还对社会文化产生了诸多弊害：降低了大众媒介的文化品位，危害了社会主流价值观念。

电视问政作为一档严肃的真人秀节目从三个方面重构了当下泛娱乐化的电视节目文化生态。

1. 收视格局重构：抗衡娱乐节目

电视问政虽然是严肃的政论节目，但是从节目的模式和呈现形式上来看，它又完全符合真人秀节目的要素安排。因此，电视问政在坊间被称为一种严肃的娱乐。从全国范围来看，电视问政一改过去时政节目整体收视不佳的境况，在电视节目收视竞争白热化的当下，屡屡刷新各地方电视节目的收视高峰。据人民网调查，2012年武汉《电视问政》节目在5天内的收视率是同时段热播电视剧的一到两倍；2013年在湖南卫视《爸爸去哪儿》热播的情况下，湖南经视《电视问政》节目收视率依然居高不下，没有发生观众分流的现象。虽然，从节目的收视总量上看，电视问政还不能真正抗衡娱乐节目，但从已开办电视问政的电视台分布区域来看，电视问政已经形成星火燎原之势。相信在电视问政的鲇鱼效应下，严肃类的电视节目终将崛起并全面抗衡娱乐节目。

2. 内容生产策略重构：从迎合受众低水平欲望到以问题解决为导向

电视节目的内容生产是电视媒体的核心竞争力，正所谓内容为王，这是商业逻辑。但是，在经济效益的驱使下，电视节目的内容生产往往听命于扮演"行业货币"角色的收视率。因此，追求画面冲击、编造虚假故事、挖掘人性弱点、暴露个人隐私等迎合受众低水平欲望的策略成为娱乐类节目内容生产的必然选择。无论是情感类、演技类还是亲子类节目，大都如此。而电视问政具有强烈的纪实性，通俗地讲就是"真"。节目的主办方是地方政府和各级纪律检查委员会，参与问政的政府官员都是来"应考的""接受监督的"，是以解决民生问题为使命的。所以，以问题解决为导向是电视问政节目内容生产的基本逻辑，尽管有冲突，甚至充满戏剧性，但这是自然发生的、真实的。

从迎合受众低水平欲望到立足于现实问题的解决，似乎是从一个极端到另一个极端。如何在两者之间找到一个合适的偏移度或许是当下或者未来综艺节目内容生产策略的创新所在。

3. 话语方式重构：从虚无到理性

在娱乐至上理念的影响下，娱乐节目崇尚平民对精英的解构、狂欢对庄重的颠覆、身体对人格的僭越、模式对个性的置换，以此建构了一套虚无的话语策略。① 这种话语方式在很大程度上摈弃了现实世界中的理性、逻辑和秩序，构建了一个乌托邦式的虚幻世界，看似没有痛苦、没有差异、没有阶级，实际上它仅仅满足了观众低水平的、感性化的甚至虚假的需求，遮蔽了人的主体意识，人们独立思考、批判的能力也因此日渐式微。

电视问政以"问"而立，节目"秀"的过程也即问题解决的过程，主持人层层深入的提问、官员诚恳的回答、现场观众客观的评判、现场专家抽丝剥茧式的点评，最终呈现出一个相对理性的时政类电视真人秀节目。相比于娱乐节目的平面化和浅度化，电视问政以理性的话语突破了传统的等级，完成了对精英的祛魅，充分保障了受众的主体性，建构了真正民主的公共空间。

---

① 陈文敏：《论当下电视娱乐节目的话语策略》，《长沙大学学报》2009年第1期。

三 反思：警惕政治消费主义文化的消解

整体而言，电视问政构建了一个理性对话、协商的公共平台，并产生了积极的文化效应。但是，在这个过程中也出现了一些非理性的现象，例如，节目日趋形式化、娱乐化。这实际上是政治消费主义文化消解的结果。

（一）何谓政治消费主义文化

由生产社会向消费社会的转变，可能是全球化竞争中最为深刻的变革之一。在齐格蒙特·鲍曼看来，在消费社会，消费不再仅仅是为了生存和劳动力的再生产，消费活动成为社会运转的轴心，人们有了消费的选择空间，作为消费者，地位上升，并因此带来重要的社会变化和社会关系重构。[①] 与此同时，在成熟的消费社会，视觉具有压倒性力量，视觉因素僭越非视觉因素成为文化的主因，人们专注于视觉快感，专注于感性的愉悦。[②] 因此，视觉消费是成熟的消费社会的一个基本逻辑。在这样的社会中，视觉消费关系开始向社会生活中的各个领域延伸，政治领域也不例外。所谓的政治消费主义文化是指，在大众媒介尤其是电视媒介的规训下，政治的严肃、理性往往让位于琐碎和感性，政治活动易演变为一种视觉性的表演活动，以充分迎合大众视觉化、感性化的欲望。它是政治观念与商业逻辑共谋的结果。例如，在西方国家的电视大选中，为了迎合受众的视觉消费需求，总统候选人历来对形象非常重视，奥巴马在竞选中将约1亿美元用在了电视广告上。

（二）政治消费主义文化对电视问政政治价值的消解

电视问政既是一个公众政治参与、民主监督的政务平台，又是一个代表着公权力的政府官员的"秀场"。理想的状态是，两者始终处在一个平衡与博弈的过程之中，既叫好又叫座。但是，在政治消费主义文化的作用

---

① 范广垠：《消费社会对现代政治的解构——齐格蒙特·鲍曼消费政治思想解析》，《马克思主义与现实》2013年第5期。
② 周宪：《视觉文化与消费社会》，《福建论坛》2001年第2期。

下，电视问政或许成了政府制造的媒介事件，很容易从原先问题决策的论坛演变成一场没有实质意义的表演，是否有冲突、有戏剧性和娱乐价值成为电视问政节目组策划的重点。对此，武汉《电视问政》的一位编导一语道破，"我最担心的是爆点、亮点、笑点一点没有……"[①] 所以，节目现场除了有举着表情牌的现场观众团，还有即兴的键盘音乐和各种道具，来共同营造一种表演的氛围。在主持人的层层追问下、在现场专家的辛辣点评下，官员们个个"汗流浃背""面红耳赤""语无伦次"，节目戏剧性的情节最终发展到高潮，充分满足了观众的心理期待。实际上，这是对公众理性的一种严重腐蚀，它使公众忽略了与自己相关的具体问题和基本的政治诉求，而沦为围观的看客，理性、批判的公民被置换成消费的市民。[②]

（三）电视问政的反思路径

通过梳理电视问政 10 年来的发展情况，我们可以从以下几个方面进行反思，以规避政治消费主义文化对其政治价值的消解，从而更好地促进电视问政的深入发展。

1. 节目形态

长期以来，电视问政大多采用真人秀的节目形态，为其赢得了收视率和媒体的关注度。但是，随着官员对电视镜头的适应，节目的"表演"性越来越强，形式远远大于内容。这里充分反映了政治消费主义文化的逻辑。所以，创新电视问政的节目形态，减少节目当中戏剧性的冲突，强调富有实际意义的、理性的对话与协商，以避免官员成功或者失败的"表演"，是电视问政节目充分发挥其政治价值的关键。

2. 选题

电视问政作为政务公开平台，历来强调民生选题。民生问题关涉到群众的切身利益，是人民群众最关心的问题。从社会管理的角度来看，民生问题也是最重要的问题。但是，这些问题缺少系统性、关联性，也不太具

---

① 周琪：《"电视问政"，不单是一场秀》，南方人物周刊官网，http://www.nfpeople.com/story_view.php? id=3581。
② 张萍：《比较视角下我国电视问政的发展》，《现代视听》2013 年第 8 期。

有公共政策的视野，使得电视问政节目整体呈现出表面化和碎片化的特征。它不仅使电视问政难以触及社会管理与决策的核心层面，而且导致了节目当中非理性情感的加强，这正是政治消费主义文化所需要的。因此，电视问政主办方必须构建完善的选题机制，充分挖掘民意并结合公共政策制定的需要来进行选题。

3. 常态化

虽然全国有些地方，如武汉电视台，提高了电视问政的播出频率，但是与真正的常态化还有些距离。电视问政的常态化，既是节目本身发展的需求，也是电视媒体发挥其监督职能的需求，不仅有利于弱化地方领导的个人色彩，还能够从制度上兑现官员的许诺，更重要的是能够避免电视问政由于媒介事件效应而带来的"表演性"。因此，如何实现电视问政的常态化，是接下来电视问政节目要解决的一个关键问题。

电视问政一经诞生就被贴上了"监督""沟通""协商""理性"等各种富有民主、文化意义的标签。应该说，这在中国当前的政治生态环境和电视文化生态环境中激起了阵阵涟漪。但是，要想真正激起中国政治体制改革的浪潮，推动电视文化生态的持续健康发展，实现电视问政真正的政治价值和文化价值，就必须创新电视问政的节目形态，并以有利于制定科学化、民主化的公共政策为理念，实现常态化、栏目化的播出机制。在这个过程中，作为节目主办方的政府机构，首先要进行观念创新，变被动监督为主动"打捞民意"；其次要进行制度创新，建立完善的电视问政制度。这是深化电视问政的基本路径。

原载《中州学刊》2015年第3期
合作者：葛明驷（博士生）

场域视角下的电视问政：
角色归位与范式改革

摘要： 本文借用布迪厄的"场域"理论，对电视问政节目形态及其社会结构关系进行了考察。我们认为，电视问政的参与者——官员、民意代表、学者和媒体人——都深受资本、惯习、权力等因素的制约，他们之间竞争、博弈、对话、协商，背后隐匿的是资本的转化和权力的生产，从而建构出"赋权与反赋权转换""中心与边缘互动"两大图景。为了使电视问政场域保持发展活力，本文提出，各方参与者应当实现角色的适当归位，同时要在节目范式上进行改革：推动民意代表产生方式的改革；提高参与官员的责任成本；提升专家与媒体的公共服务意识。

关键词： 场域　电视问政　资本转化　权力生产

电视问政作为一种电视现象已存在多年。从兰州市的《"一把手"上电视》到武汉的《电视问政》、杭州的《我们圆桌会》，这种节目形态经历了十年的发展历程。十年间，全国各地相继开设了几十档电视问政类节目，但是电视问政的确切含义却是众说纷纭。有学者认为电视问政是"执政者、社会公众借助于电视媒体对公共事务展开咨询、讨论和协商，并以监督、问责为取向的政治传播活动"。[1] 也有学者认为电视问政是一

---

[1] 葛明驷、何志武：《电视问政十年：文化效应与反思》，《中州学刊》2015年第3期。

场政府指导、媒体搭台、多方参与的公共新闻（civic journalism）运动。①节目形态的多样性造成了定义的多元化，但也帮我们厘清了此类节目的一些共同点：参与者大都由官员、媒体人、民众、学者嘉宾组成；在一个临时的空间中，对各种社会热点问题展开讨论与协商，目的在于推动政府的"善治"，更好实现公共利益。

这种区域、空间、话题、时间的耦合性建构起了电视问政的共时性，也启发我们从时空与人物关系的角度重新观察与解读电视问政。如果从参与者的权力、资本、阶层、文化、惯习等多元视角进行分析，电视问政的过程展现出与布迪厄描述的"场域"（field）相似的特征。本文拟从这一视角切入，重新梳理作为场域的电视问政和它的社会结构关系。

一 电视问政场域的建构

"场域"是法国著名后现代学者布迪厄提出的社会学概念，指的是"诸地位之间的客观关系所构成的网络或形构"，是"诸多力量较量之场所"，是"一个充满了斗争的场所"。②布迪厄借用了物理学中"场"的概念，和物理学中的力场或磁场类似，社会学场域中的社会成员也会因为各种"力"发生吸引、排斥与重新组合，产生各种复杂的网状社会行为。布迪厄认为，每个社会成员会在不同的场域中相互作用，获得社会地位，寻求社会资源，增加社会利益，实现社会价值。因此，一个人只有进入了场域才成为真正意义上的人，场域是客观存在的、隐形有力的社会控制机制。

围绕着"场域"的基本概念，布迪厄指出了场域中考察人的行动的几个重要维度。首先是"资本"。资本是社会成员进入某个场域的必要条件与竞争手段，也是在场域中活动竞争的目的。他区分了经济资本、文化资本、政治资本与象征资本等，指出每个人所拥有的和进出各种场域的各

---

① 顾亚奇：《电视问政：中国式公共新闻的新探索》，《浙江传媒学院学报》2014年第2期。
② P. Bouedieu and I. Wanquant, *An Invitation to Reflexive Sociology*, Universtiy of Chicago Press, 1992, p. 101.

类资本是不同的。其次是惯习（habitus），是一个持久的、由主客观条件所形成的感知、感觉、行动与思考倾向的系统，还包括个人的知识和他对世界的理解。因此，惯习是社会化的人处理问题时综合能力与整体形象的展现。最后是权力。人们进入场域是获得某种资本，实现某种利益，最终争夺的必然是权力与话语。福柯认为，话语即权力。权力与话语的争夺不仅在场域中随时出现，而且伴有一定的激烈程度。

根据布迪厄的理论，从"场"的关系而言，大众传媒行业就是一个相对独立的场域。传媒业有自身的发展逻辑和客观的物理空间，也形成了一套自己的运行机制和准入门槛。同时，传媒又是一个相对开放的领域，媒体人和其他社会成员都可能在大众媒体这个场域出现、行动和获得某些社会资本。有的媒体、社会组织与个人一夜成名，获得了各种社会资本或权力；有的不仅没有获得新的资本，反而丧失了原有的各类资本。

电视问政则是这种媒体场域的进一步具象化。政府官员、民众代表、学者嘉宾与主持人作为主要参与者，共同形塑了电视问政的基本形态。政府领导是电视问政的倡导者与直接推动者。兰州的《"一把手"上电视》、武汉的《电视问政》都是在政府"一把手"的直接指导下产生的。政府以强政治资本进入媒体场域，将电视问政看作治庸问责、沟通民意的新渠道，不仅希望密切与民众的联系，推动政府职能转变，而且希望在文化、社会管理领域获得更多经验与建议，增加自身的文化资本与社会资本。

而民众代表进入电视问政的场域，则是强社会资本推动的结果。社会的进步与发展使公众的权利意识与民主观念不断提高。民众迫切希望通过更加直接的渠道与平台表达诉求、实现政治参与，以获得在社会问题、经济问题等领域更大的发言权与影响力。

学者与媒体人的参与，与技术资本与文化资本的支撑密切相关。较高的知识与技术水平让学者嘉宾能从专业的角度、更高的层次分析社会问题。他们的意见更加理性，具有一定的引导与整合能力。媒体人是现代媒体技术和设备的使用者，具有强大的大众传播与组织协调能力，能够从传播的专业角度保证电视问政的顺利推行。

所以，在各种资本与利益的推动下，电视问政成了一个博弈、竞争、协商与对话的场域空间。各个参与者都依靠原有的"强资本"介入电视问政，都希望通过这一过程弥补"弱资本"缺陷，提高各类资本的整体质量与水平。而参与者由于各自社会化程度的不同，也会将既有的各种惯习带入电视问政。同时，资本的争夺就意味着话语与权力的争夺，对抗与博弈是电视问政的一个侧影。我们将电视问政场域的参与者的特征整理如表1所示。

表1 电视问政场域的参与者的特征

	资本		惯习	目的
	强资本	弱资本		
政府官员	政治资本	文化资本、技术资本等	传统由上到下的政治传播模式	"治庸问责"转变政府职能，实现"善治"
民众	社会资本	政治资本、文化资本、技术资本等	多元表达，复杂多变，"众声喧哗"	实现利益诉求，获得更多参与权、表达权与决策权
学者	文化资本	政治资本、社会资本等	技术导向或专业导向	发挥"知识"的作用，实现社会进步
媒体	技术资本	政治资本、社会资本等	大众传播话语体系	沟通渠道，组织协调，议题设置

二 电视问政场域中的资本转化与权力生产

资本、权力与话语是电视问政场域的核心问题。资本转化与权力生产伴随着话语的变迁在电视问政的场域中不断产生、发展与变化。资本影响着话语和权力的实现，权力与话语的伸缩又影响着资本的转化与升值。各方"力"在场域中此消彼长，既斗争又共融，从而呈现出以下两种图景。

1. 赋权与反赋权的转换

政府官员、民众、学者等依据各自的"资本"进入电视问政的场域，同时也意味着暂时脱离了原有的场域。他们从原场域"剥离"，同时也伴随着身份与权力的变化。正如布迪厄所言："场域内权力与地位总是瞬息万变的。"① 在新的场域中,场域"行动者"(agent,借布迪厄的表述)保留了部分原有场域权力的同时,也丧失了一部分权力。官员不再以管理者与强大公权力拥有者的身份出现,而成为被"治庸问责"的对象。他们开始尝试提高媒介素养与沟通能力,以便在电视直播中表现良好。民众意见的被重视程度大大提高,他们的表达权、监督权、质疑权得到尊重与放大。学者摆脱了纯粹研究者的状态,不仅直接介入公共事务,而且理所当然地成为一些公共问题合法的解释者。主持人在保持客观中立的同时,也适时适当地表达自己的观点。

所以,电视问政的场域赋予了"行动者"新的权力,扩大了他们的活动空间。旧有的权力关系与个人在电视问政中暂时脱离,新的权力行为与场域中新的人物关系实现了暂时嫁接。比如,2014年12月武汉《电视问政》中,一位橘农请蔡甸区女区长彭巧娣吃受到工业污染的"水泥柑橘",2013年6月的另一场"问政"中,受到暴雨内涝困扰的居民向武汉市水务局局长送雨鞋。这些平时看来"反常"的场景,多次出现在《电视问政》中,正是重新赋权和权力的重构、行使的一种体现。借助媒体的平台和直播效应,行政科层制中的官员消失了,而作为责任负责人的官员被放大了;民众与官员间的社会地位鸿沟消失了,而作为权力所有者的身份地位却被强化了。

但是,由于电视问政是一个动态的过程,电视问政在实现对参与者赋权的同时,也存在着"行动者"反赋权的过程。在经历了多次《电视问政》的"历练"后,很多官员不再会出现头上、脖子和后背冒汗的情形,而是通过各种方式消解了问责的尖锐性与针对性。民众赋权问责的同时,柔性的"反赋权"的应答屡见不鲜。"今天办、明天办、马上办"是一种形式,而"太极式"的回答方式更是比比皆是。在上面的例子中,面对市民的"雨鞋问责",水务局局长花了7分钟进行回答。但是他并没有给出解决问题的时间表与方案,而是罗列了解决问题的客观制约因素,强调各种各样的困难,市民并未获得满意的答案,很多问题反复出现在一年又

---

① P. Bouedieu and I. Wanquant, *An Invitation to Reflexive Sociology*, Universtiy of Chicago Press, 1992, p.101.

一年的电视问政中，问责的效果因此受到怀疑。

当然，不同问题有其各自的复杂性，通过电视问政解决所有暴露出的社会管理问题是困难的，官员们的一些模糊表达有时也是无奈之举。但是赋权与反赋权的过程却在电视问政的过程中不断上演，它影响着人们对电视问政的认识。

2. 中心与边缘的互动

物理学中"场"的概念是没有中心与边缘的。和娱乐综艺节目、真人秀节目围绕明星展开不同，"去中心化"是电视问政场域的特征之一。

首先，没有明确的中心人物。大部分在场的"行动者"都是平等的参与者，都有机会表达自己的观点。主持人起安排时间、组织协调等"穿针引线"的作用。为了有效控制，官员往往被限定回答的时间，主持人也会根据事先安排，准确地将问题抛给对应的学者和提问的民众代表。这样的安排，保证了提问与点评的有的放矢，防止了话语霸权与某些参与者"失语"，体现了整个场域的公共性特征。

其次，权威与非权威的界限被打破，"行动者"在议题上都有不受约束的意见表达权。例如，在杭州市《我们圆桌会》2014年的一期节目中，参与者围绕杭州交通该不该限号、如何限号等问题展开讨论。民众代表、交通规划部门官员、交通管理部门官员、学者等表述各自的立场，并没有因为社会地位、职业等差异出现话语霸权与话语强势。参与者能够捍卫和坚持自己的观点，在话语的行使权中没有中心也不存在边缘。

这种"去中心化"的状态，往往会影响到"行动者"惯习的表现。一方面，在"去中心化"的民主协商氛围中，部分原有的惯习发生异变。官员不再采用科层制中上下级的行动模式，而逐渐学会并习惯在电视问政中与群众打交道。依托媒体的公开性，民众也更加大胆自由地表达自己的诉求。另一方面，由于电视问政的大众传播特征，"行动者"也会受到福柯所描绘的"敞景监狱"效应的影响，在镜头面前或者是现场直播的状态下，始终处于"被看"的状态中，会不自觉地保持部分原有的状态，以显示身份特征与场合特殊性。例如，学者嘉宾在分析问题时依旧以理性客观的意见为主，很少采取过激的言论方式；主持人在表达自己的观点时不忘表现出客观、中立的态度。在2014年6月武汉的《电视问政》中，

政治传播的实践面向

民众代表与主持人都表达了对武汉交通无序、交通管理混乱的不满，市交通局局长表情尴尬，场上舆论出现了"一边倒"的局面。交通方面的学者赵宪尧此时发表了这样的评论：

> 主持人刚才"无奈的管理"和"交通乱象"这两个短语用得非常好。我觉得现在交通管理不能再被动下去，要加大实施交通科学规划中第四阶段的措施：现代交通意识的教育。现代交通意识的宣传和培育，在当前来说比什么都重要。现代交通意识不仅仅是科学的立法、严格的执法，更重要的是要教育执法者和交通行为的使用者遵纪守法……我们全市的交警只有两三千人，面临全世界最高的违章率，你们太辛苦了！像中国这样辛苦的交警，我在世界上其他国家没有看到过。哪有这样的交警站在马路中央不分春夏秋冬、严寒酷暑，哪有这样的交警站在路中呼吸着那样恶劣的空气。当PM2.5超过50时，我们就抱怨。而干警在路上执勤的时候，他每时每刻所呼吸的空气PM2.5（超标）数百倍之多。他们还要呼吸一氧化碳、二氧化碳、碳气化合物，甚至呼吸到碳离子。那么对这样的交警，说实在的，我真想站起来向你鞠个躬。（站起来鞠躬）对你表示感谢和敬仰，同时我还要做个保证，我在有生之年绝不违反交通规则，我的交通出行一定以公交出行为主。

这样的表态，改变了原来场上的氛围，也适时地利用了电视直播的形式提出了遵守交通规则的问题。场上对交警的批评大大减少，遵守交通规则——这一治理交通的最根本问题引起了参与者的重视与思考。赵教授的表态，是原有场域惯习沿用的体现，也与电视问政"去中心化"的场域特征密不可分。

电视问政实现了"去中心化""防止边缘化"，但是也并不意味着节目不会出现"中心"。事实上，各地的电视问政不仅捧红了几位主持人，也让几位网络名人、专家学者的知名度大大上升。专业资本、技术资本正是通过这样的不自觉过程转化为个人的社会资本，同时还将某些个体"中心化"。而有的官员由于在电视问政中表现不佳，部门满意度排名较差，不仅其他形式的资本没有增加，而且原有的政治资本也不升反降，呈现出边缘化的趋势。当然，这种结果的"中心化"与"边缘化"并不意味着初始权力或地位的边缘化。在电视问政的场域中，所有参与者的参与权、表达权依然是平等的。

三　反思：场域中的角色归位与范式改革

经过十年的发展，电视问政已经逐渐由幼稚走向成熟。但是从场域的视角来看，繁荣发展的背后，却存在诸多隐忧。布迪厄曾经把场域比作一种游戏，认为优胜者获得奖金的机制是场域有效发展的基础。他认为，"游戏者可以遵守既定的游戏规则以及游戏和奖金的再生产的前提而增加或维持其资本，也可以介入游戏并改造——部分或全部地——游戏的内在规则"。[①] 换句话说，如果要使场域保持活力，就必须制定好游戏规则，充分调动参与者的积极性。但是，当下的电视问政，设定的游戏规则并未完全遵行，参与者的很多行为与设想的也有一定差异。就官员而言，他们中的部分人并不是这场"游戏"的热心参与者，而是迫于无奈才走上电视问政的舞台。而民众代表往往是经过严格挑选的，而且多场电视问政总是那么几位"熟脸"出现。民众虽然可以广泛公开表达见解，但是言论的层次与水平还有待进一步提高。因此，从场域视角审视十年电视问政的发展，参与者角色归位与范式改革的问题显得非常重要。

首先，角色的归位与提升。如前所述，参与者凭借各种"资本"进入电视问政的场域，但是其动机与目的是各不相同的。如果要让电视问政场域保持活力，参与者就必须遵守设定的规则。如果官员只把参与电视问政看作"无奈之举"，那么问责与协商最终只会流于表面。如果民众代表只把电视问政看作个人"秀"的舞台，那么真实民意的表达必定大打折扣。如果学者嘉宾只作空洞的隔靴搔痒的评论，那么他们难免又将陷入"砖家"的舆论批评中。正所谓态度决定行为，电视问政参与者角色的归

---

① P. Bouedieu and I. Wanquant, *An Invitation to Reflexive Sociology*, Universtiy of Chicago Press, 1992, p.100.

位，最根本的是个人对于设定的游戏规则与游戏角色的尊重与认可。而要实现这种转变，不仅依赖理论与宣传，更需要不断的实践与摸索。早在20世纪30年代，胡适就批评过当时开明专制派的"民主幼稚论"，认为民主是需要学习的。现在电视问政已经提供了一个民主协商的场域，官员应当有被监督批评的意识，民众代表应当更加接地气、解民意，学者评论要宽严相济、有的放矢，媒体人应当突出发挥沟通协调、消除障碍的作用。这样，电视问政的参与者才能在实践中真正获得有效的民主协商锻炼，加深对电视问政的理解与反思。

其次，范式的改良。"范式"是美国科学史学家库恩提出的概念，指的是一个共同体成员所共享的信仰、价值、技术等的集合。范式革命，实际上就是包括以上集合在内的游戏规则的总体革命。库恩认为，范式革命的背后，是一种新的意识形态取代旧的意识形态。电视问政场域要保持活力，在优化游戏规则和参与者角色归位的同时，也要适时进行范式的改良。就目前而言，可以进行以下层面的改革。

一是改革民众代表的产生方式。扩大民众代表的来源，丰富民众代表的阶层与领域，让民众代表更加能代表基层的民意，反映民众的愿望。同时，通过培训与学习，让民众代表有更强的问政能力，问责能更有针对性。而且能实时监督问责问题的改革实施进度，保证问责落到实处。

二是提高参与官员的责任成本。让官员认识到，电视问政不是电视秀，也不是"政治任务"。可以将官员在电视问政中的责任落实到自身与部门考核体系中，增加这种责任的比重，让官员认识到电视问政的重要性，逐步转变他们的观念，吸引他们主动参与电视问政。

三是提升专家与媒体的公共服务意识。学者专家和媒体应当成为官员观点与民众观点的中间平衡者，努力寻找官方舆论场与民众舆论场的最大共识和利益交汇点，促进官员和民众在电视问政场域中既问责也协商，既批评也对话，使电视问政的场域始终保持活力。

原载《当代传播》2015年第8期

合作者：方晨（博士生）

电视问政的协商理念
及其实现保障

摘要： 电视问政强势铺开成为一种全国性的电视现象，其影响早已超出一档普通的电视栏目，成为一种政治现象。然而，借助行政权力强推的电视问政却隐藏着一系列冲突，直接影响其持续推进的空间。这些冲突说到底是电视问政的协商理念与单一的问责型问政的实践冲突。基于协商理念的电视问政理应形式多样，除了问责型，还有宣导型、沟通型、问计型等多种类型，问责型问政一枝独秀折射出问政理念与空间的局限。即使是问责型问政，也应突破为追求观赏效果而刻意设计多重冲突性环节的表演性窠臼。电视问政的实质在于协商对话，而协商对话的核心是真诚与理性。

关键词： 电视问政　协商对话　问政类型

近年来，一种被称为电视问政的栏目形式在全国各地的各级电视台竞相推出，成为一种电视现象，也成为一种政治现象。说它是电视现象，因为它已全面铺开，广受关注，且已形成模式；说它是政治现象，因为它是作为转变干部工作作风、治庸问责工程的配套项目而推出的，在官员和民众中都引起了强烈的反响。然而，经历了最初的新奇和喧闹之后，一系列亟待厘清的问题凸显出来：电视问政是否就是曝光与问责，电视问政的理念和目标是什么，较之报纸问政、网络问政的优势在哪里，持续推进的空间如何。这一系列的问题关系着电视问政的质量，也关系着电视问政的持续推进。

一 电视问政的强势铺开缘于超越电视栏目的行政权力

说起电视问政,势必会提及武汉电视台的《电视问政》栏目,以至百度百科对这一词条这样定义:"电视问政,是湖北武汉电视台的一档直播节目。"这档创办于2011年的问政栏目甫一推出,旋即成为公众热议的焦点话题,引来各地效仿,其所创立的问责型问政模式也成了模板。一时间,问责型问政成为中国地方电视台的一种节目类型、一种电视现象。

电视问政并非武汉电视台首创。早在2005年6月,兰州电视台就开播了一档问政栏目《"一把手"上电视》,成为当时政坛和电视界热议的焦点,只不过当时并未引起效仿。

《"一把手"上电视》从设想到实施仅仅一个月零几天的时间,可谓超高效或曰"奇效",表明它不同于一般的电视栏目,其创办过程经历了非同寻常的几个阶段:市委书记提出创意—市委文件推动—媒体联合造势—"一把手"率先垂范。2005年5月13日,兰州市委书记、市人大常委会主任陈宝生在市领导干部大会上,提出要在电视台开办一个服务创业型栏目,让市委、市政府和市直机关等30余个与群众生产生活、自主创业以及投资环境息息相关的部门,如财政、工商、税务、规划、土地以及公、检、法等的"一把手"走进演播室,与群众面对面地沟通,解答群众提出的问题,能解决的当场解决,暂时解决不了的要承诺几天内解决,不能解决的就讲清楚为什么不能解决。5月25日,兰州市委办公厅专门下发文件,市委书记的设想变成了书面决策。文件明确了节目的定位,即宣传政策、提供咨询、解疑释惑、接受投诉、解决问题、锻炼干部,也明确了第一批接受访谈的部门名单,甚至确定了节目播出时间为周一至周六每晚8:45的黄金时段,第二天重播,兰州电视台四个频道滚动播出。文件下发之后,当地媒体迅速联动,报纸、广播、电视媒体一起为新栏目开播造势。6月17日,陈宝生带领兰州市32个部门的"一把手"走进了兰州电视台的演播大厅,开始了首期节目的录制。

《"一把手"上电视》的创办过程是当下中国电视问政栏目创办的缩影。

武汉电视台的电视问政最初是作为《行风连线》5周年特别节目而出现的。《行风连线》是武汉广播电视台与市纠风办合办的广播节目,创办于2005年,其宗旨是"听民意传民意,顺百姓之意,评行风议行风,正行业之风"。每周二、周四早晨7:15,受邀的政府职能部门负责人走进直播室,与听众交流。基于节目定位,《行风连线》通过征集意见,安排市民最想与之对话的单位负责人走进直播室,上线与听众对话。当年就组织物价、民政等30个政府部门第一批"上线",使节目一开播就在市民中产生了热烈反响。2009年,《行风连线》4周年时,武汉广播电视总台尝试将广播连线直播移植到电视上来,推出了《区长百姓面对面》系列访谈节目,请七个中心城区的政府"一把手"与百姓面对面地沟通交流。这次直播赢得了广泛的好评,促使该栏目5周年特别节目进一步明确为电视直播的形式。恰逢这年年初武汉市49个行政部门做出254项公开承诺,电视台决定通过电视问政看看这些承诺的兑现情况。此后,电视问政作为武汉市委、市政府"治庸风暴"工程的重要组成部分固定下来。2011年,武汉电视台推出大型电视问政直播节目,《电视问政》正式被确定为栏目名称。《南方周末》报道称,2011年,武汉电视台在市委书记阮成发的主导下,创立《电视问政》直播节目,先由电视台播放暗访视频,然后相关官员在直播现场,接受主持人、观众、评论员和专家的质询。①

《"一把手"上电视》和《电视问政》,都是当地市委书记倡导创办的。《"一把手"上电视》的"来头"说明它不是一档普通的电视栏目,它不仅由市委书记首倡,而且还由市委办公厅专门发文造势,使领导倡议上升为政府决策,上升到改善投资环境、加强党和政府与人民群众的联系、加快政务公开步伐、加强和改进舆论监督、构建和谐社会的高度,市委书记还成为第一批走进电视问政演播厅的"一把手"。同样,武汉

---

① 褚朝新、罗婷:《让一把手在镜头前流汗 武汉电视问政"攻防战"》,《南方周末》2013年8月22日。

的《电视问政》被认为是"一号领导"决定的,电视台是命题作文的执行者。该台主要负责人表示,武汉市主要领导是这档直播节目的"总策划","广电局和其他单位平级,要请环保局、卫生局局长过来,他可以不来。但这个事阮书记是总策划,纪委出面统一布置,大家都来且不许请假"。①

显然,电视问政已超越了一档普通的电视栏目,其创办并得以持续得益于行政权力的强力推动。行政权力的强力推动赋予了电视问政栏目特殊地位,让其承载了更丰富的政治意涵。

二 问责型问政一枝独秀折射出问政理念与空间的局限

自武汉的《电视问政》开办以来,各地问政热情高涨,同类栏目遍地开花,迅即成为一种政治现象和电视现象。我们时常可以看到诸如市长直播现场狠批渎职官员的报道,如《陕西一名官员在问政现场当场被免职 捂脸痛哭》《南京市长直播现场批官员:有没有考虑百姓感受》等。各地的问政风格、问政程序几乎都是一种模式,领导表态、媒体报道也几乎是同一种模式,电视问政越来越陷入程式化的问责型问政窠臼。

作为样板的武汉电视台《电视问政》,其节目流程是这样的:由市纪委、纠风办组织成立暗访小组,对群众反映强烈的问题先期进行暗访并拍成视频,在由政府部门负责人、行风评议代表、市民代表、专家学者参与的问政现场,集中播放暗访视频,然后由节目主持人或市民代表就视频反映的问题向政府部门负责人问责。官员在观看暗访视频时已是如坐针毡,面对电视镜头被公开问责时更是窘态毕现。问的一方占据着道义上的制高点,抓住暗访视频中的问题向被问责的一方频频发问,直接犀利,穷追不舍,将被问官员逼得难以招架,频频认错。这期间还穿插一些"麻辣评

---

① 褚朝新、罗婷:《让一把手在镜头前流汗 武汉电视问政"攻防战"》,《南方周末》2013年8月22日。

委"对官员工作和问政中的表现进行批评调侃，让每一位到现场的官员感到"柔弱无助"、尴尬难堪。官员们被问得满头大汗、哑口无言、忘词、不停道歉成为媒体在描述电视问政时最常用的词。

这种问责型问政一经推出，就赢得了官方、民众和媒体的高度评价。从官方来看，由于这种问责型问政多是由各地党政"一把手"提议、作为治庸问责的重要举措而开展的，它暴露了政府部门工作中的问题，促进了政府官员的自我反省，达到了平日里大会小会强调或批评都难以企及的效果；从公众来看，无论是旁观者还是参与者，都能从节目中获得一种从未有过的主人翁的"快意"；从媒体来看，问责过程集中展现了电视节目吸引受众的戏剧冲突元素，节目获得了较高的收视率，社会效益和经济效益双丰收。

然而，当问责型问政全面铺开时，问责似乎成了电视问政的代名词。回溯问政的本意就会发现，其内涵远比问责丰富得多。"问政"一词最早出自《礼记·中庸》："哀公问政，子曰：'文武之政，布在方策。'"这里的问政即咨询或讨论为政之道。咨询或讨论显然比单一的问责形式更多样，内容也更丰富。随着实践的发展，由政府和媒体推动的问政形式又进一步得到丰富和发展。就电视问政而言，除了问责型问政之外，还有宣导型、沟通型、问计型等问政形式，它们各具特点和优势。

宣导型问政是最早的电视问政类型，主要是由政府官员借助电视媒体宣传公共政策，解释政策内容及其依据，期望得到公众的理解与支持。这种宣导往往由政府官员独自发表演讲或由主持人与政府官员对话完成。虽然这种由政府官员唱独角戏式的电视讲话看不到公众参与的成分，没有凸显"问"的意味，但它同样是问政的一种形式。政府官员发表电视讲话，其实是一种政治动员，一种劝服方式，意在引导公众理解和接受政府主张。公众在接受宣导的同时会加强对相关主题的关注，进而在讨论中加深理解，这种关注和讨论本身就是"问政"。随着对电视媒介认识的深入，官员们越来越清晰地认识到官员唱独角戏的宣导模式并不能收到很好的传播效果，于是主动要求电视媒体开办"官员访谈"类栏目，让主持人与官员进行问与答的互动。然而，节目定位决定了主持人的提问空间，其提问基本是引导官员宣导政策的辅助式提问。通过这类提问，政府官员可以对政策内容、政策背景做进一步阐释，以唤起公众的理解与支持，为政策实施进行更充分的社会动员。虽然形式上有了变化，但实质上仍是政府官员在唱独角戏。比如，中央电视台2005年曾开办过一个高层访谈栏目《决策者说》，以省部级官员为采访对象，让他们讲解政策并回应公众对政策的质询。但是，在实际操作过程中，讲解的色彩更浓而质询的色彩更淡。它有时办成了"中国部长年度报告"，有时办成了"公共政策宣讲会"。主持人的提问缺乏对公众疑问的把握和对核心问题的触及，或流于表面，或被访谈官员所牵引。一些公众最想了解、触及实质的问题即使提出了，由于缺乏追问，往往被空泛的表态"跳过"。当然，宣导型问政仍是一种有价值的电视问政形式，作为政府信息公开的一种途径，政府官员通过电视媒体就政策内容、政策背景、政策过程等公众关注的内容进行阐释，对于赢得公众的理解和支持具有一定的作用。

沟通型问政是近年兴起的问政形式，主要是政府官员借助电视媒体与公众就公共话题进行对话和沟通，在讨论和协商中发现和汇集民意和民智，在寻求共识的过程中寻找社会治理良方。在这种类型的问政节目中，电视真正成了各方意见平等交流与理性沟通的平台。它可以是政府部门邀请各方人士就某一问题各抒己见，主动寻求社会治理良策；也可以是电视媒体召集各方人士就某一问题发表意见，发挥媒体的平台功能，搜集民意和民智，让各方意见主体在交流和沟通中深化认识，既向政府提供社会治理良策，也在协商讨论中引导舆论。目前此类节目多是政府主导型。如杭州电视台开办的《我们圆桌会》，由杭州市委办公厅、市政府办公厅、市委宣传部等单位主办，杭州电视台承办，杭网议事厅联动，是一个党政、市民、媒体"三位一体"的互动平台。该栏目"彰显'平和'与'理性'的风格，不采用激烈辩论的形式，不以'问责'的尖锐方式制造针锋相对的现场效果，也不以暴露矛盾、解决问题为直接目标，而是致力于搭建平等参与、交流协商的平台，力求在多方讨论中取得共识"。[①] 其问政内容广涉城市管理的热点和难点。每一期话题都以问题为导向，每个参

[①] 顾亚奇：《电视问政：中国式公共新闻的新探索——基于杭州台〈我们圆桌会〉的思考》，《浙江传媒学院学报》2014年第2期。

与者都会对这些热点问题有所思考,无论对问题对象表达不满,还是提出建设性方案,都是本着探讨和交流的目的,率性而坦诚,理性而深刻。参与主体有行业主管部门负责人、党政官员、专家学者、普通市民、媒体评论员,各自以不同的视角审视同一话题所藏的问题。他们事先都做了充足的准备,既为以充分的理由自证,也为更好地理解他人的意见,以实现更充分的交流和协商。这种旨在通过常态化运作,实现多方互动、各界交流、汇聚民智、增进理解等目标的电视栏目,能够满足各方诉求,为各方所接受并愿意参与其中,因而具有较强的可持续性。

相较而言,单纯问责型问政将政府官员置于聚光灯下,接受现场主持人、各方代表的追问甚至逼问,还有场外观众的审视,电视聚焦的放大效应加剧了被问责官员的焦虑感,增加和延伸了其在问政时空的精神压力。问责与追责让公众和官员都陷入了一种兴奋与焦虑的情绪之中。追责式问政承载着民意宣泄的功能,当场内代表和场外观众看到政府官员被一个个暗访视频、一个个犀利质问逼得语无伦次、满头大汗时,获得了情感释放的快感和满足,顿时有了一种"胜利者"的优越感。人们在电视问政的密集时段争相谈论官员被"虐"的话题和画面,互相提醒收看电视问政节目的信息,一些人像追热播剧一样追电视问政节目,处于一种兴奋的情绪之中。直到被曝光的问题得到解决、相关责任人受到处罚,人们的兴奋情绪才慢慢转移和平复。也许是为了满足公众的情绪期待,问责式问政进一步放出"大招"和"猛料":从众人围观的广场问政到被追责官员当场遭免职。这种激进的做法契合了官方的焦虑情绪。用这种"群众运动"的方式对某些问题官员进行"围攻",最后由上级领导决定"当场免职",在让群众"扬眉吐气"的同时,缺少的恰恰是科学文明的制度管理方式。① 有学者对武汉市各区级党政"一把手"访谈后发现,官员普遍的意见是不要搞电视问政了。当被问责官员把参与电视问政当作"当众出丑",其可持续空间就很有限了。问责型问政难以为继反过来进一步凸显"问政=问责"理念的偏失。

---

① 朱永华:《问政现场免职官员徒具观赏效果》,中国网·观点中国,http://opinion.china.com.cn/opinion_1_97701.html。

三 电视问政的协商目标与问责型问政的表演性冲突

电视问政节目一出现就引起了社会的广泛关注,然而,电视并不是首创媒体问政的平台。最早推出媒体问政这一形式的是报纸,然后是网络,它们共同催生了电视问政。报纸问政、网络问政为电视问政积累了丰富的实践经验和强烈的民意期待,它们既是电视问政的前奏,也与电视问政并存,是电视问政的生长环境。从媒体问政的宗旨和目标来看,协商共治是其共同理念。

报纸问政率先启动。虽然我们无从考证是哪家媒体最早将政府官员请到媒体回答公众的提问,但作为政府与公众意见交流的平台,媒体一般都发挥了这一职能。我们将媒体问政作为一种现象进行研究,一般是指媒体开设了问政专栏。报纸在近年勃兴的媒体问政热中率先启动,发挥了引领作用。《武汉晚报》开办的《百姓问政》专栏,是报纸构建问政平台的一个缩影。创办于2000年的《百姓问政》专栏,缘于当年武汉市对"两会"的特别创意报道。在这次"两会"报道中,该报邀请了部分列席"两会"的政府官员到报社接听读者电话,就市民关心的问题进行现场解答。"两会"结束后,许多读者致电报社,强烈要求长期开通这一热线。与此同时,一些政府部门负责人也希望借助媒体向群众宣传政策,推进工作。此后,该报就将《百姓问政》作为常设栏目固定下来,每周邀请政府部门的负责人到报社接听读者电话。为了增加公众的参与度,报纸提前预告邀请的政府官员及问政主题。每期问政活动,都引来公众热情参与,他们或咨询政策,或反映问题,甚至投诉和质问,政府官员耐心解答、剖析,并对工作中不到位之处致歉以寻求谅解。由于沟通交流比较顺畅,取得了一般宣传和信息发布难以企及的传播效果,因而各部门负责人愿意到这个平台来与公众交流,每期问政所交流的内容都围绕公众反映集中的热点问题展开,报纸都会以整版刊出。

网络问政优势显现。2008年6月,时任中共中央总书记、国家主席胡锦涛首次通过人民网与网友进行互动交流,并指出:"做事情、做决策,都需要广泛听取人民群众的意见,集中人民群众的智慧。通过互联网来了解民情、汇聚民智,也是一个重要的渠道。"2009年2月,时任国务院总理温家宝通过中国政府网和新华网,在线回答了网民对重大和热点议题提出的各种问题。这一问一答就是网友与党政最高领导之间的问政议政。网络问政并非始于此,其最初形式就是发帖。网络把关人的弱化给网民发帖提供了充足的空间,被唤醒的主体意识和被激发的参与热情使得网民迅速转换传受角色,成为信息传播的主体。他们通过网络发帖,或报料事实,或表达意见,或提出建议,成为政府官员获得民情民意的重要来源。这些来源广泛的民间意见和建议,没有经过把关人的修饰和剪裁,具有原生态的特征,越来越为政府所重视。随着政府对民意和民智的重视,公共决策越来越多地通过网络征集公众的意见和建议。从网民主动发帖反映民意到政府主动征集民意,网络问政因为多元主体意愿的高度一致性而得以迅速推广。南方都市报旗下的奥一网是国内较早开始推行网络问政的地方媒体之一。奥一网于2006年的广东"两会"报道中推出了"有话问市(省)长"专栏,"开启了网络新政治生态的大门"。① 与此同时,人民网也尝试推出"地方领导人留言板",红网的"百姓呼声"、胶东在线的"民生在线",也开始向官民互动转型。如今,网络已成为各级政府与公众沟通交流的重要渠道和平台。它被称作民意直通车,分散的、有真知灼见的网民被称作"民间智库",政府官员上网倾听民意被称作"新时期的微服私访"。网络问政已不是一地一时的做法,而是成为网络时代政治生态中社会治理的常规举措。

与报纸、网络相比,电视的平台优势就在于多方主体的同时空互动。电视问政将参与者聚集在一个统一的空间——电视演播厅,形成一个特殊的场域,多方主体的对话与协商过程和效果都有了真切的体验。按照法国社会学家布尔迪厄的阐释,"场域"指的是"诸地位之间的客观关系所构成的网络或形构",是"诸多力量较量之场所",是"一个充满了斗争的场所"。② 在

---

① 南方报系网络问政团队编著《网络问政》,南方日报出版社,2010,第4页。
② P. Bouedieu and I. Wanquant, *An Invitation to Reflexive Sociology*, Universtiy of Chicago Press, 1992, p.101.

他看来，每个社会成员会在不同的场域中发生相互作用，获得社会地位，寻求社会资源，增加社会利益，实现社会价值。政府官员、公众代表、学者、主持人等依据各自掌握的政治资本、社会资本、文化资本、技术资本等进入电视问政的场域，也意味着暂时脱离了原有的场域。他们从原场域"剥离"，同时也伴随着身份与权力的变化。借助媒体平台和直播效应，行政科层制中的官员消失了，而作为责任负责人的官员被放大了；民众与官员间的社会地位鸿沟消失了，而作为权力所有者的身份地位被强化了。显然，电视问政场域具有明显的"去中心化"特征，在场的"行动者"都是平等的参与者，都有机会表达自己的观点。权威与非权威的界限被打破，"行动者"在议题上都有不受约束的意见表达权，政府官员、公众代表、学者等表述各自的立场，并没有因为社会地位、职业等差异而出现话语霸权与话语强势，参与者能够依据自身的理由捍卫和坚持观点。而电视问政所搭建的同时空对话平台，使得参与对话者不仅能表达自己的观点，也能适时地对他人的观点表达自己的看法。双方或多方你来我往的同步交流与论辩，使认识问题的视角更丰富，分析更具深度，固执己见的人越来越少，共识越来越多，从而有效地实现民主协商。

然而，问责型问政的实践却越来越多地陷入了程式化的表演性窠臼，越来越多地被指责为"政治真人秀"。按照一些研究者的解释，真人秀节目具有6个关键元素：作为故事主体和观众观看客体的人物元素——参与者，推动节目、观众和故事发展的动力元素——悬念，形成人物关系和情节变化的结构元素——竞赛，标志人物命运戏剧性转折的环节元素——淘汰与选拔规则，形成故事假定性的情景元素——时空限制，形成节目基本过程的细节元素——现场记录。这些元素问责型电视问政节目基本都具备。由演播厅内相对封闭的问答双方构建的对话场成为电视问政的话语情境，它规定了参与者的角色分配，其角色扮演和角色交流所构建的矛盾冲突展现了角色的内心世界和性格特征，推动节目所设计的情节往前发展。问责型问政最大的看点就是冲突，体现在角色设计、环节设置、话语方式等各个方面，而这些冲突都具有明显的表演性。

在角色设计上，官员被定位为被问责的对象，面对指责和批评，不管原因为何，都"照单全收"，承认错误并承诺改正的时间表。一旦他们想做解释，便会招致拒不认错和为自己开脱的抨击。主持人不只是电视节目中穿针引线的人，而且直接变成了公众的代言人，成为问政现场的绝对主角。他们针对暗访短片所呈现的问题对官员犀利地提问，且以咄咄逼人的追问频频打断对方的回应，把镜头前的官员逼到"无路可退"的地步，逼出战战兢兢的模样。而专家学者一改冷静理性的面孔，犹如选秀节目中的"麻辣"评委，对失职官员冷嘲热讽，时常说出惊人之语，让官员如坐针毡、面色难堪。其间还有一些让人哭笑不得的插曲，如市民因小区积水送雨靴给水务局局长当礼物，这些极具冲突性的元素交织在一起，就构成内容丰富、跌宕起伏的情节剧了，节目有了戏剧化的效果。最具戏剧冲突的情节当数失职官员当场被免职，在场内外无数观众见证下受到如此惩罚无异于一场公开的羞辱。

如同演员一样，政府官员在参与问政的过程中"演技"也得到较大的锻炼。第一次面对镜头，在公众面前被问责，他们会表现出一些不适应，说话结巴、头上冒汗、神情窘迫。经过了一两次被问的历练，他们便掌握了应对主持人和问政代表提问的策略和技巧，面带微笑，表达自如，以至观众都能总结出他们的标准答案：很痛心、有责任、一定改。当这种回应沦为一种表演式的应付时，就仅限于观赏了。

显然，电视的平台优势与问政的协商理念和目标是契合的，但实践中主打问责牌的电视问政过于追求观赏性而忽视理性交流与沟通，就与协商目标发生了严重的冲突。

四　电视问政协商理念的实现要件与空间突破

当我们说电视的平台优势有利于实现问政的协商理念时，自然地让人联想到沟通型问政，似乎只有这种类型的问政节目才能让各方心平气和地坐在一起理性地讨论社会治理的公共话题。实际上类似《我们圆桌会》的沟通型问政节目的确做到了这一点。尽管也有激烈的论辩和交锋，但基于问政目标的设定，问政基本保持在理性探讨的范围，即使是问责，也以对问题的成因、解决方案的探讨为目标，因而不会出现让人尴尬难堪的局面。那么,问责型电视问政是否必然地将官员与公众代表置于对立的立场?双方的对话是否必然地充满火药味?若以沟通交流的方式进行问责,会不会有助于进行深层对话进而取得更好的问政效果?

借助媒体实施问政本意在于唤起更广泛的社会参与,推动社会治理。而能否唤起社会广泛关注和参与的决定因素并不在于火爆的官民冲突场面,也不在于官员面对连珠炮式的追问和冷嘲热讽的点评窘态十足的难堪画面,而是从参与和观看问政节目中学会建立真正的对话关系,在对话和交流中厘清问题的实质、原因、解决方案。这样的问政才具有可持续性。电视问政既是协商和对话,就必须遵循协商对话的规则。真诚与理性是建立公共协商对话机制的前提和保障,也是贯彻协商理念的核心要件。

真诚对话是公共协商的信任基础。真诚包括参与问政的目的和态度。就政府而言,参与问政绝不是为了走形式,而是为了回应公众了解权力行使状况的诉求、接受公众监督,也是为了听取民意、汇集民智以更好地行使权力,实现良好的社会治理。无论哪种形式的电视问政,政府官员都应保持对权力和民意的敬畏,积极参与问政过程,真诚地听取各方意见和回应公众质询。面对问责,任何遮掩、推诿、说谎,都是不真诚,而一味地揽责、道歉同样显得不真诚。真诚意味着是非分明,对问题是什么、问题出在哪儿、原因有哪些、打算怎么办都有准确的分析和认识,让各界代表感受到政府官员的认识能力,进而增强对政府的信心。一味地揽责与一味地诿过实质是一样的,都是没有诚意的表现,也是是非不分的表现,并不利于问题的解决。面对问政代表的提问、意见和建议,要虚心倾听,认真回应,尤其是问政代表提出的解决问题的方案,其中不乏智慧和创见,作为决策者的政府官员更应耐心倾听,积极吸纳。对于问政代表的意见表达,粗暴地打断或轻慢地应付,都显示出对民意和民智缺乏尊重,对参与问政缺乏诚意。就问政代表而言,同样存在目的和态度真诚的问题。他们代表公众参与问政的目的在于对政府履行公共管理职能提出质询、对公务事务管理表达意见和建议,以促进公共权力规范而科学地运行。问政代表对政府管理中滥权、失职等行为进行监督和批评可以很尖锐,提问可以很犀利,但目的在于弄清问题的症结和根源,而不是追求和满足于让政府官员公开出丑而快意狂欢。那种频频打断官员的解释,一味地指责和质问,同样缺乏沟通和协商的诚意。

理性对话是公共协商的核心要件。真正的对话必须建立在理性的基础之上，基于协商的对话更是如此。理性对话主要是指经过缜密思考的非情绪化表达，是本着协商目标而展开的探讨式的对话。无论官员还是主持人、人大代表、专家学者、普通公众代表，参与电视问政都必须自问为何而来。这是一个关系到多元主体表达方式的重要问题。问责型问政节目中常见的一幕是：主持人以咄咄逼人的问话方式对政府官员步步紧逼，官员难以招架而满脸窘迫，点评专家对官员冷幽默式的调侃更令其窘态毕现，他们有时也反戈一击，反唇相讥，问政现场"攻""防"双方唇枪舌剑，"火药味"十足。这种带有"火药味"的问政过程，从节目的传播元素来看是丰富的，但与以对话交流为目的的公共协商并不协调。作为公共协商的核心要件，理性应当是第一位的。首先，理性是一种心态，即宽容和尊重的心态。罗尔斯在阐述公民能力表现时首先就提及了公民理性："出于政治的正义观念的目的，我赋予理性的理念以一种更具限制性的意义，并把它首先提出和尊重公平之合作项目的意愿联系起来。""理性乃是作为公平合作系统之社会理念的一个要素，而它为所有人接受的理性的公平项目，也是其相互性理念的一部分。"[①] 作为公共协商的电视问政实际上可以被看作一个多方合作的项目，无论是咨询、交流还是质询、问责，所有问政主体都是平等的，问政过程理应以宽容和尊重为前提。只有获得充分的宽容和尊重，才可能畅所欲言，实现有效对话和沟通。其次，理性是一种思维方式。问政是一项严肃的政治活动，每一方都必须以认真负责的态度参与其中。问与答都必须在全面充分地掌握事实信息的基础上进行，无论哪一种类型的问政，都必须是深思熟虑的字斟句酌，而不是情急之下的脱口而出。每一次准确发声都必须是基于对事实的全面了解和审慎判断，如此才可能有抓住问题实质的深入交流。再次，理性是一种表达方式，即以对方能接受的方式沟通和交流。这是对话得以持续的前提。无论问方还是答方，如若只顾自己痛快的激情宣泄，全然不听对方解释，令对方恼怒或无奈，良好的对话关系便遭破坏，协商更是无从谈起。

---

① 〔美〕约翰·罗尔斯：《政治自由主义》，万俊人译，译林出版社，2000，第50、51页。

政治传播的实践面向

电视问政要实现动员全社会参与社会治理的目标,必须形成良好的社会协商机制,其中电视问政的协商对话就是很好的方式和途径。无论是何种类型的问政,目标都是通过协商对话形成更多的社会共识。若以频繁而激烈的冲突为看点,电视问政的协商基础就可能被破坏,作为问政重要一方的政府官员"逃离"意愿强烈,其持续参与的空间就严重缩小。只有在各方的问政诉求中寻求共识,让沟通和协商成为各方的共同诉求,电视问政才有持续推进的空间。

原载《中州学刊》2017 年第 7 期

传媒方法论

批判研究方法的科学性问题

摘要：针对近年来新闻传播学界推崇实证研究方法而误解批判研究方法的做法，本文旨在厘清批判研究方法的本质属性，消除对此研究方法的种种误解，进一步论证其科学性。本文提出，批判研究方法基于理论宏观的思维方式更能接近事情的本质，更能提出创新性成果；批判研究方法并非只"破"不"立"，批判与建构的有机结合是其深层内涵；批判研究方法所秉持的逻辑方法也力求论据充足，要求推论严谨缜密，这是一切学术研究的基础。

关键词：批判研究方法　解析法　经验学派　法兰克福学派

经验学派和批判学派作为传播学研究的两大主要流派，其分歧说到底是研究路径、研究方法的差异，因而也分别被称作实证研究的方法和批判研究的方法。传播研究方法中的实证研究方法和批判研究方法孰优孰劣的争议从未间断。然而，实证的研究范式一开始就占据了传播研究的学术正统地位，在传播学被引入中国后，实证研究方法也一直备受推崇，而批判研究方法则更多地承受着各种误解。本文将厘清批判研究方法的本质属性，进一步论证其科学性问题。

一　批判研究方法的代表作及其叙述方式

作为与实证研究方法相对立的批判研究方法，最初被广泛关注是在

20世纪30年代。当时,流亡美国的德国法兰克福学派的哲学思辨的研究方法与美国社会科学研究的反思辨倾向发生了严重冲突。虽然以阿多诺为代表的法兰克福学派在美国并未成为主流学派,但其与经验学派在研究方法上的巨大差异,使得其在美国也培养和影响了一批新的批判学派学者,如阿特休尔、席勒等。

从根本上说,"传播批判研究不是特指某一体系分明的研究派别,而是包含了许多不同的流派和主张"。[①] 其中,又以霍克海默、阿多尔诺、马尔库塞等为代表的法兰克福学派,以席勒、默多克为代表的政治经济学派,及以霍尔、莫利等为代表的文化研究学派影响最大。法兰克福学派注重传媒的意识形态批判,其代表作包括霍克海默和阿多诺合著的《启蒙辩证法》、马尔库塞的《单向度的人》等;政治经济学派注重对制约传媒的政治经济制度的分析,其代表作包括席勒的《大众传播与美利坚帝国》等;文化研究学派则从编码与解码的语言学角度入手,对大众的文化接收行为进行研究,其代表作包括霍尔的《电视话语中的编码和译码》《文化、传媒、语言》,莫利的《电视受众与文化研究》等。

采用以思辨见长的批判研究方法,在论述方式上往往也采取了宏观与微观分析结合、多角度审视、多层次逻辑演绎等方法。下面,以赫伯特·马尔库塞的《单向度的人》为例,分析批判研究方法的论述方式。

《单向度的人》是马尔库塞最负盛名的一部力作,其中心论题是:当代工业社会是一个新型的极权主义社会,因为它成功地压制了这个社会中的反对派和反对意见,压制了人们心中的否定性、批判性和超越性的向度,从而使这个社会成了单向度的社会,使生活于其中的人成了单向度的人。该书分为导言、单向度的社会、单向度的思想、进行替代性选择的机会四个部分。在导言部分,马尔库塞提出了"批判的停顿:没有反对派的社会"的命题。他先对单向度的社会进行了批判,通过"控制的新形式""政治领域的封闭""不幸意识的征服""话语领域的封闭"四章,论证了这样一个道理:由于技术的进步,劳动者的劳动条件有了根本的改

---

① 张锦华:《传播批判理论:从解构到主体》,台北黎明文化事业股份有限公司,1994,第1页。

善，劳动生产率的提高也改善了人们的生活条件，劳动者与现存社会制度的对立意识日趋消失，丧失了对社会的鉴别和批判能力，进而导致劳动者与现存社会秩序一体化了。接下来，他对单向度的思想进行了批判，通过"否定性的思维：被击败了的抗议逻辑""从否定性思维到肯定性思维：技术合理性和统治的逻辑""肯定性思维的胜利：单向度的哲学"三章，论证了资本主义制度下的一切意识形态都变成了压抑的管理机器的一部分，就连反映独立思维成果的哲学也成了顺从和非批判的。在批判单向度社会和单向度思想的基础上，马尔库塞对克服这种单向度问题提出了自己的思考。

这种从现象到原因再到对策的研究，其赖以为据的并不是实证性的具体材料，而是随处可感的社会现象，其鞭辟入里的分析主要基于作者深刻的思考，充分体现了批判研究方法的特点。

二 理论宏观的思维方法更能接近事情的本质

总体说来，实证研究是用自然科学的模式来研究社会传播现象，强调社会现象的可验证性，因而注重微观分析，注重某一次传播的效果研究。与之对应，批判研究则偏向用人文科学的方式研究传播现象，注重宏观分析，它往往把传媒置于整个社会机体之中，厘清研究对象所处的错综复杂的社会关系，进而进行价值判断。

1. 宏观的视野有助于"是什么"的定性研究

"是什么"的问题是所有研究的基础和前提。然而，研究对象"是什么"的定性研究又是很多研究并未真正弄清楚的问题。对研究对象的认识和判断必须基于其所处的位置。而传媒并不是不受任何影响的孤立系统，它处于一个国家或地区的政治、经济背景之下，其特殊的背景决定其内涵有自身的特殊性。比如，对于传媒集团的定性，西方国家与中国就有很大的区别，原因在于传媒管理体制有着根本的不同，西方国家传媒集团按照市场经济的规律进行组建和运作，而中国的传媒集团更多的是行政干预的产物，其运作方式也更多地受制于行政权力。如果按照传媒集团的一般运行规则分析中国的传媒现实，便很难对中国的传媒集团做出恰当的评价。

批判研究方法偏向于宏观的研究，它将传媒视为受经济力量直接支配的权力的产物。政治经济学派深受马克思主义政治经济学观点的影响，注重分析和揭示传媒的所有制结构及其与权势集团的利益关系，力图展示大众传媒作为社会机构的本质内涵。当他们把大众传媒看作社会权力体制的有机组成部分而非简单地看作具有独立性的文化问题时，其对传媒"是什么"的定性是准确而深刻的。

2. 深刻的审视有助于认清事物的本质

社会现象从来都不是完全数字化能准确归类的。实证研究方法虽然可以准确地统计出诸如电视节目与受众之间的数量关系即收视率等内容，但无法准确地统计出收视率背后复杂的个体态度差异。只要收看了电视节目就是收视率统计的有效样本，但观众是持赞同或反对的观点收看电视，则不是收视率统计考虑的内容。然而，正是赞同或反对（包括其内部的丰富指向）的态度差异，构成全面评价电视节目的客观性根基。而以批判研究方法审视收视率，只能表明特定的节目在特定的时间里的数量关系，不能说明电视节目以什么方式被收看、收看的意义和价值。

当批判研究方法以宏观的视野将传媒观察引向社会文化、权力关系、所有制结构等深层的要素进行分析时，它所寻求的是揭示影响传媒运行及其传播内容、传播方式的最本质因素。这些因素具有很强的稳定性，无论在哪个国家和地区，无论实行哪种社会制度，也无论具有哪种特殊的历史文化传统，其传媒的发展都必然会受到这些本质因素的深刻影响。因此，从宏观的视角研究传媒，更能抓住事情的本质。比如，中国与美国对某一重大突发事件的报道内容和报道方式有着很大不同，两国新闻管理体制、政治文化环境等是最深刻、最根本的因素。再比如，同样在中国，同样是对于灾害性突发事件的报道，不同时期的报道也会有区别。社会政治环境的变化、新闻控制方式的变化、社会话语体系的变化等，共同促成了中国媒体对于突发事件报道内容和方式的质变。

3. 批判的方法有助于提出创新性成果

马尔库塞说："在任何既定的发展阶段，批判理论的建构性特征都表现为创新的东西。它一开始，就不仅仅是记录和综合事实。它的冲动出自它抨击事实、与恶劣的事实交锋的那种具有美好潜能的力量。"[①] 批判研究方法之所以能够研究出创新的东西,与研究者自觉地加入个人的价值判断密切相关。

实证研究方法常常对已经过无数次验证的结论进行异地验证,它采取了规范而复杂的数据调查和统计方法,而得出的结论往往与赖以分析的理论几乎完全一致,因而实证研究说到底是一种验证性研究。批判研究方法则强调社会研究或对人类社会中的现象的理解,必然带有理解者的价值观。研究者对研究对象的分析理解,不可避免地与个人的思维方法、观察问题的视角、视野的广度、理解问题的深度等密切相关,甚至还受到研究者个人生活环境和生活经历的影响。也正是这些差异,才呈现出研究结论的差异和创新性。这也正是批判研究方法的独特价值所在。

三 "破"与"立"的有机结合是批判研究方法的深层内涵

关于批判研究方法,只"破"不"立"的指责一直是附加在其上的标签,这个标签严重地影响了人们对其科学性的认同。固然,批判与否定是批判研究方法的基础,然而批判并不是它的最终目的,批判总是与建构相伴而生。

1. 批判并不比建构容易

有人说,"破"易"立"难。因此,批判理论常被看作缺乏建设性,只是研究者空发议论而已。其实,这种说法说到底是轻看了发现问题的价值。

有价值的批判不是无的放矢,而是经过科学研究于司空见惯中看到了被多数人忽视的问题,并可能直指问题的症结。发现问题的价值并不低于解决问题,也是解决问题的前提和基础。我们说发现问题并进行有说服力的批判有很大难度,是因为某一社会现象被社会大众广泛接受并成为大众文化的一部分时,要认识到其中隐藏的问题,需要敏锐的观察和独到的判

---

① 〔美〕马尔库塞:《现代文明与人的困境》,李小兵等译,上海三联书店,1989,第185页。

断力，还需要有一定的勇气。因为研究者批判的许多问题是政府制定某些政策引起的，当人们逐渐接受这些社会现实时，他们又充当了现实状况的维护者。这些都是需要研究者对社会问题批判时必须突破的阻力。比如，阿多尔诺对于他所处时代的广播播放模式给予了明确的判断："用尽人们的美妙词句去宣传虚假的东西，这就是无线电广播的内在趋势。"问题的根由就在于传受两端地位的极端不对等，一方紧紧握有媒介这种霸权武器，一方却手无寸铁，只能接受灌输，而无选择的余地。表面上看起来"每个人都可以成为民主的听众，都可以独立自主地收到电台发出的同样的节目。但是答辩的仪器尚未开拓出来，私人没有发射的电器设备和自由。群众被局限在由上面特意组织的'业余爱好者'的人为约束的范围内"。①

2. 批判本身就意味着建构

破与立是一对无法截然分开的矛盾统一体，正所谓"不破不立，立在其中"。

批判理论内在于社会运动，它是社会发展和革命进程的内在组成部分，它不把现存秩序当成天然合理的和不可超越的，而是对之采取否定的态度，从而寻找社会变革与更新的契机。霍克海默指出："哲学的真正社会功能在于它对流行的东西进行批判……这种批判的主要目的在于，防止人类在现存社会组织慢慢灌输给它的成员的观点和行为中迷失方向。必须让人类看到他的行为与其结果间的联系，看到他的特殊的存在和一般社会生活间的联系，看到他的日常谋划和他所承认的伟大思想间的联系。"②马尔库塞指出，"理智地消除甚至推翻既定事实，是哲学的历史任务和哲学的向度"。③

然而，我们在分析批判理论的批判倾向时必须正视一个非常重要的前提，否定之中内含着肯定，即否定是为了寻求新的肯定。作为社会发展和革命进程的内在组成部分，批判理论不只是为了否定现存的秩序，否定本

---

① 〔德〕霍克海默、阿多尔诺：《启蒙辩证法》，洪佩郁等译，重庆出版社，1990，第114页。
② 〔德〕霍克海默：《批判理论》，李晓兵等译，重庆出版社，1989，第250页。
③ 〔美〕马尔库塞：《单向度的人》，刘继译，上海译文出版社，1989，第166~167页。

身就包含着寻找新的建设性方案。马克思曾明确指出,他的政治批判是要对现实的一切进行无情的批判,从而在批判旧世界中发现新世界。这里的"发现"就意味着建构。

批判研究方法对媒介现实进行批判的时候,是有一个参照目标的,即依照一个"应然"的设计而对"实然"的现状进行批判。批判者心中的"应然"也就是其建构的目标。

3. 批判总是与建构相伴而行

批判学派对于媒介现实并不只是无能为力的绝望,并不只是批判而没有建构。当哈贝马斯探讨资产阶级公共领域问题并提出传媒的独特作用时,其维护资本主义民主制度的建构性是不言而喻的。哈贝马斯的公共领域就是指界于公共权力领域与完全私人领域之间的公民参与政治事务的地方,它凸显了作为个体的社会公民与公共权力部门之间的互动关系,这种互动关系主要就体现于公民个体通过一定的传媒手段对公共权力领域保持一种批判性的监督,以有助于国家与社会的良性互动与协调发展。

哈贝马斯分析资本主义公共领域衰亡的现实时指出,资产阶级公共领域得以存在的前提是公共领域和私人领域的分离,当公共领域和私人领域发生重叠时,资产阶级公共领域的模式便无法发挥其固有的批判和监督作用了。即国家化了的社会领域和社会化了的国家领域相互渗透,已经使得具有批判精神的公共领域失去了作为中介的地位和作用了。公共领域丧失了其社会批判性,而沦为一种"利益竞争的场所",成为被利益集团操纵的空间,伪公共性替代了真正的社会共识。

在公共领域从结构到功能发生转型的情况下,如何来抗击操纵公共性以保持公共领域的批判公共性呢?哈贝马斯进行了积极的建构:"被社会组织强占的,而且在集体性私人利益的压力下被权力化的公共领域,只有在它本身完全满足公共性要求的情况下,即在它重新变成严格意义上的公共领域的情况下,才能发挥超出纯粹参与政治妥协之外的政治批判功能和政治监督功能。""为了充分实现通过民主形成舆论和共识的功能,它们的内部结构首先应该按照公共性原则加以组织,而且应该在制度上允许有一种政党内部或组织内部的民主存在,即允许顺利交往和公开批判。此外,还必须用政党内部和组织内部事务的公共性来保障这些组织的公共领域和全体公众的公共领域之间的联系。最后，组织本身的活动——它们对国家机器施加的压力，它们彼此之间的权力运作以及多重依附关系和经济纠葛——也需要一种广泛的公共性，包括组织向公共领域提供有关它们财政来源和运用的情况。"①

虽然批判研究方法的这种建构性并不是某个学者的个例，但也并非所有的批判都能必然地伴以建构，因而这种建构也远未成为其普遍性的内在规定。这也正是批判研究方法的局限所在，如同其他任何研究方法都存在局限一样。

四 逻辑的方法是科学研究的最基本的方法

与实证研究方法崇尚事实调查不同，批判研究方法是一种理论演绎的方法，即逻辑的方法，这也是其屡受诟病的一点。然而，正如我国著名哲学家张岱年先生曾经指出，逻辑分析方法是一切学术的基本方法。② 逻辑分析方法又称解析法，而"解析法之要义在辨意谓，析事实；汰除混淆，削减含忽，而以清楚确定为目的"。③ 这是一切学术研究的基础。

1. 定义的科学性与研究的规范性

科学的定义是规范研究的前提，它关系到学术研究所涉概念的确定性，亦即研究对象的确定性。批判研究方法通过严谨的定义方法，明辨概念的含义，使研究对象意思明确，层次清晰，在此基础上进行理论演进，进而保证了理论的条理性和说服力。

定义的方法是根据论证的对象、主要概念，给予严格的界定。概念的界定必须严格区分研究者使用时所选取的范围，即在何种意义上使用。任何概念都有其广义、狭义的不同外延，外延不同，内涵自然相去甚远。定义的方法当是在同一篇文章中始终在同一层意义上使用某一概念，而不是忽宽忽窄，含混不清。

---

① 〔德〕哈贝马斯：《公共领域的结构转型》，曹卫东等译，学林出版社，1999，第243页。
② 转引自胡军《张岱年哲学慧观中的逻辑分析方法》，《北京大学学报》（哲学社会科学版）2004年第5期。
③ 《张岱年全集》第1卷，河北人民出版社，1996，第269页。

比如，关于文化，其内涵可以泛指与人类一切活动相关的生产和消费过程及结果，也可以指一定人群普遍接受的、相对稳定的、对人们行为产生重要影响的价值观和信条，可以是一个民族历史发展中积淀下来的以物质形式存在的文化遗产和以非物质形式存在的文化形态，也可以指一个时期某一类人的生活方式，还可以特指与政治、经济相对应的文化产业等。法兰克福学派对资本主义文化的批判主要集中于大众文化和大众传媒，法兰克福学派代表人物阿多尔诺在《文化工业：作为欺骗群众的启蒙》一文中认为，大众传播媒介与一般商品并没有什么本质上的区别，在为资本家谋利这一点上它们表现出惊人的一致："电影院是为极权的康采恩进行营业的，无线电广播中所宣传的商品，也都是为文化康采恩服务的文化用品，甚至个人叫卖的商品也是如此。"① 在他看来，在一个被广播、电视、流行音乐、好莱坞电影等高度控制的时代，社会中的每个人都难以逃脱它的操纵和控制，都在"按照文化工业提供的模式进行表达"。② 对大众文化和大众传媒的集中关注，使得他们对于文化的研究始终处于同一层意义。

2. 逻辑的推论也力求论据充足

学术研究无论采用何种方法，都离不开观点的论证，而论证就必须依赖充足的证据。对于批判研究方法，因其被视为纯理论演绎，而较多地被视为缺乏充足的论据。事实上，即使偏重理论分析的批判研究方法，仍然有充足的论据作为理论研究的支撑。

与实证研究方法非常注重量化研究、尽量使研究的程序及结果合乎自然科学研究的准则不同，批判研究方法以说理见长。但是，如果将批判研究方法视为"只是以说理见长、短于实务""不能应用于现实社会研究"，"这其实是对传媒批判理论一个颇大的误解"。③

之所以对批判研究方法存有"短于实务"的误解，主要是因为研究者在社会研究的过程中带有强烈的价值介入倾向，即研究者带有明显的道

---

① 〔德〕霍克海默、阿多尔诺：《启蒙辩证法》，洪佩郁等译，重庆出版社，1990，第147页。
② 〔德〕霍克海默、阿多尔诺：《启蒙辩证法》，洪佩郁等译，重庆出版社，1990，第114页。
③ 潘知常、林玮：《传媒批判理论》，新华出版社，2002，第28页。

德评判色彩。然而，对于自身生存环境的反省往往成为研究者展开研究的起因，参与社会事务的热情促使他们从关注身边的事物做起，由此而进行深层意义上的理论探究。而对于身处其中且有着某种强烈感受的事物，研究者会因有真切的体会而产生更深刻的理解。"如果人们的传播行为不含'道德实践'和'批判'的话，人们包括研究者就根本无法理解事物的真相。"① 为了印证自己的强烈感受，研究者也会搜集充足的事实，只不过这些事实并不一定是一个个具体而完整的事例，而可能是对一类现象的概括，但这些概括所指的事实俯拾即是。比如马尔库塞所指的大众传媒和大众文化塑造出人们新的思维模式和生活模式，造成人们思想和行为的"单面"性，其所依赖的事实就无处不在。的确，在现实社会，广播、电影、电视、广告等现代科技产物，以无孔不入的方式挤进了人们的内心深处，消灭了从思想上颠覆和改变现状的文化，"人们却成了改造他们思想的文化机器的零件"。②

3. 逻辑推论严谨缜密

批判研究方法以逻辑分析为主，分析论证的严密性直接关系着它的说服力，因此它要求分析者能做到思维缜密，层次清晰，体现出理论研究的严谨性。

批判研究方法以观点取胜，但这些观点不是研究者灵感乍现的思想火花，不是类似新闻评论中的新观点迸发，而是经过严密的逻辑演绎而来的研究结论。它不依靠跳跃的思维和情绪化的表达，而是经过冷静思考、审慎分析、逻辑推导后理性表达的学术观点。

比如，审视资本主义国家存在的问题，它不是选择非常态的极端事件作为理论分析所依赖的典型事实，而是将社会常态下发生的大量事实作为理论分析的支撑，因而更具说服力。马尔库塞在批判资本主义社会异化问题时，从富裕社会常见的人们的精神紧张和负担问题说起。他说，工业发达的社会为人们带来了充足的物质成果，但人们精神上高度紧张，承受着较大负担，精神病医生在为此类病人进行治疗时想尽办法改变其生活环

---

① 潘知常、林玮：《传媒批判理论》，新华出版社，2002，第29页。
② 〔美〕马尔库塞：《单向度的人》，刘继译，上海译文出版社，1989，第14页。

境，但很快就发现无计可施了，因为"病人的紧张和负担从根本上说不是由于他的职业，他的周围环境，他的社会地位的某种不利状况引起的，而是由职业，周围环境和社会地位的一般性质所引起的，在这三者的正常情况下引起的"。① 也就是说，不是由于他工作的环境出现某些特殊问题引起的，而是看起来正常的社会现象引起的。"一个社会里的基本制度和关系（它的结构）所具有的特点，使得它不能使用现有的物质手段和精神手段使人的存在（人性）充分地发挥出来，这时，这个社会就是有病的"②，而整个社会出现了病症就不是精神病医生能医治的了。

这种分析是审慎的、周密的、有说服力的。反观现在有一些人批评美国新闻自由的虚假性时，总喜欢列举战争期间政府部门实行高度的新闻控制的事例作为印证其观点的依据，就远非科学的研究方法。常态社会里的常规做法才能为总体性理论判断提供依据。

在社会转型时期，传媒发展中出现的各种新问题、新矛盾急需从根本上认清其内涵、实质，这些认识的科学性直接影响到传媒业改革的推进，而批判研究方法作为一种科学的研究方法，必须得到充分的尊重。

原载《新闻与传播研究》2009年第5期

---

① 〔美〕马尔库塞：《工业社会和新左派》，任立编译，商务印书馆，1982，第3页。
② 〔美〕马尔库塞：《工业社会和新左派》，任立编译，商务印书馆，1982，第4页。

有感而发不是定性研究

——对新闻学定性研究的思考

摘要：针对目前我国新闻学研究中定性研究普遍存在的"有感而发"现象，本文认为，定性研究有其科学内涵和学术要求，这是学术研究的基本遵循。同时，具体的、微观的个案研究，也有助于弄清"是什么"的问题。

关键词：新闻学　定性研究　个案研究

社会科学的研究方法越来越多地被引入新闻学研究领域，这无疑是一种进步，但新闻学研究仍未走出"有感而发"的阶段，步入科学研究的轨道。关于社会科学的研究方法，学术界素有定量研究（quantitative research）和定性研究（qualitative research）[①]之争，双方各持其理，认为自己的方法更合理、更真实、更可信。本文无意参与这种争论，只是针对国内新闻学者较多采用的所谓的定性研究方法存在的问题，提出恢复定性研究的本来面目，并提出多进行一些个案的定性研究，使新闻学研究远离泛泛而谈，研究对象更具体、更具针对性，研究方法更科学，与国际通行的研究方法更接近，研究结论更公允。

---

① quantitative research 和 qualitative research 也有人译为量的研究、量化研究和质的研究、质化研究。

一 定性研究不是研究者个人感受的随意阐发

关于定性研究方法，美国学者德尔伯特·C. 米勒、内尔·J. 萨尔金德在《研究设计与社会测量导引》一书中指出："人们通常会认为定性研究就是灵活而开放地理解被研究对象所持的观点和意义……使用定性方法，就意味着会被斥为在呈述他们的研究时缺乏系统的程序。"① 学者如此评价定性研究方法，与其说是对定性研究方法有偏见，倒不如说研究者们采用这种方法进行研究时本身存在偏差。

北京大学的陈向明教授 1996 年在对国内外定性研究的研究成果进行梳理后指出，定性研究是研究者在和被研究者的互动关系中，通过深入、细致、长期的体验调查和分析对事物获得一个比较全面深刻的认识。"定性研究方法指的是在自然环境下，使用实地体验、开放型访谈、参与型和非参与型观察、文献分析、个案调查等方法对社会现象进行深入细致和长期的研究；其分析方式以归纳法为主，研究者在当时当地收集第一手资料，从当事人的视角理解他们行为的意义和他们对事物的看法，然后在此基础上建立假设和理论，通过证伪法和相关检验等方法对研究结果进行检验；研究者本人是主要的研究工具，其个人背景及其与被研究者之间的关系对研究过程和结果的影响必须加以考虑；研究过程是研究结果中一个不可或缺的部分，必须详细加以记载和报道。"② 从这一界定可以看出，定性研究方法虽不像定量研究那样要检测大量的因果变量，但也不是随意而为的方法，必须遵循严格的研究程序，以保证其研究结论的说服力。定性研究的过程一般包括：确定研究现象、陈述研究目的、提出研究问题、了解研究背景、构建概念框架、抽样、收集材料、分析材料、做出结论、建立理论、检验效度、讨论推广度和道德问题、撰写研究报告等。可以看出，这些步骤在形式上与定量研究有很多相似之处。

---

① 〔美〕德尔伯特·C. 米勒、内尔·J. 萨尔金德：《研究设计与社会测量导引》，风笑天等译，重庆大学出版社，2004，第 133 页。
② 陈向明：《社会科学中的定性研究方法》，《中国社会科学》1996 年第 6 期。

以定性研究方法的定义和研究步骤检视我国新闻学的研究成果，不难发现目前新闻学研究方法的随意性和结论的随意性。目前我国新闻学核心期刊中，除了少数几家是高校及研究院主办的外，绝大多数是媒体主办的，其中有些期刊90%的文章是媒体从业者撰写的。这些文章，既没有相关的背景知识介绍，如文献综述，有关研究问题的社会、经济、文化背景，研究者对研究问题的个人经历、了解及看法等，也没有提出可供研究的标准化样本、没有介绍研究者收集材料的方法等。而这些内容是定性研究方法中非常关键的因素，缺少了这些因素，所谓的研究文章难免落入有感而发的体会文章的窠臼。在这种办刊观念的引导下，新闻学者们也迎合了这种快餐式体会文章的潮流，经常在学术刊物上撰写有感而发的短文。这些体会文章也具有存在的合理性（如可以为从业者和研究者提供一定程度的启发），但它们常常被冠以采用了定性研究方法，致使定性研究方法越来越多地遭人诟病。

引人注意的是，较早在国内介绍并倡导定性研究方法的陈向明教授在2000年出版的专著《质的研究方法与社会科学研究》中把自己以前界定的"定性研究方法"改称为"质的研究方法"，因为"中国学者目前从事的大部分'定性研究'基本上没有系统收集和分析原始资料的要求，具有较大的随意性、习惯性和自发性，发挥的主要是一种议论和舆论的功能。它更多的是一种研究者个人观点和感受的阐发，通常结合社会当下的时弊和需要对有关问题进行论说或提供建议"。为了与这种所谓的"定性研究"划清界限，qualitative research 被重新界定为"质的研究"。"质的研究"十分强调研究者在自然情境中与被研究者互动，在原始资料的基础上建构研究的结果或理论，其探究方式不包括纯粹的哲学思辨、个人见解和逻辑推理，也不包括一般意义上的工作总结。陈教授所指的有感而发式的"定性研究"在新闻学论文中尤为普遍。

二 新闻学尤其要进行科学的定性研究

与发达国家新闻业飞速发展的现实相比，中国的新闻业并不发达，媒体的许多改革都借鉴发达国家的经验。即使如此，那些在别国早已弄清了

"是什么"的问题，到了中国，因国情不同，仍未弄清到底"是什么"。在此背景下，新闻学研究者深入研究对象中去收集原始资料的定性研究方法尤其应得到重视。

以报业集团为例。自1996年广州日报报业集团组建以来，十年间我国除西藏自治区以外几乎每个省份都组建了报业集团，全国报业集团达39个，这种发展速度和规模，理应是各省份报社在报业激烈竞争的环境下通过组建集团以壮大规模抵御风险的内在驱动。各报业集团撰文介绍其组建集团的动机和效益时，往往也是从这些方面进行阐释的。于是，对报业集团进行研究的学者们往往根据经济管理的理论、其他国家报业集团的成功经验和国内各报业集团的自我介绍进行"定性研究"。然而，由于我国报业集团的成立主要是靠行政力量推动，而并非都源于经济动机，因而许多报业集团组建后，既未合署办公，也未精简人员，"集而不团"。由此，对我国报业集团的定性研究当是针对问题进行研究的内容居多，而不是一味地总结经验，实际却恰恰相反。从研究方法来看，追求宏大叙事、笼而统之地概括者居多，真正深入某一报业集团内部进行细致解剖者少。尽管此问题研究论文很多，但"是什么"的问题还是不甚明了。

真正的定性研究必须进行深入细致的调查研究。调查的方法有很多种，有些在社会科学研究中经常应用且已具备了较系统的研究程序，如叙事研究、现象学、扎根理论、民族志、个案研究等，皆可为新闻学研究所借鉴。以叙事研究为例，"作为定性研究的一种独特体验，叙事研究尤其强调对个体的研究：收集有关个体的故事，记录个体的体验，并分析这些体验对当事人的意义"。[①] 在叙事研究中，研究者描述个体的生活，收集并讲述目标个体的故事，并且记录个体体验。个体体验是社会影响个人的缩影。追踪个体体验是获得原始研究资料的重要途径。很多学科都有人在进行叙事研究。新闻学领域的许多问题也可以采用这种方法进行定性研究，比如大众媒介对人的影响。确定研究问题后，可以重点探讨一个或多个人的生活经历，由此引出个人或社会的问题。

---

① 〔美〕德尔伯特·C.米勒、内尔·J.萨尔金德：《研究设计与社会测量导引》，风笑天等译，重庆大学出版社，2004，第135页。

上述关于定性研究的方法或途径,因其他学科如教育学、社会学、政治学等使用得较为普遍而成为很常规的研究方法。国外新闻学的研究也较多地采用了诸如民族志调查的方法进行定性研究。如美国的柯克·约翰逊博士的博士学位论文《电视与乡村社会变迁——对印度两村庄的民族志调查》,就是采用民族志的研究方法,考察印度乡村生活的社会语境及电视在不断变迁的印度乡村中所发挥的作用。他通过参与式观察和深度访谈,着重关注印度村民的实际生活,倾听他们的声音,因而当他分析电视在乡村生活中所扮演的角色以及它在近几年对改变印度农村的社会、经济与政治发展进程所产生的影响时所描述的电视在印度乡村中究竟"是什么",是令人信服的。

三 呼唤新闻学多一些个案的定性研究

个案研究方法被广泛用于心理学、教育学、法学、社会学、政治学等社会科学且有着悠久的历史。个案研究既包括对单个案例的研究,也包括对多个案例的研究。无论是国内还是国外,个案研究都已成为一种较为成熟的社会科学研究方法。华中师范大学中国农村问题研究中心是教育部人文社会科学重点研究基地,该中心的师生们研究村民自治这个中国农村基层政治发展的重大课题时,纷纷选择了个案研究的方法,对被选村庄深入解剖。在他们看来,"以一个村庄为载体分析经国大事在村庄的反应和运作,这本身或许就是历史进步的一个折射"。[①] 1998年以来,这个中心先后有3人成为全国百篇优秀博士学位论文获得者,其中有2人采用了典型的个案研究方法。项继权的博士学位论文《集体经济背景下的乡村治理——河南南街、山东向高和甘肃方家泉村村治实证研究》,属多个案例研究;吴毅的博士学位论文《村治变迁中的权威与秩序》,则以四川省东部地区的双村为个案,详细地考察了该村在20世纪的村治历程。

在国外,个案研究也是大众媒介研究的重要方法。维曼和多米尼克在

[①] 参见徐勇为于建嵘的《岳村政治:转型期中国乡村政治结构的变迁》(商务印书馆,2001)作的序。

《大众媒介研究导论》中认为:"当研究人员希望获得有关研究问题的丰富信息时,当研究人员试图解释或理解某一现象时,个案研究方法显得最有价值。"据 PQDD 数据库提供的美国 101 篇新闻学博士学位论文,采用个案研究方法者占到了 7%。① 当然这些个案既有定性研究,也包括文本统计分析的定量研究。这些个案研究方法既有选择单个案例进行独立研究的,也有对多个案例的对比研究。国外新闻学博士学位论文采用个案研究方法,主要不是因为他们新闻学博士教育起步较早,宏观的选题都做完了,只好选择微观的个案,实际上他们选择个案研究,是把它当作一种研究媒介问题、媒介现象的科学方法,一种弄清"是什么"的最有价值的方法。

反观我国的新闻学研究,真正称得上个案研究的很少。虽然也出现过像《独乡电视:现代传媒与少数民族乡村日常生活》这样的田野调查研究报告,但毕竟是极少数。我国学者热衷于宏大叙事,追求普遍的价值,常常在宏观的层面探寻"绝对真理",一旦落实到具体的微观层面常常难以回答清楚"是什么"的问题。"应当说,这种以追逐普遍性的宏大叙事为特征的哲学社会科学范式有其存在的合理性,因为,理性的反思性本身就具有抽象性和普遍性的本质特点……但是,当宏观的哲学社会科学把人具体地生存于其中的生活世界完全视作无足轻重的、平庸的日常琐屑而加以蔑视时,当以价值和意义为特征的人的生活世界完全被以必然性和普遍性为特征的自然世界所消解时,这种遗忘生活世界的社会科学理论范式之弊端就充分显现出来。"② "生活的世界"是什么?就是活生生的具体。恩格斯曾言,任何一种社会哲学,它的研究结论如果没有包括"使它得以成为结论的发展过程"就毫无价值。③ 个案研究即是活生生的具体,体现了抽象理论的过程性。检索我国的新闻学博士学位论文,很难找到对新闻事件、媒介问题、现象进行个案研究的。究竟原因,主要是我国新闻学研究者夸大了个案研究的局限,即任何个案都有其特殊性且过于微观。对于

---

① 滕朋:《多样性与集中化——对 101 篇美国新闻学博士论文的分析》,《国际新闻界》2006 年第 4 期。
② 衣俊卿:《日常生活批判与社会科学范式转换》,《光明日报》2006 年 2 月 14 日。
③ 《马克思恩格斯全集》第 3 卷,人民出版社,2002,第 511 页。

这个问题，必须强调的是，任何普遍性都寓于特殊性之中，任何社会现象包括媒介现象都是由一个个特殊个案所构成；历史的重大变化往往通过一个个具体的案例反映出来，个案折射出历史的宏观；任何个案研究都不是把个案当成孤立的个案，应将其置于历史的宏观的社会背景中去考察，找准其具体的历史方位。

虽然我国的新闻传播学研究比国外晚了很久，在研究方法上也呈现出很多差异，但在研究方法上逐渐与国际接轨（至少部分接轨）是大势所趋。少些有感而发式的论文，多做科学的定性研究，多做踏实的个案研究，真正解决"是什么"的问题，这是新闻学自身发展的必然逻辑，也是社会现实对新闻学研究提出的要求。

原载《国际新闻界》2007年第2期

合作者：孙旭培（教授）

图书在版编目(CIP)数据

政治传播的实践面向 / 何志武著. -- 北京：社会科学文献出版社，2022.2（2024.8重印）
（喻园新闻传播学者论丛）
ISBN 978-7-5201-9665-9

Ⅰ.①政⋯ Ⅱ.①何⋯ Ⅲ.①政治传播学-文集 Ⅳ.①D0-53

中国版本图书馆CIP数据核字（2022）第018764号

喻园新闻传播学者论丛
政治传播的实践面向

著　　者 / 何志武

出 版 人 / 冀祥德
责任编辑 / 周　琼
文稿编辑 / 刘　翠
责任印制 / 王京美

出　　版 / 社会科学文献出版社·马克思主义分社（010）59367126
　　　　　 地址：北京市北三环中路甲29号院华龙大厦　邮编：100029
　　　　　 网址：www.ssap.com.cn
发　　行 / 社会科学文献出版社（010）59367028
印　　装 / 唐山玺诚印务有限公司

规　　格 / 开　本：787mm×1092mm　1/16
　　　　　 印　张：18.75　字　数：289千字
版　　次 / 2022年2月第1版　2024年8月第2次印刷
书　　号 / ISBN 978-7-5201-9665-9
定　　价 / 79.00元

读者服务电话：4008918866

▲ 版权所有 翻印必究